Manfred Quiring
Putins russische Welt

D1668947

Manfred Quiring

# Putins russische Welt

## Wie der Kreml Europa spaltet

Ch. Links Verlag, Berlin

Die Deutsche Nationalbibliothek verzeichnet diese Publikation
in der Deutschen Nationalbibliografie; detaillierte bibliografische
Daten sind im Internet über www.dnb.de abrufbar.


1. Auflage, März 2017
© Christoph Links Verlag GmbH
Schönhauser Allee 36, 10435 Berlin, Tel.: (030) 44 02 32-0
www.christoph-links-verlag.de; mail@christoph-links-verlag.de
Einbandgestaltung: Stephanie Raubach, Berlin
Einbandmotive: Poster von Wladimir Putin in Marine-Uniform, entworfen
von Wiktoria Timofejewa und Dmitri Wrubel zu dessen 50. Geburtstag
2002, © Wiktor Welikschanin / TASS (vorn); Russische Polizisten verhaften
Oppositionelle vor einem Gerichtsgebäude in Moskau, 24. Februar 2014. Im
Gericht starteten an diesem Tag Verhandlungen gegen politische Aktivisten,
die während einer Massenkundgebung auf dem Moskauer Bolotnaja-Platz
am 6. Mai 2012 festgenommen worden waren;
© picture alliance / AP Photo (Buchrückseite)
Satz: Eugen Lempp, Ch. Links Verlag
Druck und Bindung: Druckerei F. Pustet, Regensburg

ISBN 978-3-86153-941-4

# Inhalt

# Vorwort

Die Deutschen, aber auch die anderen Europäer, blicken erstaunt gen Osten. Russland, das in den 1990er Jahren als potenzieller Verbündeter und sogar Freund wahrgenommen wurde, hat sich ein Vierteljahrhundert nach dem Zusammenbruch der Sowjetunion wieder zu einem kaum berechenbaren Kontrahenten entwickelt. Drei militärische Konflikte – 2008 der Krieg mit Georgien, 2014 die Annexion der Krim und der verdeckte Krieg in der Ostukraine sowie das Eingreifen in den Konflikt in Syrien – haben die europäische Öffentlichkeit aufgeschreckt. Die Illusionen von einem geeinten, kooperierenden Europa bis zum Ural oder gar bis nach Wladiwostok, in dem Menschenrechte und demokratische Werte beachtet werden, sind verflogen. Verblüffend und deprimierend ist, wie es der russischen Propaganda innerhalb kürzester Zeit gelungen ist, die Mehrheit der eigenen Bevölkerung und Teile der europäischen Öffentlichkeit in dieser Situation davon zu überzeugen, dass Schwarz Weiß ist, dass der Angreifer das bedauernswerte, verkannte Opfer ist.

In Russland ist in den Jahren der Putin-Regentschaft ein autoritärer Staat entstanden, dessen repressive Politik nach innen von einer zunehmend aggressiven Politik nach außen begleitet wird. Moskaus Vorgehen gegen die Ukraine verstößt gleichermaßen gegen die Charta der Vereinten Nationen, die KSZE-Schlussakte von Helsinki, das Budapester Memorandum und bilaterale Verträge.

Die große Mehrheit der Russen steht dabei hinter ihrem Präsidenten, der ihnen bescheinigt, ein »genetisch überlegenes« Volk zu sein. Schuld an der jüngsten Entwicklung trügen allein die Nato, die EU, der »Westen« generell, der Russland belogen und gedemütigt habe, wie eine Mehrheit der Russen laut Umfragen glaubt.

Es gibt in Deutschland inzwischen zahlreiche Bücher, die ausführlich erklären, dass das heutige Russland vom »Westen« in die Enge getrieben worden sei, wobei es nicht an transatlantischen Verschwörungstheorien fehlt. Präsident Wladimir Putin und seine Mannschaft seien praktisch gezwungen worden, so zu reagieren, wie sie es gegenwärtig tun – im Interesse der Sicherheit ihres Landes und seiner Menschen. Verständnisinnig konzedieren die sogenannten »Russlandversteher«, dass Moskau jedes Recht habe, sich gegen die »aggressive Nato« zur Wehr zu setzen, seine legitimen Sicherheitsinteressen zu wahren. Diese Interessen werden dabei ganz natürlich auf einer deutlich höheren Ebene angesiedelt als die kleinerer europäischer Staaten. Unterstützung findet diese These bei amerikanischen Historikern und Politologen, bei deutschen Politikern wie dem inzwischen verstorbenen Exkanzler Helmut Schmidt und Exkanzler Gerhard Schröder, der im Dienste des russischen Staatskonzerns Gazprom steht. Und ehrlich besorgt unterschrieben über 60 Persönlichkeiten des öffentlichen Lebens den Aufruf »Wieder Krieg in Europa? Nicht in unserem Namen!«.[1]

Dieser Aufruf, dem übrigens später ein realistisches Papier von Osteuropawissenschaftlern entgegengesetzt wurde, ist nicht nur – um es mit Professor Schlögel zu sagen – »peinlich«. Er offenbart auch den schon an Starrsinn grenzenden Unwillen, das in Russland herrschende Regime realistisch zu betrachten, das die Unterzeichner bis zum Ukraine-Konflikt »auf dem richtigen Weg« wähnten. Dabei war längst klar zu Tage getreten, dass das Putin-Regime eine Restauration des alten Systems der Einflusssphären anstrebte.

In diesem Buch unternehme ich den Versuch, die Handlungsmaximen der russischen Führung weniger als Reaktion auf äußere Einflüsse, sondern als Ausfluss der eigenen Intentionen und Absichten zu analysieren und zu beschreiben. Dabei werde ich der Rolle des Militärisch-industriellen Komplexes (MIK) und der Geheimdienste besondere Aufmerksamkeit widmen. Denn wenn man einen Grund für die gescheiterte Annäherung Russlands an den Westen suchen will, wird man dort fündig: Die Vertreter des MIK haben sich nie für die Integration erwärmen können. Ihnen ging es vornehmlich um Wiedergewinnung verlorener Macht und verlorenen Einflusses. Eine Vorstellung, die auch von den aktuellen Herrschern im heutigen Russland, den Vertretern der Geheimdienste, geteilt wird.

Das auch in Deutschland weit verbreitete Bild vom »in die Ecke getriebenen« Putin ist nicht nur lächerlich, es wird den russischen Eliten um den Mann im Kreml nicht gerecht. Sie fällen ihre Entscheidungen nicht aus der Position eines »eingeschnappten« Kindes, sondern aus den eigenen, inneren Interessen heraus.

Präsident Putins vorrangiges strategisches Ziel ist der Machterhalt seiner Clique in Russland, vervollständigt durch ein möglichst großes, von Moskau dominiertes Vorfeld abhängiger Staaten entlang der Grenzen. Der Rückzug aus Osteuropa in den 1990er Jahren schmerzt bis heute. Nach einer »Peredyschka«, einer Atempause, scheint jetzt die Chance zu einem »Rollback« gekommen.

Das gegenwärtige Regime in Moskau sieht sich durch westliche Ideen und Einflüsse gefährdet, und das zu Recht. Denn echte Demokratie heißt Gewaltenteilung und öffentliche Kontrolle dessen, was »die da oben« so tun. Genau das würde das korrupte, kleptokratische System in seiner Existenz gefährden. Es braucht diesen äußeren Feind, um oppositionelle Bewegungen im Lande niederzuhalten und innere Stabilität durch die Förderung einer Festungsmentalität zu erreichen. Diese Entwicklung wird sich in dem Maße verschärfen, wie der putinsche Wirtschaftskurs fortgesetzt wird, der sich weitgehend auf die Gewinne aus dem Rohstoffexport stützt. Ein strategischer Fehler, der schon der Sowjetunion zum Verhängnis wurde.

Mit dem in den vergangenen Jahren entwickelten Konzept von der »russischen Welt« (Russki Mir), dessen nationalistische Anklänge erschrecken, glaubt Kremlchef Putin ein praktisch handhabbares, flexibles Instrument zur Realisierung seiner Vorstellungen gefunden zu haben.

Eine Minderheit leidet an dieser Entwicklung. Die Schriftstellerin Ljudmila Ulitzkaja ist entsetzt und schreibt 2015 in einem *Spiegel*-Artikel: »Mein Land hat gegenwärtig der Kultur, den Werten des Humanismus, der Freiheit der Persönlichkeit und der Idee der Menschenrechte, einer Frucht der gesamten Entwicklung der Zivilisation, den Krieg erklärt. Mein Land krankt an aggressiver Unbildung, Nationalismus und imperialer Großmannssucht.« Der Popmusiker Andrej Makarewitsch, Gründer der berühmten russischen Band Maschina Wremeni (Die Zeitmaschine), stellt traurig fest, die vergangenen 25 Jahre seines Lebens, in denen Hoffnung keimte, seien wohl vergebens gewesen. »Mein Land ist in den Krieg gezogen«, schreibt er in einer Liedzeile, »und ich konnte das nicht verhindern.«

Das macht betroffen, insbesondere, wenn man so lange in dem Land gelebt hat wie ich. Die Sowjetunion und dann Russland haben mich ein Leben lang begleitet. Zwischen 1982 und 2010 habe ich dort 22 Jahre als Korrespondent verbracht. Zunächst für die *Berliner Zeitung,* teils vor, teils nach der Wende, dann war ich zwölf Jahre für die *Die Welt* in Moskau. In dieser Zeit sind Freundschaften entstanden, von denen einige den widrigen Umständen standhielten.

Ich war deshalb aufs Höchste alarmiert, als ich, längst aus Russland zurückgekehrt, im März 2014, nur wenige Tage nach der Annexion der Krim durch Russland, eine E-Mail aus Moskau erhielt. Ein Freund schrieb mir verzweifelt: »Ich schäme mich, Russe zu sein.« Ich widersprach heftig. Nicht »der Russe« trage die Verantwortung für die Ereignisse, sondern verantwortungslose Politiker, schrieb ich meinem Freund und reiste umgehend zu ihm.

Ich sehe in den Ereignissen auf der Krim und in der Ukraine eine Zäsur in den Beziehungen Russlands zu Europa. Die hehren Absichten, festgehalten in der Pariser Charta vom Sommer 1990,[2] sind vorläufig gescheitert. Die Idee eines geeinten Europas, das Russland einschließt, scheint vorläufig verloren. Mehr noch: Die Herrschaftsclique um Präsident Putin unternimmt im Rahmen ihrer hybriden Kriegsführung alles, um den Spaltpilz nach Europa zu tragen. Es werden jene unterstützt, die sich gegen den europäischen Gedanken, gegen Demokratie und gegen das transatlantische Bündnis wenden.

Die Menschen in Russland, das zu Beginn des 20. Jahrhunderts Teil des Zarenreiches, ab 1924 eine der Sowjetrepubliken (Russische Sozialistische Föderative Sowjetrepublik – RSFSR) war und seit 1991 Russische Föderation genannt wird, haben im vergangenen, wirren, teils durch deutsche Schuld so blutigen Jahrhundert wohl so viel durchlitten, wie kaum ein anderes Volk: Die Revolution von 1905, die Niederlage im Ersten Weltkrieg, die Revolution 1917, in Russland inzwischen bolschewistischer Putsch genannt, der Bürgerkrieg zwischen Roten und Weißen mit dem entsprechenden blutigen Terror, die opferreiche Kollektivierung und Industrialisierung, Stalins Terror in den 1930er Jahren, der Überfall Hitlerdeutschlands 1941, der den Vielvölkerstaat an den Rand der totalen Vernichtung brachte. Und schließlich der Kalte Krieg nach dem großen Sieg, der in den Zerfall des Sowjetimperiums mündete.

Um die gegenwärtige hochbrisante Situation im Osten Europas besser zu verstehen, ist ein realistischer Blick auf das Wesen des putinschen Russland wesentliche Voraussetzung. Und dieses Wesen unterscheidet sich grundsätzlich von dem Bild, das die russischen Eliten von sich und ihrem Land gern verbreiten. Der Schriftsteller Michail Schischkin, bereits vor Jahren angesichts der bedrückenden Situation in seiner einstigen Heimat emigriert, beschreibt Russland als ein Land, »in dem Putin alles erreicht hat, was ein Diktator sich wünschen kann. Das Volk liebt ihn, die Feinde fürchten ihn. Sein Regime fußt nicht auf wackligen Paragrafen der Verfassung, sondern auf unwandelbaren Gesetzen der Ergebenheit eines Vasallen zu seinem Souverän – vom Fuß der Pyramide bis nach ganz oben.«[3]

Diese Ergebenheit der Vasallen, der Soziologe Lew Gudkow nennt das die »negative Integration«, muss immer wieder neu erzeugt werden. Durch die Beschwörung einer völkischen Gemeinsamkeit im Innern und das Gespenst eines äußeren Feindes.

# Russland nach 16 Jahren Putin

> Es ist so leicht, mich zu betrügen –
> ich selbst betrüge mich so gern!
> *Alexander Puschkin*

Die Tagesbar in der Murawjow-Amurski-Straße in Chabarowsk ist ein angenehmer Platz, um sich nach langen Fußwegen durch die fernöstliche Stadt am Amur zu entspannen. Das Design widerspiegelt die Vorstellung des Inhabers von einer Bar im Mittleren Westen der USA. Der Eindruck wird verstärkt durch die Countrymusik, die durchaus dezent aus den Lautsprechern dringt. Das Mädchen hinter dem Tresen trägt ein Kostüm, das man hier wohl für das Outfit eines amerikanischen Cowgirls hält. Freundlich bedient sie ihre Kunden an der Bar, wo ein paar Einheimische mit chinesischen Touristinnen flirten.

Untereinander geht es den jungen Burschen, die an diesem frühen Nachmittag offenbar viel Zeit haben, um die ernsten Fragen der Weltpolitik. Die Chinesen, mit deren Vertreterinnen sie gerade Süßholz raspeln, liegen ihnen schwer im Magen. Es kämen immer mehr in den Fernen Osten Russlands »und nehmen uns das Land weg«, da müsse etwas geschehen. Und erst die Amerikaner! Nun wird es hitzig, gemeinsam fallen sie über die USA her, die sich die ganze Welt unter den Nagel reißen wollen, auch Russland, aber das werde ihnen nicht gelingen. Im Hintergrund klingen Songs von Brenda Lee und Tom Hanks. »Noch einen Whiskey«, fragt das Cowgirl und schwenkt eine Flasche Jim Beam.

Diese Szene hatte etwas Surreales, spiegelt aber, wie in einem Wassertropfen, die schizophrene russische Alltagswelt. Antiamerikanismus ist zu einer der Grundtugenden im Lande geworden. Es gehört zum guten Ton, die »Partner in Übersee«, wie sie der russische Präsident manchmal immer noch nennt, und den Westen generell für alle Übel dieser Welt verantwortlich zu machen. Er wird höchst patriotisch verteufelt, beschimpft, niedergemacht – und dann doch wieder bedenkenlos imitiert.

Die Eliten, aber auch die meisten einfachen Bürger des Landes, haben sich eingerichtet in einer Parallelwelt der Widersprüche, die ihnen schon gar nicht mehr auffallen. Sie benutzen japanische, südkoreanische oder US-Elektronik und glauben an die technologische Überlegenheit Russlands, weil es Cruise Missiles vom Kaspischen Meer aus auf Syrien schießen kann. Sie halten die westlichen Länder, insbesondere die USA und die von ihr geführte Nato, für aggressiv, glauben an russische Politiker, die bereits seit Jahren davon faseln, der Angriff stünde unmittelbar bevor, haben aber gleichzeitig keine Angst vor einem Überfall, weil Russland stark und der Westen feige sei. Wie ihnen die gleichen Politiker erzählen.

Mit der Wahl von Donald Trump zum US-Präsidenten und den damit verbundenen Hoffnungen in Moskau stehen die staatlich bestallten Meinungsmacher indes vor einer großen Herausforderung. Sie müssen aus den USA, dem bisherigen Hort des Bösen und der Quelle allen Ungemachs, zügig einen akzeptablen Partner machen, mit dem man sich anschickt, die Weltherrschaft zu teilen.

Der propagandistische Gegner Europa wird zunächst bleiben. Es werden weiter Geschichten eines alten Geheimdienstgenerals darüber zu vernehmen sein, dass die deutsche Bundeskanzlerin einst in Donezk studiert habe (ein Sprachlehrgang ist aktenkundig) und diese Stadt heute beschieße. Was die Zuhörer nicht daran hindert, mit Begeisterung im Urlaub deutsche Städte und ganz Europa zu besuchen, das sie in ihrem Fernsehen täglich zusammenstürzen und von Migranten überrannt sehen. Das Reisevergnügen genießen sie freilich erst, seit es die Sowjetunion nicht mehr gibt, deren Existenz viele der reisefreudigen Russen im gleichen Atemzuge nachtrauern.

Es grenzt schon an Schizophrenie, wenn in der Duma Gesetze gegen Schwule angenommen werden, Schwulen- und Lesbenbewegungen ebenso wie die HIV-Aufklärung als Angriffe des Westens auf die Souveränität Russlands verteufelt werden und man gleichzeitig seine Kinder zur Ausbildung nach Großbritannien oder in die Schweiz schickt. Und obwohl es Staatsfunktionären und Abgeordneten untersagt ist, Immobilien oder Firmen im Ausland zu besitzen, hält sich kaum jemand daran. Unternehmensbeteiligungen – entweder direkt, meist aber über Familienmitglieder – sind an der Tagesordnung. Oft lebt die gesamte Familie im Ausland, während Papa in Moskau die Fahne des russischen Patrioten schwenkt – und kräftig verdient. Sie leben gleichzeitig in zwei Welten. Sie tun nur so, als bedienten sie die Forderungen des Staates, führen aber ihr Privatleben in einer Parallelwelt. Dafür gibt es im Russischen das schöne Wort »pokasucha« – so tun, als ob.

## Die große Attrappe

Das Russland des Jahres 2016 unterscheidet sich fundamental von dem des Jahres 2000, dem Jahr, als Wladimir Putin ins Amt des russischen Präsidenten gehoben wurde. Es ist, betrachtet man Großstädte wie St. Petersburg, Nowosibirsk, Krasnodar oder Chabarowsk, deutlich bunter und lebendiger geworden. Die Menschen sind wohlhabender als vor 16 Jahren, obwohl die Wirtschaft sich seit 2013 auch unabhängig von den Wirtschaftssanktionen auf einer bislang nicht zu stoppenden Talfahrt befindet. Daneben existiert die abgehängte tiefe Provinz mit den immer noch armen Dörfern. Die Kluft zwischen den beiden Russlands hat sich noch weiter geöffnet.

Wie ein einsames Raumschiff zieht in dieser Konstellation die Metropole Moskau blinkend ihre Bahn. Hier kulminiert das Leben, werden innerhalb weniger Jahre große Vermögen gemacht und wieder verloren. In den Elite-Clubs gehen langbeinige Blondinen, geschult in Instituten mit Kursen wie »Wie fange ich einen Millionär?«, auf Beutezug. Künstler, Politiker, Neureiche und Mafiosi mischen sich und geben die zynischen Beobachter einer Entwicklung im Lande, auf die nur wenige Einfluss haben.

In Russland haben sich in den Jahren der Putin-Herrschaft erodierende Prozesse vollzogen, im Hintergrund von den Spin-Doktoren des Kremls bewusst vorangetrieben, die die Verfassungswirklichkeit total verändert haben. Es hat ein schleichender Putsch, ein verdeckter Angriff auf den ursprünglich angestrebten Marsch in die Demokratie stattgefunden, der Russland zu dem gemacht hat, was es heute ist: Es ist das Land der Attrappen und Imitationen, »das ist Russland in seinem tiefsten Wesen«. Schreibt der Autor Alexander Nikonow.[4]

Es werde der Anschein einer Funktion erweckt, anstatt die Funktion selbst zu schaffen. An Stelle realer Dinge entstünden Attrappen. Imitiert würden nicht zuletzt auch die demokratischen Normen und die Prozeduren – »die Wahlen, der politische Pluralismus, die Freiheit der Presse, der Gerichte, sogar die Zivilgesellschaft insgesamt wird imitiert (in Form der Gesellschaftskammer beim Präsidenten)«.[5]

Tatsächlich klaffen zwischen dem Anspruch der Verfassung aus dem Jahre 1993 und dem heutigen realen Leben in Russland Welten. Auf dem Papier, das bis heute kaum verändert wurde, entspricht das Grundgesetz rechtsstaatlichen und demokratischen Anforderungen, obwohl es dem Präsidenten ein recht hohes Maß an Machtbefugnissen einräumt. Russland ist als demokratischer föderativer Rechtsstaat verfasst. Die demokratischen Institutionen sind ebenso garantiert wie die Gewaltenteilung. Die Rechte und Freiheiten der Menschen genießen laut Verfassung höchste Priorität. Der Staat ist zu ihrem Schutz verpflichtet. Ergänzend gibt es einen weitgefassten Grundrechtskatalog, der internationale Vergleiche nicht zu scheuen braucht.

Doch die darin enthaltenen Schlüsselworte haben in Russland längst eine Umdeutung erfahren oder werden schlicht ignoriert. Sie drücken in der russischen Realität ganz andere Inhalte aus, die mit dem Verständnis im Westen nicht zusammenfallen. Auch dies übrigens eine der Quellen von Missverständnissen.

Als das Weltwirtschaftsforum in Davos noch von russischen Geschäftsleuten, Ökonomen und Politikern besucht werden durfte, versuchte sich der heutige Premier Dmitri Medwedjew an der schwierigen, wenn nicht gar unlösbaren Aufgabe, diese Kluft mit einem Tarnnetz zu überdecken. Er benutzte wohl überlegt die Begriffe, die im Westen die gewünschte Signalwirkung entfalten sollten. Die aber in der russischen Realität etwas ganz anderes bedeuten.[6]

Russland, so teilte er den anwesenden potenziellen Investoren mit, sei seit 20 Jahren eine Marktwirtschaft. Doch die Marktwirtschaft »à la russe« hat mit dem, was man im Westen darunter versteht, eigentlich kaum etwas zu tun. Diese Wirtschaftsform setzt gesichertes Privateigentum voraus. Das freilich wird in Russland mit einem völlig anderen Kontext verstanden.

Zu Zeiten der Zaren gehörte das Land dem Alleinherrscher. Ergebene Staatsdiener und Fürsten wurden mit Lehen bedacht, das sie im Falle der Untreue genauso schnell wieder verlieren konnten, wie es ihnen geschenkt worden war. Zu sowjetischer Zeit galt Privateigentum, vor allem das an den Produktionsmitteln, als Inbegriff allen Übels. Dort lag die Ursache für die widerwärtigen Erscheinungen des Raubtierkapitalismus, wie die westliche Welt in russischen Lehrbüchern dargestellt wurde. Das gehörte abgeschafft. Es musste verstaatlicht werden, dann würde schon die Sonne der neuen Zeit am Horizont aufgehen, hieß es.

Die »Privatisierung«, wie sie nach dem Zerfall der Sowjetunion in Russland ablief, bestätigte im Grunde nur die bis dahin vorherrschende Meinung. Sie gilt der Mehrheit der Russen bis heute als verbrecherisch und ungerecht. Und damit als nicht legitim. Kremlchef Putin fiel es leicht, der Mehrheit seiner Landsleute zu vermitteln, es sei nur gerecht, wenn die Obrigkeit nun die letzte Entscheidungsbefugnis darüber an sich nimmt, was mit den großen Unternehmen geschieht. Wenn der Staat in Form des Kremls die Dinge regelt, »um Schlimmeres zu verhüten«. Die Zarenzeit lässt grüßen.

Auch heute bleiben Eigentümer nur dann Eigentümer, wenn sie sich der politischen und bürokratischen Elite gegenüber loyal verhalten. Wer sich auflehnt, sich nicht an die von keinem Gesetz gedeckten Spielregeln des Nehmens und Gebens hält, verliert alles. Michail Chodorkowski und sein Unternehmen Yukos sind das klassische Beispiel. Der Milliardär war dem Irrtum erlegen, er könne sich aus dem System, wo eine Hand die andere wäscht, zurückziehen und es bei einem einfachen Steuerzahlen belassen – und zudem noch eine Rolle im politischen Leben spielen.

Er saß zehn Jahre im Gefängnis und ist nun im Exil. Yukos wurde zerschlagen und ging weitgehend in Staatsbesitz über. Der Jabloko-Politiker Grigori Jawlinski verweist immer wieder darauf, dass es in den russischen Provinzen »Tausende Chodorkowskis« gebe. Das Moskauer Beispiel machte Schule.

Wie der Begriff »Eigentum« in Russland eine spezielle Interpretation erfährt, so wird auch »Verstaatlichung« etwas anders buchstabiert. Formell existieren neben der Privatindustrie, deren Anteil am Wirtschaftsleben gegenwärtig zurückgeht, eine wachsende Zahl von Unternehmen, die dem russischen Staat gehören. Doch viel wichtiger ist in Russland die Antwort auf die Frage: »Wer kontrolliert die Unternehmen?«

Diese Personen, die die faktische Kontrolle über die Finanzströme der Unternehmen ausüben, sind die tatsächlichen Besitzer. So sind die formell staatlichen Unternehmen eigentlich weitgehend private, die von Leuten geführt werden, die nicht einmal einen Posten in den Firmen haben müssen, die aber die Macht haben, über die Firmenstrategie und die Verteilung der Gewinne zu bestimmen. Derartige Personen rekrutieren sich weitgehend aus Putins Freundes- und Bekanntenkreis. Sie waren bei seinem Aufstieg vom KGB-Oberstleutnant zum ersten Mann im Staate behilflich. Auf sie, die inzwischen wichtige Posten im Staatsdienst innehaben und meist aus dem Leningrader KGB stammen, verlässt er sich bis heute.

Putin hat in Russland ein System geschaffen, »in dem die Staatsmacht zu einem erdrückenden Monopol« geworden ist. Doch die Spezifik Russlands besteht darin, dass die kleine herrschende Gruppe um den Kremlchef dieses Monopol nach privatem Gusto benutzt. »Im Grunde hat die Staatselite eines der reichsten Länder der Welt gekapert und privatisiert«,[7] so der Ökonom Wladislaw Inosemzew.

Jewgeni Gontmacher, ebenfalls Ökonom, räumt mit der Illusion auf, Russland sei weit entfernt von Ländern wie Somalia, Irak oder Afghanistan, die gemeinhin als »failed state« bezeichnet würden. Es scheine so, als gebe es in Russland – im Gegensatz zu den »failed states« – eine starke Zentralgewalt, handlungsfähige Institute des wirtschaftlichen und gesellschaftlichen Lebens und nicht zuletzt eine versorgte Bevölkerung. Schon allein die Tatsache, dass Russland Mitglied in der G8 und G20 sei (Gontmachers Artikel stammt aus dem Jahr 2013, inzwischen haben sich diese Mitgliedschaften aufgrund von Moskaus eigenen Entscheidungen erledigt), bringe anscheinend eine weite Distanz zu den Versager-Staaten zum Ausdruck. Doch das sei irreführend. Gontmacher, den der Zustand des Landes selbst schmerzt, gelangte stattdessen zu der unerfreulichen These: »einen Staat gibt es nicht in Russland«. Es gebe nicht einmal »eine bleiche Kopie eines Mechanismus zur Bildung des Staates«.[8]

Gontmacher sieht die Mängel vor allem in der fehlenden Gewaltenteilung, in der überbordenden Korruption. Sie »schluckt« Hunderte Milliarden Dollar. Entsprechend gering sei das Wirtschaftswachstum. Gerade in den Jahren der hohen Ölpreise habe sich in Russland eine gewaltige Kluft zwischen Arm und Reich geöffnet. Gontmacher zufolge besitzt ein Prozent der Russen 71 Prozent der russischen Wirtschaft. In Afrika liege diese Kennziffer bei 46 Prozent, in den USA bei 37 und in der Europäischen Union bei 32 Prozent.[9]

Auch in der Sphäre der Rechtsschutzorgane funktioniere der Staat nicht. Die Polizei sei korrupt, die staatlichen Institutionen hätten kein Interesse daran, die Bürger vor Verbrechen zu schützen. Das habe so weit geführt, dass ein Konflikt auf einem Moskauer Markt nur durch das persönliche Eingreifen des Präsidenten gelöst werden konnte. Gontmacher kommt zu dem Schluss: Statt eines Staates als Institution, der den Kurs auf die Entwicklung des Landes realisiert, »haben wir eine gigantische, unkontrollierte private Struktur, die erfolgreich Gewinne zum eigenen Nutzen daraus zieht«. Russland brauche wieder einen Staat, der diesen Namen auch verdient, lautet sein Fazit.[10]

## Russland ist kein Rechtsstaat

Die russische Führung bezeichnet den Umbau der Gesellschaft als »Reformen«. In deren Verlauf habe Russland sich ein »absolut modernes Zivil- und Verwaltungsrecht« zugelegt, freute sich Dmitri Medwedjew, der zwischen 2008 und 2012 für

Putin im Kreml sitzen durfte.[11] Gerade das Zivilgesetzbuch – und das sei ja im Grunde die Wirtschaftsverfassung jedes normalen Staates – »ist wohl das modernste in ganz Europa«. Die administrative Gesetzgebung werde ständig erneuert. Zwar sei das Gerichtssystem nicht perfekt, es sei aber »in den letzten zwanzig Jahren grundlegend verändert« worden, »um dem neuen politischen System zu entsprechen«. Und trotzdem, wundert er sich, würden bis zu 97 Prozent der Gerichtsurteile mit einem Schuldspruch enden. Wo blieben die Freisprüche?[12]

Dabei hat er selbst den Begriff vom »Rechtsnihilismus« in Russland geprägt. Die ehemalige Verfassungsrichterin Tamara Morschtschakowa packte nach ihrer erzwungenen Pensionierung aus und erklärte mir in einem intensiven Gespräch in Moskau, warum Russland kein Rechtsstaat ist. Der »Rechtsnihilismus« herrsche »natürlich« an den Gerichten, »aber nicht nur dort. Er herrscht im gesamten Staatsapparat.« Die Bürger müssten in einem System leben, »in dem es keine Regeln gibt«. Damit werde das Sicherheitsgefühl ernsthaft beschädigt, »letztlich fühlt sich niemand im Lande sicher«.

Natürlich stimmt Medwedjews Hinweis auf das moderne Zivil- und Verwaltungsrecht. Insbesondere in den 1990er Jahren waren ganze Heerscharen deutscher und EU Rechtswissenschaftler in Russland unterwegs und wirkten mit an der Schaffung des neuen Rechtssystems. Das heißt, an den Gesetzen. Die Rechtswirklichkeit änderte sich dadurch kaum. Russlands Bürger wissen das. Sie lassen sich deshalb von kategorischen Verboten nicht abschrecken, denn wenn man etwas wirklich will, findet sich in Russland immer ein informeller Ausweg aus einer eigentlich klar geregelten Unmöglichkeit. Schon vor 150 Jahren prägte der russische Satiriker und Schriftsteller Michail Saltykow-Schtschedrin das geflügelte Wort: Die Strenge der russischen Gesetze wird gemildert durch die Laxheit ihrer Umsetzung. Es ist erstaunlich, wie anziehend diese Umstände teilweise auch auf deutsche Geschäftsleute wirken, die im Russlandgeschäft tätig sind.

Dabei ist dann oft der Fluch des russischen Alltags, die Korruption im Spiel. Eine Anwältin, die ihren Namen nicht genannt haben will – ein inzwischen wieder weit verbreiteter

Wunsch der Gesprächspartner –, klagte über die korrupten Richter. Ohne Bestechung würde sie kaum einen Prozess für ihren Klienten gewinnen können, bekannte sie. Dabei laufe das nie direkt, sondern immer über spezielle Vermittler, die daraus eine ganz eigene Profession gemacht haben. »Wenn ich mal einen Prozess gewinne, müssen das die nächsten zehn Klienten büßen«, berichtete eine ihrer Kolleginnen, ebenfalls unter der Bedingung der Anonymität. Sie würden in jedem Falle, »sozusagen aus Rache«, verurteilt.

»Was schert mich das Gesetz«, sagte ein Richter einem unbescholtenen Bürger, der nur sein ihm gesetzlich zustehendes Recht auf die Registrierung seines Grundbesitzes geltend machen wollte. Der Hausbesitzer wartet noch heute auf das Papier. Gleichzeitig beklagen sich die Richter ihrerseits. Über den Gerichtspräsidenten würden Urteilsforderungen »durchgestellt«. Wer sich verweigert, gerät schwer unter Druck. Er wird bei der Prämienverteilung übergangen, bekommt die weniger lukrativen Fälle und muss, wenn er sich nicht anpasst, aus dem Dienst ausscheiden.

Saurbek Sadachanow, Anwalt in Moskau, ist tief frustriert. Vor 20 Jahren hat er sich bewusst dafür entschieden, nicht ins Ausland zu gehen. »Ich wollte im Lande etwas bewirken.« Jetzt, da es zu spät ist, tut es ihm leid. Die dauernden Rechtsbeugungen hätten ihn müde gemacht, berichtet er, während er seinen Land Rover geschickt durch den Moskauer Verkehr steuert. »Gehen Sie in irgendein Gericht, ziehen Sie im Archiv eine Akte. Und wenn nicht in jeder mindestens eine Gesetzesverletzung zu finden ist, lege ich meine Anwaltslizenz auf den Tisch.«

Der Schriftsteller Alexander Nikonow bezeichnet das russische Justizsystem denn auch als Schein eines Rechtswesens. »Schaust du aus der Ferne, scheint es ein Gericht zu sein. Blickst du aus der Nähe, ist es die Attrappe einer Gerichtsmaschine aus Pappmaché.« Aber der Schriftsteller, der in Russland wegen seiner Thesen durchaus umstritten ist, geht weiter. »Russland ist kein richtiges Land. Und unbewusst fühlen das alle seine Einwohner [...] Russland ist das Land der Modelle. Das Land der Mythen. Das Land der handelnden Attrappen.«

Die von der Verfassung vorgeschriebene Gewaltenteilung, in der die Justiz eine unabhängige Rolle spielt, existiert nicht mehr. Auch das Parlament wurde vom Kreml zu einem Befehlsempfänger degradiert. Gesetze werden ohne lange Debatten »durchgewinkt«. Eine Opposition, die diesen Namen auch verdient, gibt es nicht mehr. Sie wurde bereits im Vorfeld von Wahlen mit allerlei Tricks aus dem Wege geräumt. Da werden schon mal die erforderlichen Unterschriftenlisten von Parteien für ungültig erklärt, Kandidaten mit fiktiven Anklagen aus dem Rennen geworfen. Schlimmstenfalls – wie im Falle des Oppositionspolitikers Boris Nemzow – kommt es zum Mord.[13] Nemzow wurde demonstrativ in Sichtweite des Kremls regelrecht hingerichtet. Da die Hintermänner derartiger Attentate im Dunkeln bleiben und straffrei ausgehen, wirken Einzelfälle außerordentlich einschüchternd auf die Bevölkerung. Massenrepressionen sind da unnötig.

Die Legislative geriet längst zur Unterabteilung der »Macht« im Kreml. Russlands Demokratie ist eine von oben gelenkte Gesellschaft, die in Scheinwahlen Scheinparlamente bestätigt, deren Zusammensetzung weitgehend im Voraus festgelegt wurde. Alexander Kondaurow, Ex-KGB-General, ehemaliger Yukos-Berater und zeitweilig KP-Abgeordneter in der russischen Staatsduma, bestätigte mir in einem Interview: Die Kandidatenlisten der Parteien für die Parlamentswahlen müssen vorab mit der Kremladministration abgestimmt werden.

Die Wahlen selbst sind weder fair noch frei. Den offenen politischen Wettbewerb hat Putin im Verlaufe seiner Amtszeit abgeschafft. Fernsehauftritte beispielsweise – er selbst hat sich noch nie einer öffentlichen Debatte gestellt – werden nur den letztlich »systemkompatiblen« Kräften eingeräumt. Zwar wurde vor den Parlamentswahlen vom September 2016 das Wahlsystem noch einmal modifiziert. Russland kehrte zurück zum gemischten Wahlsystem, d. h. die Direktwahl von Einzelkandidaten wurde wieder möglich. Die Zahl der zu den Wahlen zugelassenen Parteien stieg auf 75, allesamt handverlesen und für die bestehenden Machtverhältnisse ungefährlich.

Doch was wie eine Liberalisierung aussieht, war wohl eher das Gegenteil. So wurden die Vorschriften für die Registrierung von selbstnominierten Kandidaten und Kandidaten, die von Parteien ohne »Privilegien« nominiert wurden, drastisch verschärft. Die gesellschaftliche Kontrolle der Wahlen wurde deutlich reduziert, ein Monitoring des Wahlablaufs nahezu unmöglich gemacht. Das schuf neue Möglichkeiten der Manipulation während der Stimmabgabe und der Stimmauszählung.

Willfährige Gerichte sind jederzeit auf Anweisung »von oben« bereit, unbequeme Kandidaten und Parteien aus dem Rennen zu nehmen. Wesentliche Grundrechte wie das Versammlungsrecht und das Recht auf freie Meinungsausübung wurden beschnitten und können alltäglich durch einfache Verwaltungsakte ganz aufgehoben werden. Wenn die Verfassung die friedliche Versammlung auf öffentlichen Plätzen erlaubt, kann jeder Staatsbedienstete sie doch unter Hinweis auf obskure Gründe verbieten. Mal wird die angebliche Störung des öffentlichen Verkehrs vorgeschoben, ein anderes Mal wird behauptet, für den gleichen Ort sei bereits längst ein Kinderfest angemeldet. Wer sich widersetzt, den trifft die »unerbittliche Härte des Gesetzes«. Schon für das Hochhalten eines einzelnen Plakats beispielsweise mit der Aufschrift »Kein Krieg mit der Ukraine« können schon mal ein paar Tage »administrativer Haft« verhängt werden – also Gefängnis ohne Gerichtsurteil.

## Die Medien im Informationskrieg

Medienfreiheit existiert nur noch der Form halber. Die – verglichen mit der sowjetischen Zeit – zahlenmäßige Vielfalt täuscht darüber hinweg, dass die Medien – bis auf einige wenige Zeitungen mit geringer Auflage sowie eine Radiostation und einen Fernsehsender, der nur übers Internet zu empfangen ist – gleichgeschaltet wurden. Das Fernsehen, das wichtigste Instrument zur Manipulation der Bevölkerung im Interesse des Machterhalts und der Machtausübung, ist völlig in der Hand des Kremls. Das nutzt er skrupellos.

Unaufhörlich ergießt sich in den politischen Nachrichtensendungen und den Talkshows ein Schwall der absurdesten Inhalte über die Fernsehzuschauer. So berichtete der Moskauer Fernsehkanal TW Zentr, der laut Eigenwerbung mehr als 100 Millionen Zuschauer erreicht, von einem betrunkenen ukrainischen Präsidenten Petro Poroschenko. Der habe sich angeblich stark alkoholisiert in Kiew in ein Flugzeug nach Moskau drängen wollen und dabei ständig wiederholt, er müsse unbedingt mit Putin reden. Als Quelle zitierte TW Zentr eine Hörfunkkorrespondentin des Westdeutschen Rundfunks, Christina Nagel. Nur: Der Text war nachgesprochen, die Geschichte frei erfunden.[14] Viele meiner Moskauer Freunde haben deshalb diese Form der Informationsgewinnung abgewählt und gehen ins Internet. Oder lassen es ganz.

Der ausgewiesene Russlandexperte Andreas Umland versteht diese Abwehrreaktion. Er ahnt aber auch, dass sich viele Nichtrussischsprecher »die Emotionalität, Aggressivität und Absurdität, mit der die Fernsehpropagandisten des Kremls viele Prozesse internationaler Politik in antirussische Verschwörungen verdrehen«, kaum vorstellen können. Ein Beispiel: der überregionale russische TV-Sender NTW machte seinen Zuschauern im Herbst 2016 tatsächlich weis, in Deutschland säßen Hunderttausende Russlanddeutsche auf ihren Koffern, bereit, nach Russland auszuwandern. Aus Angst vor marodierenden und vergewaltigenden Migranten.

Umland bilanziert: »Die tägliche Verbreitung von außen- und innenpolitischer Hetze, geschickt formulierter Halbwahrheiten und bizarrer historischer Mythen in den russischsprachigen Staatsmedien geht noch weit über das hinaus, was dem westlichen Zuschauer auf ›Russia Today‹ oder von ›Sputnik News‹ präsentiert wird. De facto gibt es in Russland keinen politischen Massenjournalismus mehr, da fast alle Medien mit hoher Reichweite denselben Einheitsbrei aus selektiver Berichterstattung, manipulierten Nachrichten und abstruser Paranoia verbreiten.«[15]

Dafür verfügen Putins Leute über eine extreme Konzentration an medialer »Hardware« und das erforderliche Maß an Zynismus. Noch wichtiger scheint das ideelle Konstrukt, auf dessen Grundlage sie diese Macht einsetzen. Danach existiert ohnehin kein Journalismus, es gibt nur den Informationskrieg.

In diesem Krieg müsse sich jeder Journalist entscheiden, auf welcher Seite er steht.

Das ist kein allzu neues Postulat, wie man angesichts der russischen Propagandaoffensive der vergangenen Jahre vermuten könnte. Diese Lehrmeinung, die in den 1970er Jahren während des Kalten Krieges in der Sowjetunion entwickelt wurde, wird den Studenten der Journalistik-Fakultät der Moskauer Lomonossow-Universität mindestens seit Ende der 1990er Jahre wieder nahegebracht. Seit dem 1. Januar 2017 wurde der »Kampfeinsatz« einiger Medien aufgewertet. Laut Beschluss des Medwedjew-Kabinetts wurden die Informationsagentur *Rossija Sewodnja*, die *Allrussische staatliche Fernseh- und Radiogesellschaft (WGTRK)*, das *Fernsehzentrum Ostankino* und die Nachrichtenagentur *ITAR-TASS* auf die Liste von Unternehmen gesetzt, die für die Verteidigungsfähigkeit Russlands von großer Bedeutung sind.

Dabei kann die journalistische Arbeit für nichtstaatskonforme Medien zum Teil lebensgefährlich sein. In der Moskauer kremlkritischen Zeitung *Nowaja Gaseta* hängt eine Tafel mit den Porträts der Journalisten, die in Ausübung ihrer beruflichen Tätigkeit ermordet wurden. Ihre Zahl liegt inzwischen allein in dieser Zeitung bei fünf. Es berührt besonders, wenn man, wie ich, Anna Politkowskaja persönlich kannte, mit Juri Schtschekotschichin befreundet war. Oder wenn man in Tschetschenien wenige Tage nach ihrer Ermordung am Grabe von Natalja Estemirowa stand, neben mir die weinende damals 15-jährige Tochter, der alle gutgemeinten Worte nicht über den Verlust der Mutter hinweghelfen konnten. In solchen Momenten bekommen Zahlen ein eigenes Gesicht.

Das Komitee zum Schutz von Journalisten stellte in einem Bericht aus dem Jahr 2014 fest, dass in der Zeit von 2004 bis 2013 in Russland 14 Journalisten ermordet worden sind, unter ihnen Paul Chlebnikow, Chefredakteur der russischen *Forbes*-Ausgabe, die im Verlag von Springer Russia, einer Tochtergesellschaft des Axel Springer Verlages, erschien. Keiner dieser Morde wurde bisher aufgeklärt, Russland liegt für diesen Zeitraum weltweit auf dem fünften Platz der Journalistenmord-Liste, noch vor Afghanistan, Angola und Bangladesch.[16]

# Das kriminelle Russland

Ich kaufe alles, sagt das Gold.
Ich nehme dir alles, sagt die Klinge.
*Alexander Puschkin*

Es war eine der größten Spezialoperationen in der Geschichte der spanischen Polizei, die im Juni 2016 über die Bühne ging. Ihr Ziel: Mitglieder der russischen Mafia, die es sich in Spanien heimisch gemacht hatten. In den frühen Morgenstunden des 27. Juni schwärmten 180 spanische Ordnungshüter aus. An 19 verschiedenen Orten in der Provinz Tarragona (Katalonien), unter anderem in Reus, Salou und Cambrils, beschlagnahmten sie insgesamt 192 Immobilien im Wert von 62 Millionen Euro.

Bei der Aktion, an der auch die Guardia Civil beteiligt war, nahmen die Sicherheitskräfte sechs Russen, einen Ukrainer sowie dessen spanischen Anwalt fest. Sie wurden der Geldwäsche verdächtigt, die sie für die berüchtigten Tangansker und Tambowsker Mafia-Gruppen betrieben haben sollen. Diese beiden Mafia-Organisationen gelten als die mächtigsten in der russischen Gangsterwelt der Gegenwart. Dank der spanischen Untersuchungen wurde bekannt, wie eng die russischen Gangster mit staatlichen Strukturen im Umkreis von Präsident Wladimir Putin verbandelt sind.

## Spanische Ermittler: Die Mafia hat Russlands Staatsapparat infiltriert

Die Gangster hatten »exzellente Beziehungen zu Politikern aus ihrem Heimatland«, schrieb die gut informierte spanische Zeitung *El Mundo* unter Berufung auf Gerichtsunterlagen. Es gebe »Beweise dafür, dass hochgestellte Persönlichkeiten, Moskauer Vertreter der herrschenden Partei Geeintes Russland mehrfach bei ihnen an den Wochenenden zu Gast waren«. Laut *El*

*Mundo* sollen es Leute gewesen sein, deren Namen, öffentlich und juristisch, mit großen Korruptionsaffären in Verbindung stehen.[17] R, s bc /+

Es muss ein böses, ironisches Spiel des Schicksals gewesen sein, dass sich Russlands Präsident Wladimir Putin justament an diesem Tage in Moskau auf dem Parteitag von Geeintes Russland damit brüstete, dass er es gewesen sei, der diese Partei geschaffen habe. Jetzt, vor den Parlamentswahlen im Herbst, erwarte er von den Kandidaten, dass sie eine »selbstlose, fruchtbare Arbeit zum Wohl des Landes und seiner Bürger« leisteten, dass sie die Bedürfnisse ihrer Mitbürger kennen.[18] Nun, die Parteifunktionäre, die es sich in der spanischen Sonne bei russischen Mafiosi wohl sein ließen, kannten wenigstens ihre eigenen Bedürfnisse. Ihren Gastgebern waren die spanischen Behörden in intensiven, monate-, teils jahrelangen Ermittlungen auf die Spur gekommen. Sie hatten herausgefunden, dass die Russen in Spanien unter anderem ein Netz von Kreditinstituten gegründet hatten, über die dann die Käufe von Immobilien abgewickelt und illegales Geld »gewaschen« wurden.

Verantwortlich für das System, so berichtete *El Mundo* weiter, seien »zwei russische Bürger gewesen, die die Infrastruktur dafür geschaffen haben und die oft nach Tarragona kamen, um die Arbeit ihrer Untergebenen zu kontrollieren«. Darüber hinaus, so fanden die spanischen Ermittler heraus, unterhielten die Verhafteten Kontakte zu Personen, die mit den kolumbianischen Drogenkartellen Cali und Medellín in Verbindung standen.[19]

Bereits im November 2015 waren in Spanien mutmaßliche Mitglieder der Tambower Gruppierung festgenommen, andere in Abwesenheit angeklagt worden. »In der veröffentlichten Anklageschrift wird unter anderem behauptet, diese Gruppierung habe den Chef der obersten russischen Ermittlungsbehörde,[20] General der Justiz Alexander Bastrykin, ins Amt gebracht. Die Gruppierung habe enge Beziehungen zum ehemaligen Dumasprecher Boris Gryslow, zum ehemaligen Premierminister Viktor Subkow und zu dessen Schwiegersohn, dem ehemaligen Verteidigungsminister und Chef der Steuerbehörde Anatoli Serdjukow.«[21]

So steht es in der 55-seitigen Anklageschrift des spanischen Ermittlungsrichters José de la Mata vom November 2015. Darin werden den Beschuldigten enge Verbindungen zu Gennadi Petrow, dem Boss der Tambow-Mafia, vorgeworfen. Die Anklageschrift basiert auf einer 488-seitigen Ausarbeitung der Richter Juan Carrau und José Grinda, die sie am 29. Mai 2015 beim Zentralgericht in Madrid eingereicht hatten. Darin sind die Ergebnisse jahrelanger Ermittlungen gegen das russische organisierte Verbrechen zusammengefasst. Das Werk stützt sich auf Tausende Telefonmitschnitte, Unterlagen über Banktransfers und Immobilientransaktionen. Es beschreibt die engen Verbindungen zwischen kriminellen Gruppierungen, Spitzen des russischen Rechtssystems und politischen Entscheidungsträgern in Moskau.

Im Dunstkreis des Mafia-Paten Gennadi Petrow, Boss der Tambower Mafia-Gruppierung, tummelten sich nach Meinung der Spanier auch solche illustren Personen wie Juri Britikow, Chef der russischen Verwaltung für den Kampf gegen das organisierte Verbrechen, und der ehemalige Vizechef des Ermittlungskomitees bei der russischen Generalstaatsanwaltschaft, Igor Sobolewski. In der Welt der großen Unternehmen wurden Petrow Kontakte mit dem Oligarchen Oleg Deripaska und sogar mit German Gref, Präsident der Sberbank, nachgewiesen.[22]

Im Januar 2016 schließlich setzte die spanische Justiz ein deutliches Zeichen. Sie erließ internationale Haftbefehle gegen zwölf zum Teil sehr prominente Russen, die nicht zu einer gerichtlichen Anhörung in Spanien erschienen waren. In Spanien können keine Prozesse in Abwesenheit geführt werden. Ihnen werden Mord, Erpressung, Drogen- und Waffenhandel sowie Geldwäsche vorgeworfen. Bekannt wurden die Haftbefehle erst Wochen später, nachdem die Zeitung *El Mundo* laut eigenen Angaben Zugang zur Anklageschrift erhalten hatte. Die gesuchten Verdächtigen leben alle in Russland. »Brisant ist auch, dass es sich bei ihnen um jetzige oder einstige Vertreter des russischen Machtapparats aus dem Umfeld von Präsident Putin handelt.«[23]

Neben Wladislaw Resnik, einem einflussreichen Duma-Abgeordneten und stellvertretenden Vorsitzenden des Finanzausschusses, wird dort auch Viktor Subkow genannt, der zwischen 2007 und 2008 russischer Ministerpräsident war. Sein Schwiegersohn, der ehemalige Verteidigungsminister Anatoli Serdjukow, sowie weitere Personen aus dem russischen Sicherheits- und Justizapparat stehen ebenfalls auf der Liste. Sie unterhielten der Anklageschrift zufolge zum Teil enge Verbindungen zu Gennadi Petrow, der in Spanien zahlreiche Verbrechen begangen haben soll. Die spanischen Ermittler, die sich unter anderem auf Abhörprotokolle stützten, befanden, Petrows Netzwerk habe Ministerien und den Sicherheitsapparat Russlands infiltriert.[24]

Hinter den in Spanien agierenden Mitgliedern der russischen Mafia waren die dortigen Behörden schon lange her. Bereits 2008 waren in einer groß angelegten Aktion, Codename Troika, 400 Polizisten in Marsch gesetzt worden. In Alicante, auf Mallorca, in Madrid, Marbella, Valencia, Barcelona und auf den Balearen durchsuchten sie Wohnungen und Villen und nahmen rund 20 Personen fest. Schon damals hieß es in der spanischen Presse, man habe »Freunde der Freunde« von Putin verhaftet.

Damit waren vor allem Alexander Malyschew und Gennadi Petrow, die Köpfe der Tambower Mafia, gemeint. Bei der Aktion war Petrow in seiner Residenz auf Mallorca festgenommen worden. Juan Antonio Untoria, einer der damaligen Mitangeklagten, behauptete der Moskauer Zeitung *Nowaja Gaseta* zufolge, er habe in Gennadi Petrow immer nur den seriösen Geschäftsmann gesehen. Freilich eng verbunden mit »höchsten politischen Kreisen seines Landes«, ließ der angeklagte Spanier damals von seinem Anwalt in einem Brief an die Zeitung mitteilen. Petrow habe mehrfach erzählt, dass er »seit seiner Jugend, die er in St. Petersburg (gemeint ist das damalige Leningrad – M. Q.) verbrachte, mit Putin, Resnik und Rejman (unter Präsident Putin Minister für Kommunikation und Kremlberater – M. Q.) befreundet war«.[25] Dass das mehr als nur Wichtigtuerei und Renommiergehabe war, legen Mafia-Unternehmungen im St. Petersburg der 1990er Jahre nahe, in die der heutige russische Präsident indirekt oder teilweise direkt involviert war.

Petrow erhielt 2012 die Erlaubnis, sich zur medizinischen

Behandlung nach Russland zu begeben, von wo er nicht zurückkam. In St. Petersburg wurde er kurzzeitig inhaftiert, aber wieder freigelassen. Die spanischen Staatsanwälte stellten schon 2008 fest, Petrow habe Geschäftsverbindungen zum damaligen russischen Verteidigungsminister Anatoli Serdjukow unterhalten. Serdjukow, der Schwiegersohn von Expremierminister Viktor Subkow, habe die schützende Hand über die Organisation von Petrow gehalten.

Kontakte zur Tambow-Mafia werden auch Nikolai Aulow, einem ehemaligen KGB-Kollegen Putins in Leningrad und St. Petersburg, angelastet. Zwischen 2006 und 2008 hatte der Vizechef der russischen Antidrogenbehörde (FSNK)[26] nach Erkenntnissen der Ermittlungsrichter 79 Mal mit Gennadi Petrow telefoniert. Die Herren tauschten sich über die Festnahme von Polizisten aus, die Petrows Leute bei ihren Geschäften störten, besprachen die Unterstützung bei Lizenzanträgen für verschiedene Firmen und die bevorstehende Verhaftung des Anführers der Tambower Mafia, Wladimir Barsukow-Kumarin. Petrow wollte diesen Posten selbst übernehmen.

Auch Aulows Chef bei der Antidrogenbehörde, Viktor Iwanow, hatte einem internen Bericht des später in London vergifteten Ex-KGB-Offiziers Alexander Litwinenko zufolge enge Beziehungen zur Petersburger Unterwelt.[27] Dem Bericht zufolge stellte er Anfang der 1990er Jahre Beziehungen zur Tambower Mafia und ihrem Anführer Viktor Kumarin her, der im Clinch mit Alexander Malyschew und dessen Gang lag. Es ging um die Herrschaft über den St. Petersburger Hafen. Iwanow, der aus dem Petersburger FSB-Personalbüro zur Gangsterbekämpfung versetzt worden war, half Kumarin, der sich später Barsukow nennen sollte, die Kontrolle über den Hafen, das Haupteinfallstor für kolumbianische Drogen, zu gewinnen. »Ironischerweise, während Iwanow mit den Gangstern kooperierte, wurde er in die Operationsabteilung geschickt, die gegen Schmuggler vorgehen sollte, und wurde ihr Boss«, schrieb Litwinenko in dem Bericht. Iwanow, der mit Gangstern kooperierte, »wurde geschützt von Wladimir Putin, der im Büro des Petersburger Bürgermeisters Anatoly Sobtschak für die Außenwirtschaftsbeziehungen zuständig war«, heißt es in Litwinenkos Acht-Seiten-Bericht, der wie eine Handgranate gewirkt habe, die in den Kontrollraum der Russischen Machthaber geworfen worden sei, schrieb der britische Autor Luke Harding. Die Vergiftung Litwinenkos mit Polonium-210 kann Harding zufolge auch in diesem Zusammenhang gesehen werden.[28]

Die Protokolle der von der spanischen Guardia Civil mit Gerichtsbeschluss abgehörten Gespräche lassen die erschreckend enge Verflechtung von hochrangigen russischen Staatsbediensteten aus dem Umkreis des Kremlchefs und dem organisierten Verbrechen deutlich werden.[29]

Aus den Abhörprotokollen:

Am 25. September 2007 um 11:49 Uhr ruft Petrow (Gennadi alias Gennadios, führender Kopf der Tambower Mafia-Gruppierung) Igor an. Gemeint ist Igor Sobolewski, zu dem Zeitpunkt Chef einer Verwaltung innerhalb des mächtigen Ermittlungskomitees bei der russischen Generalstaatsanwaltschaft. Petrow teilt ihm mit, dass er ein Gespräch mit »Slawa« (Duma-Abgeordneter Wladislaw Resnik) gehabt habe. Aus dem weiteren Verlauf des Gesprächs geht hervor, dass es Unstimmigkeiten gab. Petrow verlangte von Igor (Sobolewski), er möge noch einmal mit Kolja (Nikolai Aulow, in den Jahren 2007/08 Chef einer Hauptverwaltung im Innenministerium, ab 2008 Vizechef der Antidrogenbehörde) sprechen und ihn auffordern, er solle »ohne Scham und Verlegenheit« handeln. Igor, der hochrangige Mitarbeiter des Ermittlungskomitees, das unter anderem das organisierte Verbrechen jagen soll, erinnert den Obermafioso der Tambowsker Gruppierung, Petrow, dass »mit Sascha alles so geklappt hat, wie wir es gewollt hatten«. Petrow drückt seine Zufriedenheit darüber aus.[30]

Sascha (Alexander Bastrykin) war zwei Tage vor dem Telefonat, am 22.7.2007, vom Föderationsrat in der Funktion des ersten Stellvertreters des Generalstaatsanwalts der Russischen Föderation und als Vorsitzender des Ermittlungskomitees bei der Staatsanwaltschaft bestätigt worden. Bastrykin gilt als enger Vertrauter des Präsidenten, er gehört zu den vier, fünf Personen, mit denen sich der Kremlchef überhaupt noch berät. Ganz nebenbei geriert sich Bastrykin auch noch als Vorreiter des russischen Nationalismus und des Kampfes gegen alles »Westlich-Liberale«.

Weiter aus den Abhörprotokollen:

3. Juli 2007. Petrow ruft Igor Sobolewski an und teilt ihm mit, dass er gestern Slawa (Duma-Abgeordneter Resnik) angerufen und ihm gesagt hat, dass er sich schon mit seinem Freund besprochen hat und zu 100 Prozent sicher sei, das die Ernennung von Igor bestätigt wird, das ist nur eine Frage der Zeit. Igor möchte wissen, warum sich seine Ernennung so lange hinzieht. Petrow sagt, dass er im schlechtesten Fall persönlich mit den notwendigen Leuten sprechen werde, wenn er in Russland ist, aber er verspricht Igor, dass er diesen Posten einnehmen werde, obwohl es noch drei Kandidaten gibt.[31]

Sobolewski bekam den Posten dann tatsächlich auch, wenngleich er noch bis zum 10. Juni 2008 warten musste. Nachdem sich Präsident Putin mit dem Chef des Ermittlungskomitees, Bastrykin (der Gangster Petrow nennt ihn in den Telefonmitschnitten mit seinem Kosenamen Sascha), getroffen hatte, machte er Sobolewski zu dessen Stellvertreter. Er verlor den Posten allerdings nach dem Wechsel im Präsidentenamt. Dmitri Medwedjew entließ ihn im Juni 2009, offiziell »auf eigenen Wunsch aus familiären Gründen«. Bastrykin habe sich seine rechte Hand »amputiert«, kommentierten Insider die Absetzung des Gangster-Freundes, gegen dessen Ernennung Putin nichts einzuwenden hatte.[32]

Weiter aus den Abhörprotokollen:

Am 28. September 2007 ruft Igor Sobolewski, der schon bald zum ersten Stellvertreter Bastrykins aufsteigen sollte, erneut Petrow an. Sascha (Bastrykin) wolle seine (kürzlich erfolgte – M. Q.) Ernennung angemessen begehen. Er bitte darum, ihm den Namen des Mannes zu nennen, der dabei behilflich gewesen sei, er wolle ihn auch zu dem Fest einladen. Petrow bedauert, wahrscheinlich werde die Person zu dem Zeitpunkt nicht in Moskau sein. Aber mit hoher Wahrscheinlichkeit werde der Mann zu seinem, Petrows, Geburtstag erscheinen. Igor (Sobolewski) möge doch Sascha (Bastrykin) ebenfalls zu dem Fest einladen. Anschließend erörtern beide die jüngsten Ernennungen von den drei Leuten, über die sie bereits bei den letzten Malen gesprochen hatten.[33]

In dieser vertraulichen Manier geht es weiter in den Gesprächen zwischen Mafiosi und Vertretern der russischen Staatsmacht, vorwiegend aus dem Bereich der Sicherheitsorgane. Sogar der FC Bayern München wurde in den Telefongesprächen thematisiert. So soll Petrow in einem Gespräch schon vor der Partie von Zenit St. Petersburg im Rückspiel des UEFA-Cup-Halbfinales gegen Bayern das Resultat von 4:0 vorweggenommen haben. Nach dem Spiel hätte er einem Gesprächspartner gegenüber erklärt, 50 Millionen an Bayern gezahlt zu haben. In dem Gespräch habe er keinen Zweifel daran gelassen, dass die Transaktion tatsächlich erfolgt sei. Der FC Bayern äußerte sich dazu nicht.[34]

Die russische Internetplattform *Openrussia.org* hat diese Protokolle der spanischen Ermittler dankenswerterweise auf ihrer Website dokumentiert, die auf schockierende Weise das enge Beziehungsgeflecht zwischen dem organisierten Verbrechen und dem russischen Staat belegen. Die Frage, was der russische Präsident davon weiß, drängt sich auf. Denn gerade die Ernennungen in so sensiblen Bereichen wie der Ermittlungsbehörde, der Staatsanwaltschaft oder der Drogenbehörde erfolgen nicht ohne sein Wissen. Die Beförderten kennt er alle persönlich.

Besonders intensiv waren den Abhörprotokollen zufolge die Gespräche Petrows mit Generaloberst Nikolai Aulow, dem stellvertretenden Chef der russischen Antidrogenbehörde FSKN. Seit April 2016 wird auch er mit einem internationalen Haftbefehl von den Spaniern gesucht. Seine Behörde in Moskau dementierte die Vorwürfe und bezeichnete die spanischen Ermittlungen als »erstaunlich unprofessionell«.[35]

Interessanterweise wurde die Antidrogenbehörde im gleichen Monat durch einen Präsidentenerlass aufgelöst, in dem der spanische Haftbefehl für Aulow bekannt wurde. Die Funktion der FSKN soll das Innenministerium bis Jahresende 2016 übernehmen. Ein Zufall? Gibt es einen Zusammenhang mit den spanischen Ermittlungen? Wollte Putin seinen alten Kumpel Iwanow und dessen Stellvertreter aus der Schusslinie nehmen? Antworten gibt es bisher nicht.

Die Kontakte des per internationalem Haftbefehl gesuchten Generals Aulow zum organisierten Verbrechen sollen allerdings bis ins St. Petersburg der 1990er Jahre zurückreichen. Informationen zu diesem Thema hatte Wladimir Barsukow-Kumarin beizutragen, der bis zu seiner Verhaftung 2007 Chef der Tambower Mafia war. Der einstige Obermafioso wurde im August 2016 in Moskau zu 23 Jahren verschärfter Lagerhaft verurteilt. Angeblich hat ihn Aulow, in Verabredung mit dem mutmaßlichen Barsukow-Nachfolger Petrow, aus Konkurrenzgründen in den Knast bringen lassen. Deshalb kann auch Rache im Spiel gewesen sein, als Barsukow-Kumarin in einem Interview mit der Internetplattform *Otkrytaja Rossija* (Open Russia) erzählte, er habe Generaloberst Nikolai Aulow schon in den 1990er Jahren »gut gekannt«, als dieser noch als Major herumgelaufen sei und »als über Wyborg die erste Tonne Kokain in Fleischkonserven transportiert wurde«. Aulow habe ihm seinerzeit vorgeschlagen, den Drogenhandel unter seine Kontrolle zu nehmen. Das bringe das große Geld, und wer Geld habe, sei stark. Das habe sich letztlich bewahrheitet, sagte Barsukow-Kumarin den Interviewern.[36]

In diesem hoch kriminalisierten Umfeld vollzog sich die Verwandlung des ehemaligen KGB-Oberstleutnants Wladimir Putin in den Bürger Putin, der sich dem vermeintlich reformorientierten Bürgermeister der Stadt, Anatoli Sobtschak, als helfende Hand andiente und schon bald für die Außenbeziehungen der Millionenstadt zuständig wurde. Obwohl Putin nach seinem Aufstieg zum russischen Präsidenten die Archive von kompromittierenden Materialien »reinigen« ließ, gibt es dennoch viele Hinweise auf seine von den Fesseln des Gesetzes weitgehend befreiten Aktivitäten.

## St. Petersburg: Eine breite Spur
## windiger Aktivitäten

In akribischer Kleinarbeit hat Karen Dawisha, Professorin für Politikwissenschaften an der Miami University in Oxford, Ohio, und Direktorin des dortigen Havighurst Center for Russian and Post-Soviet Studies, das »System Putin« erforscht. Den Petersburger Jahren des Wladimir Putin widmete sie ihre besondere Aufmerksamkeit. Sie trug gewissenhaft eine Fülle von Fakten zusammen, die sie im Jahr 2014 in ihrem Buch »Putin's Kleptocracy. Who owns Russia« der Öffentlichkeit vorstellte.

Im Vorfeld der Veröffentlichung stieß die amerikanische Wissenschaftlerin auf merkwürdige Widerstände. Ihr Manuskript wurde von Cambridge University Press (CUP) in Cambridge in Großbritannien, wo sie vorher bereits erfolgreich publiziert hatte, zurückgewiesen. Sonderbarer als die Absage war die Begründung. Der Verlag bestätigte ihr, dass die Entscheidung »nichts zu tun hat mit der Qualität Ihrer Forschung oder Ihrer wissenschaftlichen Glaubwürdigkeit. Es ist einfach eine Frage der Risikobewertung im Lichte unserer begrenzten Ressourcen.« [37]

Und damit auch alle Unklarheiten beseitigt wären, berief sich der Verlag in seinem Schreiben an die Autorin auf die von ihr im Buch aufgestellte Prämisse, »dass Putin einen geschlossenen Kreis krimineller Oligarchen zu seiner Verfügung hat und er seine Karriere damit verbracht hat, diesen Kreis zu kultivieren«. Da man keinen Zweifel an der Richtigkeit dieser These hege, sei es wahrscheinlich, dass diese Kreise vor Gericht gehen würden. Selbst dann, wenn CUP in so einem Prozess erfolgreich wäre, würden die Kosten dafür die Möglichkeiten des Verlages übersteigen. [38]

Der Hinweis der Autorin, dass die USA und die EU, offenbar im Besitz von Geheimdienstinformationen, zu den gleichen Schlussfolgerungen wie sie selbst gekommen seien und deshalb Visasperren verhängt und Konten eingefroren hätten, fruchtete indes nicht. Ein Sprecher des Verlages beschwerte sich dann noch, dass die Wissenschaftlerin den Briefwechsel öffentlich gemacht habe. Er sei nur zum internen Gebrauch bestimmt gewesen. Tatsache blieb: CUP hatte kalte Füße bekommen und verweigerte sich. Der renommierte US-Verlag Simon and Schuster sprang ein und veröffentlichte »Putin's Kleptocracy«.

Interessant in dem Zusammenhang ist, dass sich in Deutschland – Stand Herbst 2016 – kein Verlag gefunden hat, der das Dawisha-Buch verlegt hätte. Und das in einem Land, in dem das Interesse an den Vorgängen in und um Russland traditionell sehr groß ist. Furcht vor der Finanzgewalt und Skrupellosigkeit der Putin-Umgebung? Oder verfängt auch in den Verlagen die »gefährliche neue Liebe der Deutschen zu Russland«, wie Professor Karl Schlögel das von blinden Flecken übersäte Bild vieler Deutscher vom Putin-Staat bezeichnet?[39]

Ein erstaunlicher Vorgang, denn Informationen über Korruptions- und Mafiafälle, in deren Zusammenhang der Name des Präsident fiel, liegen teilweise seit Jahren vor und werfen ihre Schatten bis in die Gegenwart. Die Politologin Dawisha hat die wichtigsten Fälle zusammengetragen, in die Putin damals verwickelt war:

»1. Eine Rüge der St. Petersburger Gesetzgebenden Versammlung wegen illegaler Aktivitäten im Zusammenhang mit der Genehmigung von Lizenzen und Verträgen durch Putin als Leiter des Komitees für Außenbeziehungen.

2. Die Kollaboration mit kriminellen Organisationen bei der Regulierung der Glücksspiel-Industrie in St. Petersburg.

3. Razzien der deutschen Polizei im Zusammenhang mit einer Geldwäsche-Operation der St. Petersburger Real Estate Holding Company (St. Petersburger Immobilien und Beteiligungs AG / SPAG – M. Q.), bei der Putin Mitglied des Aufsichtsrates war.

4. Seine Rolle bei der Bildung eines Monopols für die Petersburger Treibstoffgesellschaft, damals kontrolliert von der Tambower kriminellen Organisation.

5. Seine Rolle beim Dwadzsaty Trast (oder 20. Trust), was zu einer Strafverfolgung (Kriminalfall Nr. 144128) führt, fallengelassen erst, als er Präsident wurde.

6. Seine Beteiligung beim Erwerb eines Appartements in St. Petersburg, zusammen mit Bürgermeister Sobtschak,

und die Anschuldigung, Mittel aus dem Sonderfonds des Bürgermeisters unautorisiert genutzt zu haben (Kriminalfall Nr. 18 / 238278-95), auch dieser Fall wurde nach seiner Wahl geschlossen.«[40]

## Der Lebensmittelbetrug

Einer der Fälle soll an dieser Stelle wegen seines exemplarischen Charakters näher beleuchtet werden: Der Lebensmittelskandal am Beginn der 1990er Jahre. Der Stadt, die schon während der hitlerdeutschen Blockade 1941 / 42 unsäglich gelitten hatte, drohte 1991 erneut eine extreme Lebensmittelknappheit. In dieser Situation gab die Regierung des Jungreformers Jegor Gaidar eine Lizenz heraus, die den Export von Rohstoffen im Tausch gegen Lebensmittel erlaubte. Das Petersburger (damals noch Leningrader) Stadtparlament verhandelte ein erstes Geschäft mit einer deutschen Firma über eine Fleischlieferung für 90 Millionen D-Mark. Als Marina Salje, die Leiterin des Ernährungskomitees des Stadtparlaments, zur Unterzeichnung nach Deutschland kam, war der Deal schon gelaufen. Wladimir Putin habe den Vertrag unterzeichnet. Doch das Fleisch, bezahlt aus dem Budget des Stadtparlaments, erreichte Petersburg nie. Es wurde nach Moskau geliefert, wo es angeblich in die KGB-Reserve zur Vorbereitung des August-Putsches einging.[41]

Die 2012 verstorbene Geologin und Abgeordnete Marina Salje, Jelzin-Unterstützerin und Mitautorin der neuen russischen Verfassung, gilt bis heute als die »Großmutter der russischen Demokratie«. Ihr waren die flinken Machenschaften Putins, der schon mal Lizenzen unterschrieb, ehe er die Erlaubnis dazu aus der Zentrale erhalten hatte, ein Dorn im Auge. Im Rahmen der sogenannten Salje-Kommission des Stadtparlaments untersuchte sie Putins Aktivitäten. Zahlreiche Verstöße gegen Recht und Gesetz wurden festgehalten: Verträge ohne Siegel und Unterschriften, extrem überhöhte Kommissionszahlungen für erteilte Lizenzen, deren Verbleib schleierhaft blieb. Die Kommission trug reichhaltiges Belastungsmaterial zusammen und stellte fest, dass zahlreiche der gerade erst gegründeten Firmen, die dann in dem Lebensmittelprogramm mitmischten, »enge Verbindungen mit Offiziellen aus dem Bürgermeisteramt« hatten.[42]

Aus dem Bericht der Untersuchungskommission ging weiter hervor, dass der Vorsitzende des Komitees für Außenbeziehungen des Bürgermeisteramtes von St. Petersburg, Wladimir Putin, und sein Stellvertreter Alexander Anikin, Genehmigungen für die Ausfuhr Seltener Erden, von Erdölprodukten und anderen Rohstoffen erteilt hatten. Der Gesamtumfang habe bei über 100 Millionen Dollar gelegen, heißt es in dem Bericht. Im Zuge dieser Bartergeschäfte sollte die Stadt Fleisch, Kartoffeln, Zucker und Hühner erhalten. Doch diese Lieferungen kamen entweder gar nicht oder in viel geringerem Umfang an. Salje übergab den Bericht an die Staatsanwaltschaft und auch an Präsident Jelzin. Das Resultat war Schweigen.[43]

Der Bericht versank im Archiv, Salje ging nach Moskau und widmete sich dem Aufbau einer demokratischen Partei. Das Jahr 2000 kam, Putin wurde Präsident. Die Medien erinnerten sich an den Untersuchungsbericht und schrieben darüber. Als Salje Putins Buch »Aus erster Hand« las, wurde ihr siedend heiß. Der frischgebackene Präsident behauptete darin, nie habe er in St. Petersburg irgendwelche Lizenzen erteilt, dazu habe er kein Recht gehabt. Das war gelogen, die Beweise lagen bei Salje im Aktenordner. Sie bekam Angst und verschwand in die Stille eines russischen Dorfes. Zehn Jahre lang schwieg sie. Dann, 2010, gab sie der Internetplattform *Svoboda.org* ein Interview. Darin erklärte sie, freilich sehr rätselhaft, den Grund für ihr Verschwinden.

Sie habe sich natürlich wegen der Dokumente in ihren Händen geängstigt. Ausschlaggebend aber sei eine Begegnung im Büro ihres Parteifreundes Sergej Juschenkow gewesen. »Ich sah in seinem Kabinett einen Menschen, den ich niemals, nirgendwo und unter keinen Umständen je hätte sehen wollen. Ich werde Ihnen seinen Namen nicht nennen. Aber in dem Moment begriff ich, dass es besser ist abzureisen. Sergej Nikolajewitsch wurde wenig später ermordet.«[44]

Marina Salje starb im Jahr 2012 an Herzversagen, ohne das geplante Buch über die Petersburger Jahre geschrieben zu haben.

## Putins Petersburger »Buddies« –
## Die Kooperative »Osero«

Die einzige verbliebene kremlkritische Zeitung des Landes, die *Nowaja Gaseta*, unterzog sich schon 2005 der Aufgabe, eine »Hitliste« krimineller Operationen im Petersburg der 1990er Jahre zu erstellen. »Ein einfacher Vergleich zeigte, dass der russische Präsident derjenige ist, der im Zusammenhang mit Kriminalfällen am meisten genannt wird«, konstatierte das Blatt.[45]

So eine Auflistung zu erstellen, ist mehr als nur pure Lust an weit zurückliegenden tatsächlichen oder vermeintlichen Fällen und Skandalen. Wer Putins heutige, oft sehr überraschende Ernennungen verstehen will, für den ist es nützlich, sich etwas näher mit seinen Aktivitäten in den 1990er Jahren in Leningrad / St. Petersburg zu beschäftigen. Jüngstes Beispiel: Viktor Solotow, der Kommandeur der neu geschaffenen, 400 000 Mann starken Nationalgarde. Zu Beginn der 1990er wurde der KGB-Offizier für Personenschutz Solotow aus Moskau zur Bewachung von Bürgermeister Anatoli Sobtschak nach Sankt Petersburg abkommandiert. Dort lernte er auch dessen Stellvertreter Putin kennen, für dessen Schutz er ebenfalls zuständig war.

Diesen Auftrag erfüllte Solotow über die private Sicherheitsagentur Baltic-Escort, deren Chef Roman Zepow war. Dem Vernehmen nach soll Solotow die Firmengründung angeregt haben. Das wäre nicht ungewöhnlich. In Russland werden Aufträge staatlicher Institutionen gern an private Unternehmen ausgelagert. Das passiert auch in anderen Ländern. Der Unterschied: In Russland gehören diese Firmen entweder Familienangehörigen oder vertrauenswürdigen Freunden der Staatsbediensteten, die die Aufträge vergeben. Auf diese Weise können die Budgets des Staates oder der Städte auch von denen bequem angezapft werden, die eigentlich nur ein Angestelltengehalt beziehen. Nach außen hin wahren sie den Schein, dass sie als Staatsdiener nicht in unzulässige Geschäfte verwickelt sind.

Baltic-Escort wurde auch von Spitzen der Tambower Mafia und von Alexander Malyschew, dem Chef der Malyschew-Gang, gebucht und galt als Schiedsstelle zwischen dem Bürgermeisteramt, also Putin, und dem »Business« der Stadt, das weitgehend in Mafia-Hand war. Als Putin 1996 nach Moskau ging, wechselte Solotow zunächst zu Baltic-Escort. 1999 holte Putin, der nun bereits Regierungschef war, den loyalen Offizier als seinen Leibwächter nach Moskau. Seine Ernennung zum Chef der Nationalgarde, die dem Präsidenten direkt untersteht, machte ihn 2016 zu einer der einflussreichsten Personen der Führungskaste.

Die jahrelange Loyalität, die auf St. Petersburg zurückgeht, hatte sich ausgezahlt. Auch ökonomisch, wie der Oppositionspolitiker Alexej Nawalny herausfand. Allein der bisher bekannt gewordene Besitz Solotows soll demzufolge einen Wert von 663 Millionen Rubel (Etwa 9,3 Millionen Euro) haben. Aber das sind »Melotschi«, Kleingeld also, wie man in diesen Kreisen sagt. Das richtig große Geld machte eine Gruppe von Datschenbesitzern, die sich »Osero« (Der See) nannte.[46]

Ihre Mitglieder, zu denen der heutige Präsident Wladimir Putin gehörte, durchliefen in nur wenigen Jahren eine schwindelerregende Karriere und wurden innerhalb von nur zehn Jahren unsagbar reich. »Osero« kann als Synonym für eine geschlossene Gesellschaft eng miteinander verbundener Geheimdienstler, Wissenschaftler, Geschäftsleute und Krimineller gelten, die gleich einer »Seilschaft« den Aufstieg in die Führungsetagen des Landes bewerkstelligte. Mit null Kapital zum Besitz von Millionen und Milliarden. Verständlich, dass Glücksritter aus aller Welt neidvoll und bewundernd auf das »russische Wunder« blicken.

Begonnen hatte es im Jahr 1992. Wladimir Putin, damals Leiter des für die Außenhandelsbeziehungen zuständigen Komitees des Bürgermeisteramtes von St. Petersburg (KWS – Komitet wneshnich swjasej / Komitee für Außenbeziehungen), legte sich am Ufer des Komsomol-Sees zwei Grundstücke zu. Das war zu dem Zeitpunkt für einen schlecht besoldeten Staatsbediensteten eigentlich unmöglich, zumal er dann auch noch ein luxuriöses Haus auf dem Anwesen errichten ließ. Es sei denn, er verfügte über ein »zusätzliches Einkommen. Putin hatte dieses Einkommen natürlich«, erinnerte sich der pensionierte Ermittler Andrej Sykow, der in den 1990er Jahren mit den kriminellen Machenschaften in der »nördlichen Hauptstadt« befasst war. »Wir ermittelten und fanden heraus, dass die Korporation ›Zwanzigster Trust‹ ein Haus für Wladimir Wladimirowitsch Putin am Ufer des Komsomol-Sees und auch eine Villa in Spanien gebaut hatte.« Der Preis für das Haus am See lag »schätzungsweise bei 500 000 Dollar«.[47]

Als das Haus unter ominösen Umständen abbrannte, sorgte der »Zwanzigste Trust« umgehend für Ersatz. Die Ermittlungen im Zusammenhang mit der vermuteten Unterschlagung großer Geldsummen aus dem Staatshaushalt durch den »Zwanzigsten Trust« wurden mit Putins Aufstieg ins Präsidentenamt zu den Akten gelegt.

Vier Jahre nach Putins Landerwerb, am 10. November 1996, wurde die Datschen-Kooperative »Osero« offiziell registriert. In der Gründungsurkunde wird Wladimir Smirnow als Leiter der Kooperative genannt. Weitere Gründungsmitglieder waren – in der Reihenfolge auf der Liste – Nikolai Schamalow, Wladimir Putin, Wladimir Jakunin, Juri Kowaltschuk, Wiktor Mjatschin, Sergej Fursenko und sein Bruder Andrej Fursenko.[48]

Sie alle waren in den darauffolgenden Jahren nicht nur »Datschniki«, also Datschenbesitzer, sondern, um ein russisches kalauerndes Wortspiel zu bemühen, mehr noch »Udatschniki«, die Erfolgreichen.

Wladimir Smirnow: Unternehmer und mit Putin bekannt seit 1991. Er war Geschäftsführer mehrerer Firmen, die von der deutschen AP AG (St. Petersburger Immobilien und Beteiligungen Aktiengesellschaft) gegründet worden waren. Zwischen 2002 und 2007 leitete er ein Unternehmen (OAO Techsnabeksport), das im Auftrage des Atomenergieministeriums auf dem Weltmarkt mit Uran und Isotopen handelte. 2007 wurde er Aufsichtsratsvorsitzender des Kowrowsker Mechanischen Werkes, das Gaszentrifugen für die Urananreicherung herstellt. Mitglieder seiner Familie sind mit zehn Prozent an der Nationalen kosmischen Bank beteiligt, die im Luftfahrt- und Rüstungsbereich agiert.[49]

Nikolai Schamalow: Studierter Zahnarzt und zu Beginn der 1990er Jahre der Siemens-Repräsentant in Nordwestrussland. In einer Fußnote erinnert Karen Dawisha daran, dass die Siemens AG 2008 eine Strafe von 1,6 Milliarden US-Dollar an die

Regierungen der USA und Deutschlands gezahlt habe, nachdem das Unternehmen zugegeben hatte, im Verlauf von sechs Jahren 4200 illegale Zahlungen von insgesamt 1,4 Milliarden US-Dollar in verschiedene Länder geleistet zu haben, einschließlich für die Lieferungen von Medizintechnik nach Russland.[50] Schmalows Vermögen wird mit »bescheidenen« 100 Millionen Dollar angegeben. Dafür stand für seinen Sohn Kirill, 34, nachdem er die Putin-Tochter Katarina geheiratet hatte, im Sommer 2016 ein Vermögen von 2,3 Milliarden Dollar zu Buche.[51]

Wladimir Jakunin: Absolvent des Leningrader Mechanik-Instituts und des Juri-Andropow-Instituts des KGB (heute: Akademie für Auslandsspionage). 2005 als Chef der Russischen Eisenbahnen einer der mächtigsten Männer im Wirtschaftsleben des Landes. Im August 2015 trat Jakunin als Eisenbahnchef ab und widmet sich seither dem Aufbau der Stiftung »Dialog der Zivilisationen«, die als ideologische Speerspitze von Putins »Russki Mir« die öffentliche Meinung in westlichen Ländern manipulieren soll.[52]

Juri Kowaltschuk: Seine Karriere als Finanzier begann mit der »Assoziation gemeinsamer Unternehmen von St. Petersburg« und mit der ehemaligen KPdSU-Bank »Rossija«. Nach 2008 entwickelte Putins Datschen-Freund die Nationale Mediengruppe, zu der inzwischen mehrere TV-Kanäle, ein Rundfunksender sowie das Verlagshaus *Iswestija* gehören. Sein Vermögen wird auf 1,1 Milliarden Dollar geschätzt.[53]

Wiktor Mjatschin: Er gehört mit zu den Gründern der Bank »Rossija«, verkaufte seine Aktienanteile 2009 und legte sie in Petersburger Immobilien – Business-Zentren, Restaurants, Hotels – an. Er lebt vergleichsweise bescheiden von den regelmäßig fließenden Einnahmen und nennt rund 60 Millionen Dollar sein Eigen.[54]

Andrej Fursenko: Gehört zu der Physiker-Gruppe, die sich in den 1990er Jahren ins Petersburger Geschäftsleben begab. Präsident Putin holte ihn zu Beginn der 2000er Jahre nach Moskau, machte ihn zum stellvertretenden Minister für Industrie, Wissenschaft und Technologie, dann zum Minister. Seit 2004 leitet Fursenko das Ministerium für Bildung und Wissenschaft.[55]

Arkadi und Boris Rotenberg, obwohl keine Datschen-

freunde, gehören zu den wohl ältesten Freunden des Präsidenten. Die beiden, die in Petersburg mit dem heutigen Kremlchef
Judo trainierten und als Sponsoren des Petersburger Yawara-
Newa-Judoclubs mit Putin in Verbindung stehen, treten meist
nur im Doppelpack auf. Die Karriere der in den 90er Jahren
noch relativ unbekannten und unbedeutenden Geschäftsleute
ging nach dem Machtwechsel im Kreml steil nach oben. Bau-
unternehmen, Banken, Stahlrohrproduzenten, Energieversor-
ger und Düngemittelhersteller zählen zum Firmenimperium.
Sie erhielten Zugriff auf Staatsunternehmen wie Gazprom. Allein für die Olympischen Winterspiele in Sotschi, wo russische
Sportler anschließend als Mitwirkende in einem großen russischen Betrugssystem mit dem Namen »Staatsdoping« enttarnt
wurden, erhielten sie Aufträge für sieben Milliarden Dollar. Als
enge Vertraute Putins und Unterstützer seines Systems stehen
sie auf der Sanktionsliste der USA. 2016 schätzte *Forbes* ihr Vermögen auf rund zwei Milliarden Dollar.

Gennadi Timtschenko, der ebenfalls aus St. Petersburg
stammende Co-Gründer der Gunvor Group, einer der größten internationalen Händler von Energieträgern, hat langjäh-
rige persönliche Beziehungen zu Putin. Seine Aktivitäten im
Energiesektor »sind direkt mit Putin verbunden gewesen. Putin
hat Investments bei Gunvor und könnte auch Zugriff auf die
Finanzen haben.«[56] Im März 2014, einen Tag bevor ihn die US-
Sanktionen wegen seiner engen Beziehungen zum Kremlchef
trafen, verkaufte Timtschenko seinen 43-prozentigen Anteil
an Gunvor. Später auch die Anteile an Firmen wie der Versi-
cherungsgesellschaft Sogaz. Sein Vermögen soll 2016 rund
13,2 Milliarden Dollar betragen haben.[57] *Vekselberg ?*

## Putins Freund, der Cellist

Zwei Journalisten der *Süddeutschen Zeitung* bekommen geheime Daten zugespielt, in denen es vor Geheimkonten und
obskuren Offshore-Firmen, die in Verbindung mit Präsidenten
und Politikern vieler Länder, mit Gangstern oder »schlichten«
Superreichen stehen, nur so wimmelt. Zusammen mit dem In-

*Daraus ist nichts zuwider* ?

ternationalen Konsortium für Investigative Journalisten (ICI) recherchieren sie, was sich in den 2,6 Terabyte Daten des Offshore-Providers Mossack Fonseca (Mossfon) so alles verbirgt. 400 Reporter aus 80 Ländern begeben sich in die Spur. Das Resultat ist der bisher umfangreichste Überblick über versteckte Milliarden und verborgene Firmen in der Offshore-Zone Panama, die in mehreren Ländern zu staatsanwaltlichen Ermittlungen und in Island zum Rücktritt des Präsidenten führten.[58]

In den Fokus der investigativen Journalisten gerieten auch Personen, die zur Umgebung des russischen Präsidenten gehören, wobei dessen Name in den Papieren nicht auftauchte. Die wohl sonderbarste, bislang wenig bekannte Figur in dem rund ein Dutzend alter Freunde umfassenden Kreis, der vom Aufstieg des einstigen Leningrader KGB-Offiziers an die Spitze des Landes profitierte, ist ein schlichter Musiker: der Cellist Sergej Roldugin.

Auf einem Familienfoto von 1985 posiert er zusammen mit Ljudmila Putina und ihrem Gatten Wladimir Putin, der seine älteste Tochter Maria im Arm hält. Offenbar entstand das Foto anlässlich der Namensgebung – Taufen fanden in der Sowjetunion nur heimlich in Untergrundkirchen statt – in Leningrad in einem der eigens für derlei Familienzeremonien errichteten »Paläste«.

Roldugin kam Mitte der 70er-Jahre mit Putin in Kontakt. Er habe den damals völlig unbekannten Putin durch seinen älteren Bruder Jewgeni kennengelernt, der mit dem zukünftigen Präsidenten am Rotbanner-Institut des KGB in Moskau[59] studiert habe. Jewgeni Roldugin, ein ausgebildeter KGB-Mann, wird heute auf der offiziellen Website von Gazprom als Direktor der Unternehmensvertretung in Riga geführt. Sein Bruder habe ihm Putins Telefonnummer gegeben, als er, Roldugin, zum Wehrdienst nach Leningrad einrücken musste, erzählte der Cellist der Zeitung *Wetscherny Kasan*. Als er sich einmal unerlaubt aus seiner Einheit entfernt habe, habe er Putin angerufen. Der sei sofort gekommen, die ganze Nacht seien sie mit einem »Saporoshez« ohne Auspuff unterwegs gewesen. Später hätten sie gemeinsam auch die Philharmonie besucht. »Er fragte mich, wie man sinfonische Musik richtig hört.« Die Idylle einer Jugendfreundschaft, die sich auszahlen sollte.[60]

Die finanziellen Mittel, über die ein einfacher Musiker verfügt, der zufällig ein enger Freund des russischen Präsidenten ist, brachten die Panama Papers an den Tag: Roldugin besitzt mindestens zwei Offshore-Firmen. Die International Media Overseas und die Sonnette Overseas, die laut den Papers eng mit zwei weiteren auf den Britischen Jungferninseln registrierten Briefkastenfirmen verbunden sind: mit der Sandalwood Continental Ltd. und der Sunbarn Limited. So hatten die Sonnette Overseas von Roldugin und die Sunbarn Limited zeitweise denselben Eigentümer, einen Geschäftsmann aus Sankt Petersburg. Der Eigentümer der Sandalwood Continental wiederum bekam den Panama-Papieren zufolge eine Vollmacht, mit der er für Roldugin Geschäfte tätigen und Dokumente unterschreiben konnte. Bei diesem Mann handelt es sich ebenfalls um einen Sankt Petersburger Geschäftsmann. In einem auf Juli 2009 datierten Formular heißt es, dass er bis 2003 bei einer Strafverfolgungsbehörde gearbeitet habe. »Diese vier Offshore-Firmen könnte man das Roldugin-Netzwerk nennen.«[61]

Das Netzwerk dient dazu, verdeckt Beteiligungen und Aktienoptionen zu halten. Außerdem flossen über die Konten der Firmen Millionenbeträge. Mindestens ein Dutzend Mal ließen sich den SZ-Rechercheuren zufolge Aktiendeals festmachen, bei denen die Daten zwischen Verkauf und Rückkauf manipuliert wurden. Die Sandalwood und die International Media Overseas gewannen auf diese Weise innerhalb von drei Jahren mehrere Millionen Dollar. Getrickst wurde auch mit fiktiven »Entschädigungen« wegen angeblich geplatzter Aktiengeschäfte (in einem einzigen Fall 800 000 Dollar) und mit angeblichen »Beratungsleistungen«, für die das Netzwerk allein zwischen 2009 und 2010 30 Millionen Dollar einstrich. »Einen besonders einträglichen Deal schließt Roldugins Firma International Media Overseas im Februar 2011 ab: Sie bekommt alle Rechte an einem 200-Millionen-Dollar-Darlehen überschrieben – für den Preis von einem Dollar. Dabei generiert das Darlehen laut dem Vertrag, der sich in den Mossfon-Unterlagen findet, Zinszahlungen von 21 917 täglich, was im Jahr acht Millionen Dollar macht.«[62]

Roldugin besitzt darüber hinaus 3,2 Prozent der Aktien der Bank »Rossija«, die als »Geldbörse« des Präsidenten gilt. 2014 soll Roldugin über ein persönliches Vermögen von 350 Millionen Dollar verfügt haben. Über seine Offshore-Firmen wurden nach Erkenntnissen des Recherche-Netzwerkes insgesamt etwa zwei Milliarden Dollar geleitet. Sie stammten unter anderem von der zyprischen Bank RCB, einer Tochter der russischen Außenhandelsbank (Wnjeschtorgbank WTB). Verwaltet hat Roldugin seine Finanzen nicht selbst, das erledigten Manager der Bank »Rossija« für ihn.

Sollte er dadurch den Überblick verloren haben über die Gelder, die unter seinem Namen außerhalb Russlands in Offshore-Firmen kreisten? Oder war es ein schlichter Verschleierungsversuch, als er der *New York Times* im September 2014 erklärte, er sei sicherlich »kein Geschäftsmann«, er besitze »keine Millionen«. Die Panama Papers sagen etwas anderes. Als Roldugin im Mai 2014 im Namen einer seiner Offshore-Firmen ein Konto bei der Schweizer Gazprombank in Zürich eröffnete, fragte die Bank in einem Formular auch ab, wie viel Geld der neue Kunde besitze. Die Antwort: mehr als zehn Millionen Schweizer Franken. Dazu ein jährliches Einkommen von mehr als einer Million Schweizer Franken, das vornehmlich aus Dividenden, Zinsen und Krediten resultiere.[63]

Im Fall Roldugin geht es nicht nur um einen wenig bekannten Musiker mit reichhaltigen, unklaren Finanzquellen. Seine Nähe zum russischen Präsidenten macht daraus einen Fall Putin. Alexej Nawalny, der mit seiner Website *Navalny.com* den russischen Eliten ihr korruptes Verhalten unter die Nase reibt, hat daran keinen Zweifel. Das putinsche Korruptionssystem funktionierte nach bisherigen Vorstellungen recht einfach: »Er hat Freunde, diese Freunde gewinnen staatliche Ausschreibungen und verdienen damit Milliarden. Diese Milliarden sind wie ein gemeinsamer Topf, aus dem er sich bedienen kann. Jetzt stellt sich heraus, dass es außerdem noch eigene Kassen Putins gibt.«[64]

Nawalny begründete das mit der Tatsache, dass Roldugin ein enger Freund des Präsidenten sei und es keine andere Erklärung dafür gebe, »weshalb er auch nur annähernd über solche

Summen verfügen sollte. Mit zwei Milliarden Dollar wäre er der reichste Musiker auf dem Planeten. Drittens: Die Art und Weise, wie diese Kasse gefüllt wurde – indem Staatsunternehmen Straftaten begangen haben, durch Insiderhandel, nicht zurückgezahlte Kredite. Warum sollten die so etwas tun?«

Nawalny zufolge gibt es Hinweise auf eine ganze Reihe von Straftatbeständen: Es bestehe »der Verdacht auf Insiderhandel bei den beiden größten russischen Banken Sberbank und WTB;[65] Steuerhinterziehung durch Sergej Roldugin; Betrug bei der Russian Commercial Bank, einer Tochter der WTB auf Zypern. Sie soll der Roldugin-Firma Sandalwood eine Kreditlinie von 650 Millionen Dollar eingeräumt haben, ohne Sicherheiten zu verlangen.«

Im Zusammenhang mit der Annexion der Krim haben die USA unter anderen die Hausbank Putins, die Bank »Rossija«, mit Sanktionen belegt und vom internationalen Kreditgeschäft ausgeschlossen. Dennoch warf Nawalny den westlichen Ländern vor, in der Verfolgung russischer Korruptionäre wegen fehlenden politischen Willens untätig zu bleiben. Seit Jahren wende er sich an Strafverfolgungsbehörden auch im Ausland, erfolglos. Regelmäßig werde er von Diplomaten und Abgeordneten aus dem Westen gefragt: Was können wir tun? Seine Antwort: »Eröffnet wenigstens einen Prozess. Wenigstens einen einzigen! Aber es passiert einfach nichts ... Ich glaube, sie wollen keinen Konflikt mit Putin.«[66]

Der Kremlchef scheint das zu spüren und reagierte völlig entspannt auf die Enthüllungen über die Rolle seines Freundes Sergej: »Da gibt es also so einen Freund des Herrn Präsidenten Russlands, der hat da irgendetwas getan, wahrscheinlich hat das irgendeinen Korruptionsaspekt ... Welchen? Überhaupt keinen«, erläuterte er im April 2016 auf einem Medienforum in St. Petersburg, das die Gesamtrussische Volksfront zusammengerufen hatte. Putin fungiert als »Lider (Anführer) der Front«. In dieser Funktion und als Präsident konnte er den Medienvertretern aus den russischen Regionen mitteilen, dass er selbst in den Panama Papers nicht vorkomme.

»Was Roldugin angeht, so ist er einfach so ein Musiker, ein exzellenter Musiker. Viele schöpferisch tätige Menschen in

Russland versuchen sich im Business. Soweit mir bekannt ist – er auch. Was das für ein Business ist? Er war Minderheitsaktionär in einem unserer Unternehmen. Er verdient dort irgendwas, aber das sind keine Milliarden Dollar, Milliarden – das ist völliger Unsinn«, versicherte Putin. »Ich bin stolz auf Leute wie Sergej Pawlowitsch. Fast das ganze Geld hat er für den Kauf von Musikinstrumenten im Ausland ausgegeben und sie in die Russische Föderation gebracht und sie staatlichen Einrichtungen übereignet.« Jahrelang habe er, »ohne viel Aufhebens zu machen, Konzerte organisiert, die russische Kultur gefördert, wobei er alles praktisch aus eigenen Mitteln bezahlt«, versicherte Putin. »Ich bin stolz, dass ich solche Freunde habe.«[67]

Stolz auf einen Freund, dem der Besitz von Offshore-Firmen nachgewiesen wurde, denen Putin selbst offiziell den Krieg erklärt hat? Die russische Geschäftswelt, so hatte er auf einer Tagung im Dezember 2011 gefordert, müsse ihrer Verantwortung gerecht werden und darauf verzichten, ihr Geld und ihre Aktiva in Offshore-Regionen zu verstecken und sich der russischen Steuererhebung zu entziehen. Offshore-Firmen verstießen zwar nicht gegen das Gesetz, sie dürften aber nicht dazu benutzt werden, um Geld aus dem Wirtschaftskreislauf Russlands abfließen zu lassen. Da müssten Gesetzesänderungen her. Die gibt es aber bis heute nicht. Unverändert verschwinden in jedem Jahr Dutzende Milliarden Dollar außer Landes.

»Mit dem Offshore-Erbe aus der Zeit der wilden Privatisierung muss ein Ende gemacht werden«, hatte Putin, damals eine Amtszeit lang als Premier agierend, vollmundig erklärt, »anders kann von einem normalen Klima im Lande, von Vertrauen uns gegenüber keine Rede sein.« Dabei sei es vor allem problematisch, sagte der Mann scheinheilig, dessen bester Freund offenbar zugleich sein Kassenwart ist, dass bei den Offshore-Konstruktionen der endgültige Benefiziar des Konstrukts nicht sichtbar werde.[68]

Kurz nachdem die belastenden Panama Papers veröffentlicht worden waren, zeigte sich der Herr im Kreml erkenntlich. Er drückte seinem Freund Roldugin sein Wohlwollen aus, indem er ihn zum »Kavalier des Alexander-Newski-Ordens« ernannte. In der Begründung hieß es, die Auszeichnung sei ihm verliehen worden für »besondere Verdienste bei der Vorbereitung und Durchführung wichtiger humanitärer außenpolitischer Aktionen, die zur Festigung des Friedens und der Freundschaft zwischen den Völkern beitragen«. Damit war wohl auch der Auftritt des Musikers Roldugin zusammen mit dem Dirigenten Waleri Gergiew im syrischen Palmyra gemeint, nach der »Befreiung der Stadt von Terroristen«, wie es hieß.[69]

Im Übrigen griff die Kremltruppe im Zusammenhang mit den Enthüllungen zum üblichen Abwehrreflex: Wir werden angegriffen! Die Veröffentlichung der Dokumente gehöre zu den Versuchen, Russland von innen heraus »zum Schaukeln zu bringen, uns biegsamer zu machen und uns so zu frisieren, wie sie es wollen«. Zu diesem Zwecke werde Misstrauen gegenüber den Machtorganen, gegenüber der staatlichen Verwaltung in die Gesellschaft getragen, »um die einen gegen die anderen zu hetzen«, erklärte der Kremlchef.[70]

Putins Sprecher Dmitri Peskow, dessen Gattin den Panama Papers zufolge pikanterweise zeitweilig ebenfalls über eine Offshore-Firma verfügte hatte, wurde noch etwas genauer: »Obwohl Putin darin faktisch nicht figuriert und andere Länder und andere Leader erwähnt werden, ist es für uns doch offensichtlich, dass das grundlegende Ziel dieser Auswürfe unser Präsident im Kontext mit den Parlamentswahlen (18. September 2016 – M. Q.) und in langfristiger Perspektive mit den Präsidentenwahlen (11. März 2018 – M. Q.) ist, aber insgesamt auch die politische Stabilität in unserem Lande. Es ist offensichtlich, dass die Spitze dieser Attacke gegen unser Land und gegen Präsident Putin persönlich gerichtet ist«, erklärte Peskow.[71]

Es wird gemauert. Von einigen Ausnahmen abgesehen, weltweit. Aus Protest gegen die Behinderungen durch die Regierung in Panama verließen der Wirtschaftswissenschaftler und Nobelpreisträger Joseph Stiglitz (USA) und Mark Pieth, ein Schweizer Antikorruptionsexperte und Strafrechtsprofessor in Basel, ein von der panamaischen Regierung berufenes unabhängiges internationales Komitee zur Aufklärung des Finanzskandals. »Es ist erstaunlich, wie sie versucht haben, uns zu behindern«, beklagte sich Stieglitz. »Wir können nur annehmen, dass die Regierung unter Druck geraten ist von denjenigen, die von dem derzeitigen intransparenten Finanzsystem in Panama profitieren.« Pieth sagte, die Papiere enthielten Beweise für schwere Verbrechen wie Geldwäsche von Gewinnen aus Kinderprostitution. Er habe sich die Papiere genau angesehen, selbst ihn als Experten für organisiertes Verbrechen und Wirtschaftskriminalität habe es überrascht, »so viel von dem, worüber wir oft in der Theorie sprechen, in der Praxis bestätigt zu sehen«.[72]

## Autokauf auf den Virgin Islands

Ende der 1990er Jahre, gerade war ich wieder auf einen Korrespondentenposten nach Russland zurückgekehrt, wollte ich mir in Moskau ein Auto kaufen. Man empfahl mir eine Firma, die in einem Industriegebiet angeblich Škodas verkaufte, preiswert und bereits entzollt. Tatsächlich fand ich auf dem Gelände eines Maschinenbau-Unternehmens hinter einem riesigen Metalltor im Norden Moskaus ein kleines Büro, in dem ein Mann an einem Tisch saß, ein Telefon bediente, das sonst aber keine Anzeichen von Geschäftstätigkeit aufwies. Ja, bestätigte er, das sei die Firma »Pelikan«. Und ja, so einen Škoda Felicia, wie er dort auf dem Hof stünde, hätten sie im Lager irgendwo bei Moskau vorrätig.

Der Erwerb des kleinen Wagens würde folgendermaßen ablaufen: Ich müsste ihm meine Telefon- und Faxnummer nebst Wohnadresse hinterlassen. Dann würde ich per Fax die Angaben für das Konto erhalten, wohin ich das Geld zu überweisen hätte. Ein paar Tage nach Eingang des Geldes stünde der Wagen dann hier zum Abholen bereit.

Gesagt, getan. Ich fuhr nach Hause, bekam das versprochene Fax und stutzte. Die Firma »Pelikan« war auf den British Virgin Islands registriert, das Geld sollte ich an eine holländische Bank in Amsterdam überweisen. Meine Frau erklärte mich für verrückt, als ich mich voller Neugierde auf das Geschäft einließ. Ihr Misstrauen war unberechtigt. Innerhalb einer Woche konnte ich den Wagen abholen.

Derart primitive Abläufe gibt es heute wohl kaum noch. Doch das Geschäftsprinzip, sich Firmen zu bedienen, die irgendwo weit weg in Steuerparadiesen angesiedelt sind, existiert weiter und ist gut entwickelt. So lobte die Moskauer Anwaltsfirma »Aranibar and Partners« noch im Sommer 2016 die Nutzung von Offshore-Gebieten als pfiffiges Geschäftsmodell. Man brauche praktisch keine Steuern zahlen und könne die Besitzerstruktur verbergen. »Offshore-Zonen sind eine recht weit verbreitete Erscheinung und gesetzlich erlaubt«, warb die Anwaltskanzlei. Der russische Präsident Putin hatte da bereits seit Jahren seine Forderung nach »De-Offschorisazia«, also den Abzug aus den Steueroasen, erhoben. Aus patriotischen Gründen. Erhört wurde er, siehe Freund Sergej Roldugin mit dem Cello und den Milliarden, bisher nicht.

Das bestätigt ein Blick auf die Websites russischer Finanzdienstleister. So bietet *Profinanz.com* einen Rückruf innerhalb von 25 Sekunden an, sollte man den entsprechenden Button anklicken. Offshore-Firmen waren schon für 349 Dollar auf den Seychellen oder für 569 Dollar in Panama zu haben. Beim Kauf einer Firma erhalte man ein Bankkonto als Geschenk. Es sei »prestigeträchtig«, eine ausländische Vertretung zu haben, warb das Unternehmen. Ausländische Firmen würden oft lieber mit Partnern arbeiten, deren Firmen in Hongkong oder auf den Seychellen registriert sind, als mit »vaterländischen« (russischen) Unternehmen. Dort, im Ausland, könne man nicht nur die Steuerlasten verringern, sondern – ein deutlicher Hinweis auf die Sanktionen der USA und der EU – »den Zugang zum Bankensystem entwickelter Länder« bekommen. Deren »ökonomische und politische Stabilität« erleichtere es, »das Kapital zu bewahren und zu vermehren«.[73] Der Finanzdienstleister wirbt noch immer für Offshore-Lösungen, sogar auf der Webseite der Regierungszeitung *Rossijskaja Gaseta* (Stand November 2016).

Eine deutliche Absage an die angebliche Stabilität in Russland. Offshore und Russlands Wirtschaftsleben sind zwei Begriffe, die nicht voneinander zu trennen sind. Insbesondere in den 1990er Jahren erlebten russische, im Ausland in Steueroasen registrierte Firmen, einen explosionsartigen Boom. Es ging natürlich um Steuerhinterziehung, das Verstecken von Geldern, deren Herkunft oft zweifelhaft war. Es ging aber auch um Misstrauen. Niemand in Russland hatte so viel Vertrauen in die Staatsmacht, als dass er sie allzu nahe an seine Finanzen herangelassen hätte. Wenn es ihm denn möglich war.

Privilegiert waren dabei zunächst die einstigen Mitarbeiter des Exgeheimdienstes KGB, vor allem seine ehemals im Ausland tätigen Agenten. Sie wussten nicht nur um die »Geheimnisse« der westlichen Marktwirtschaft, sie hatten über Offshore-Konten und -Firmen, die sie zu sowjetischer Zeit im Auftrage von Partei und Geheimdienst angelegt hatten, Zugriff auf gewaltige Geldmengen. Damit konnten sie nicht viel anfangen, solange das heimatliche sowjetische System existierte. Als die Sowjetunion zusammenbrach, eröffnete sich plötzlich die Möglichkeit, diese Gelder zu benutzen, um ein ganzes Land zu kaufen, schreibt der russische Journalist Andrej Gromow. Studiere man aufmerksam die Geschichte dieses oder jenes Erdöl- oder Metallurgie-Giganten der 1990er Jahre, »findet man in einem verwirrenden Offshore-System unweigerlich Offshore-Firmen mit sonderbaren Bezeichnungen, die in den 1970er und 1980er Jahren gegründet worden waren und von deren Konten die grundlegenden Investitionen aller großen Geschäfte der Anfangsperiode getätigt wurden«.[74]

Später dienten diese Firmen zur Weiterleitung und Verschleierung großer Finanzströme. Das Schema ist altbekannt: Da schließt eine staatliche Institution einen Vertrag mit einer privaten Firma ab. Für deren Leistungen, wie auch immer sie aussehen mögen, fließen Mittel aus dem Staatshaushalt zu der Firma, die in einer Steueroase registriert ist. Und wie es der Zufall will, ist einer der verdeckt agierenden Aktionäre der Offshore-Firma – oder ihr Nutznießer – just der Staatsbedienstete, der den Vertrag auf den Weg gebracht hat. Inzwischen geht es bei den heutigen Offshore-Geschäften längst nicht mehr allein um halblegale oder illegale Finanztransaktionen. Vielmehr haben die Beteiligten sehr sorgfältig, still und leise Staatseigentum in ihre privaten Geschäftsstrukturen übergeleitet.

## Panama in Podmoskowje

Wir sehr sich dieses Geschäftssystem, offiziell vom Präsidenten aus moralisch-patriotischen Gründen geächtet, im heutigen Russland festgesetzt hat, erfuhren russische Journalisten
des Moskauer Journals *The New Times/Nowoje Wremja,* die an
den Recherchen im Zusammenhang mit den Panama Papers
beteiligt waren. Zu ihrem Erstaunen stellten sie fest: Rund ein
Fünftel des Grund und Bodens um Moskau gehört Firmen, die
in westlichen Steueroasen registriert sind, gewissermaßen ein
Panama in Podmoskowje.[75]

*The New Times* berichtete von 6743 Immobilien aus dem
Moskauer Umland, die in insgesamt 1226 Offshore-Gesell-
schaften registriert sind. Dabei handele es sich um Elite-
Grundstücke, teure Appartements, Warenterminals, Fabriken.
Dazu gehören solche teuren Immobilien wie das ehemalige
Erholungsheim der Gewerkschaften »Seljonnyj Kurgan«,
eine Immobilie auf einem Gelände, das der Kremlverwaltung
gehört, außerdem ehemalige KGB-Datschen in Odinzowo
und die Schießanlage »Dynamo« in Mytischtschi, wo früher
die Kämpfer von Sondereinheiten des FSB (Inlandsgeheimdienst), der GRU (Auslandsspionage des Generalstabs) und
des Innenministeriums ihre Treffgenauigkeit trainierten.[76]
Die investigativen Journalisten des Politmagazins fanden heraus, dass die »massenhafte Abwanderung in Offshore-Zonen«
im Jahr 2000 begann, als mit Putin ein Geheimdienstmann
Präsident und mit ihm eine ganze Geheimdienst-Kaste an die
Macht gelangte. Sie »privatisierten« ungehemmt, »ohne Lärm
und ohne Staub aufzuwirbeln«, was ihnen in die Hände fiel:
Staatseigentum wurde massenhaft in privaten Besitz umge-
wandelt. Die Registrierung ihres »Eigentums« vertrauten sie
allerdings nicht dem russischen Staat an, sondern erledigten es
dort, wo Eigentum durch das Gesetz und die juristische Praxis
geschützt ist. »Die heutigen Herren von Barwicha (Nobelvor-
ort von Moskau – M. Q.) vertrauen nur dem britischen Gesetz,
der panamaischen Justiz und den korporativen Regeln der BVI
(British Virgin Islands – M. Q.).«

Ein Filetstück, so *The New Times,* sicherte sich beispielsweise ein ehemaliges Mitglied der sowjetischen Regierung. Wladimir Schtscherbakow, einst erster Stellvertreter des Premierministers in der Gorbatschow-Zeit und Mitglied des ZK der KPdSU, mietete im Jahr 1999 das ehemalige »Haus für Empfänge des Ministerrates der UdSSR« (Barwicha-5) für einen Zeitraum von 49 Jahren. In dieser Residenz hatte der damalige Regierungschef Nikolai Ryschkow seine ausländischen Gäste empfangen. Heute wird der mehrere Millionen Dollar teure Gebäudekomplex verwaltet von einer Aktiengesellschaft (OOO Internationale Servicegesellschaft »Barwicha-Service«), deren Gründer der ehemalige erste Vizepremier der sowjetischen Regierung, das Ex-ZK-Mitglied Wladimir Schtscherbakow, seine Gattin und die panamaische Unymar Investment Holding S.A. sind.[77]

Nach dem Zusammenbruch der Sowjetunion hatte er zusammen mit anderen ehemaligen hohen Staatsfunktionären den internationalen Fonds »Interprivatisazia« gegründet, der die alleinige Verfügungsgewalt über die Auslandsschulden der UdSSR erhielt. Schtscherbakow wurde auch Hauptinhaber der Aktiengesellschaft »Awtotor«, unter deren Dach ausländische Autofirmen ihre Fahrzeuge in Russland montieren: BMW, Cadillac, Hyundai, KIA, Opel. Heute wird das Vermögen des einstigen Sowjetministers auf eine Milliarde Dollar geschätzt.

Neben panamaischen Offshore-Firmen, wo insgesamt 488 Immobilien aus der Region um Moskau registriert sind, spielen auch die British Virgin Islands eine wichtige Rolle. In 308 der dortigen Niederlassungen sind 1809 russische Immobilien registriert, die sich vorwiegend in solchen prestigeträchtigen Orten wie Kaltschuga, Gorki-2, Schukowka, Rasdory und Nikolina Gora befinden. Das alles sind Dörfer, die an der Rubljowsker Chaussee liegen, die im Volksmund »die Straße der Millionäre« genannt wird. Zahlreiche der dort befindlichen Datschen, in der Regel luxuriöse Behausungen, die einst dem Geheimdienst gehörten, sind nach Informationen der Zeitung heute in Privathand von Generälen des FSB und des Militärs.

Absolut führend in der Moskauer Region sind zyprische Offshore-Firmen. Die Besitzer von 4254 russischen Immobilien haben sich die Insel im Mittelmeer, zu der die Sowjetunion schon zur Zeit von Erzbischof Makarius beste Beziehungen unterhielt, als sicheren Hafen gewählt. Aber auch Belize, die Marshall-Inseln und die Seychellen genießen das Vertrauen russischer Immobilienbesitzer. Und etwas ganz Exotisches: Die Summerfield Trading Limited aus dem Südsee-Atoll Niue (1400 Einwohner) besitzt einen Hektar Land im Dorf Saretschje in der Nähe von Moskau.[78]

# Geheimdienste, die Herren des Landes

Nirgendwo in der Welt vertraut man Spionen die Führung
eines Landes an, denn sie sind professionelle Paranoiker.

*Ein russischer Politologe*

Die Absolventen der Moskauer Akademie des FSB, des russischen Inlandsgeheimdienstes, hatten sich für ihre Abschluss-
feier im heißen Juni 2016 etwas ganz Besonderes ausgedacht.
Berauscht vom Gedanken, nun eine weitere, sehr wichtige Stufe
auf der Karriereleiter der wichtigsten Institution des Landes er-
klommen zu haben, genehmigten sie sich eine Machtdemons-
tration in den Straßen von Moskau. In 28 schwarzen Mercedes-Jeeps – russisch: »Gelendwagen« –
machten sie am 21. Juni 2016 die Stadt unsicher. Die Fahr-
zeuge, angeblich geliehen von ihren Vorgesetzten. Grölend
und winkend fuhren sie mit ihren schwarzen Nobelkarossen in
Zweier- und Dreierkolonnen auf die Sperlingsberge, um sich
dort offen fotografieren zu lassen. Sie und die Fahrzeugkenn-
zeichen waren auf dem Video, das sie anschließend stolz ins
Internet stellten, ebenfalls deutlich erkennbar, sie hatten sich
praktisch enttarnt. Das, so empörte sich Ex-FSB-Generalmajor
Alexander Michailow, früher einmal Sprecher dieser Behörde,
sei »Verrat an den Interessen des Dienstes«. Die Hälfte der Teilnehmer sollte man entlassen. Gleichzeitig spielte er den Vorfall
jedoch wieder herunter. Hier habe es sich um »jugendlichen
Maximalismus in besonders zynischer Form« gehandelt, aber
es symbolisiere »absolut nichts«.[79]

Das Gegenteil ist der Fall. Dieser dreiste Autokorso (am
Vorabend des Tages des deutschen Überfalls auf die Sowjetunion am 22. Juni 1941) war natürlich von höchster Symbol-
kraft. Die Absolventen der FSB-Akademie wussten genau,
was sie taten, wenngleich einige ihren allzu großen Übermut
später mit Rügen und Versetzungen in entlegenere Regionen
des Landes büßen mussten. Sie demonstrierten der russischen

Hauptstadt und damit aller Welt die Macht einer Institution, die seit langem die Herrschaft in Russland übernommen hat: der Geheimdienst. Und sie zeigten ihre Freude, nun auch zu »unserem neuen Adel«, wie es der Ex-FSB-Chef Nikolai Patruschew im Jahr 2000 formuliert hatte, dazuzugehören. Dieser Adel verrichte seine Arbeit nicht für Geld, sondern aus einem tiefen Verständnis zum Dienen heraus.

Die jungen FSBler, die da mit ihren deutschen Jeeps durch Moskau fuhren – zum Tag des Sieges über Hitlerdeutschland sieht man auf derlei Fahrzeugen oft die Aufschrift »Auf nach Berlin« – wussten natürlich, dass sie durchaus für Geld arbeiten würden. Und wenn sie es richtig anstellten, für sehr viel Geld und sehr viel Macht. Das gesamte russische Wirtschaftsleben ist, wie die Politik und selbst die orthodoxe Kirche, durchsetzt mit Leuten aus dem Geheimdienst. »Wo immer ich auch hinkomme, mit wem auch immer ich ins Geschäft kommen will«, sagte mir ein iranisch-deutscher Geschäftsmann, »treffe ich auf FSBler« – die natürlich am Geschäft beteiligt werden wollen.

Im Volk gelten die Staatsorgane als korrupt, die Sicherheitsorgane als mächtig und korrupt. Russische Jugendliche, die in den 1990er Jahren noch von einer Mafia-Karriere träumten, nennen jetzt den Geheimdienst bei Umfragen nach dem Wunscharbeitgeber an erster Stelle. Das Beispiel ihres Präsidenten, der es vom armen KGB-Oberstleutnant ohne Job im zivilen Leben innerhalb weniger Jahre zum ersten Mann im Staate gebracht hat, der unbestätigten Informationen zufolge über einen Privatbesitz von 40 Milliarden US-Dollar[80] verfügen soll, wirkt inspirierend. Seine Vita gilt zugleich als Beleg für die geschickte, verdeckte Aneignung der Staatsmacht durch die Geheimdienste im postsowjetischen Russland.

Ein erstes deutliches Zeichen dafür setzte Wladimir Putin auf einem Bankett zum Feiertag der Tschekisten am 20. Dezember 1999. Auch er, der Premierminister und ehemalige Kollege, war geladen. Er erhob das Glas und brachte einen Tost aus: »Russland kann sich von den Knien erheben und zuschlagen, wie es sich gehört«, versicherte er den Geheimdienstlern, die nach solchen Tönen der obersten Staatsführung förmlich dürsteten. Deutete sich damit doch an, dass es künftig wieder aufwärtsgehen könnte, dass man wieder zu Ruhm und Ehre gelangen und Weltmachtgelüste befriedigen könnte. Freudige Erheiterung machte sich breit, als der Regierungschef fortfuhr: »Ich möchte berichten, dass die Gruppe von FSB-Mitarbeitern, die zur verdeckten Arbeit in der Regierung abkommandiert wurde, in der ersten Etappe ihre Aufgabe erfüllt hat.«[81]

Die zweite Etappe, das sollte sich schon innerhalb eines Jahres zeigen, war die Übernahme des Präsidentenamtes und damit der Macht in Russland. Wer den Befehl zur »Abkommandierung« gegeben hatte, sagte er nicht. Vielleicht wäre es ihm auch unangenehm gewesen zuzugeben, dass die Idee zum »Marsch durch die Institutionen« gar nicht vom Geheimdienst selbst stammte. Das jedenfalls behauptet der Kenner der russischen Geheimdienstszenerie Andrej Soldatow. Sein überraschendes Resümee angesichts des Überangebots von Geheimdienstlern auf allen politischen Ebenen bis hin zum Präsidentenamt: »Eine Machtergreifung seitens ehemaliger Mitarbeiter der sowjetischen Geheimdienste hat es nicht gegeben.« Zu diesem Schluss seien er und seine Mitautorin Irina Borogan bei den Recherchen zu ihrem Buch »Der neue Adel« gekommen. Anfangs hätten auch sie vermutet, dass ehemalige KGB-Mitarbeiter, nach dem Zusammenbruch der UdSSR zur Tatenlosigkeit verdammt, sich zusammengetan und eine gemeinsame Idee entwickelt hätten, wie man den Verlust kompensieren könnte. Das habe sich als Irrtum erwiesen.

»Sie (die Geheimdienstler – M. Q.) haben ihre Methoden zwar überallhin verbreitet. Aber die Idee für den heutigen Staatsaufbau stammt nicht von ihnen, sie haben nicht einmal etwas dazu beigetragen. Die ökonomische und politische Ordnung wurde vielmehr von den Oligarchen und anderen Figuren bestimmt, die Putin an die Macht brachten.« Der FSB habe eher geholfen, »diese Ordnung zu bewahren«, meinte Soldatow, der selbst aus dem Geheimdienst stammt.[82]

Es seien »die Leute mit dem Geld« gewesen, die nach der Krise im Jahr 1998 entschieden hätten, »dass sie ihr Verhältnis zum Staat am effektivsten mit Hilfe der Mitarbeiter der Geheimdienste gestalten konnten. Sie hätten auch einen anderen Weg wählen können, aber das große Business glaubte, die Gesellschaft würde dabei nur stören.« Allzu viel Demokratie, das gehört zu den Grundüberzeugungen russischen Wirtschaftens, ist schlecht fürs Geschäft.

In der Folge sei zwar der in der Jelzin-Zeit entstandene ökonomische und politische Bau nicht verändert worden, »aber sie änderten die politische Kultur. Dass die gesellschaftliche Diskussion verschwand, dass die einzige Reaktion auf Fragen, die an die Machthaber gerichtet sind, mit dem Versuch beantwortet wird herauszufinden, wer das bestellt und wer es bezahlt hat. Das ist natürlich das Ergebnis ihrer Anstrengungen. Die Suche nach dem Feind und das permanente Misstrauen breitete sich in der gesamten Staatsmaschinerie aus.«[83] *Begriff ?*

Vieles davon wurde bereits vor der Machtergreifung durch Wladimir Putin in die Wege geleitet. Bereits Mitte der 1990er Jahre hat sich der FSB nach und nach kräftigen können, seine Tentakel drangen vor allem ins hoch kriminalisierte Geschäftsleben ein. Damit waren die Geheimdienste zunächst zufrieden, denn eine allgemeine, sie verbindende Staatsidee hatten sie nicht, meint Soldatow. Für diese These spricht, dass in den 1990er Jahren Leute aus den Geheimdiensten in den unterschiedlichsten Strukturen, oft auf entgegengesetzten Seiten der Barrikaden, anzutreffen und bei der Gründung gewaltiger Vermögen behilflich waren. Selbst die Anfänge eines Michail Chodorkowski wären ohne die helfenden Hände von KGB-Offizieren nicht denkbar gewesen.

Der KGB behielt aber auch noch ein paar andere Aufgaben im Blick. So erinnerte sich der Ex-KGB-General Oleg Kalugin, seit 2003 aus Vorsicht US-Bürger, dass sein einstiger Arbeitgeber »die gesamte Tätigkeit der Parteien nach dem Zerfall der UdSSR kontrolliert« habe, auch die der aufsteigenden Liberaldemokratischen Partei des populistischen Erznationalisten Wladimir Schirinowski. Nachdem er, Kalugin, Schirinowski öffentlich als KGB-Agenten enttarnt hatte, habe sich der Parteichef freudig bei ihm bedankt. »Ich bin stolz darauf, jetzt bin ich sehr froh, dass das öffentlich bekannt wurde«, habe ihm Schirinowski gesagt. Schirinowski sei kein Mitarbeiter gewesen, sondern ein Agent. Agenten seien Leute gewesen, die ihre Aufgaben außerhalb der KGB-Strukturen erfüllten.[84]

Ich selbst kann mich an eine Pressekonferenz zu Beginn der 1990er Jahre in Moskau erinnern, auf der Schirinowski mit einem Papier herumwedelte, das beweisen sollte, kein KGB-Mann gewesen zu sein. Das Papier stammte vom KGB.

Wesentlich interessanter wurden indes die privatwirtschaftlichen Strukturen. Kalugin bestätigte, dass er und seine Kollegen den Auftrag von der Führung des Geheimdienstes hatten, sich auch ins private Geschäftsleben zu begeben. Sie sollten die neuen Firmen als Informationsquelle und als Möglichkeit nutzen, »in den Westen einzudringen, um dort Technologien und Dokumente zu stehlen«. Die Industriespionage war zeitweilig sogar von vorrangiger Bedeutung, weil das Interesse an politischen Fragen mit dem Zerfall der UdSSR gegen null gegangen sei. »Aber in den Technologien blieben wir weit hinter den westlichen Ländern zurück (und sind es noch immer), deshalb rückte die wissenschaftlich-technische Spionage unter dem Aspekt der Wichtigkeit auf den ersten Platz.« Und weil Russland im Hightech-Bereich nicht konkurrenzfähig sei, sei das bis heute die »Aufgabe Nummer eins« geblieben.[85]

## KGB-Generäle als Taufpaten des Chodorkowski-Imperiums

Schon die ersten Schritte des künftigen Ölmagnaten Michail Chodorkowski auf dem noch sowjetischen Schwarzmarkt wurden begleitet von den Generälen Filip Bobkow und Alexej Kondaurow von der fünften Hauptverwaltung des KGB. Diese Verwaltung war zuständig für den Kampf gegen die sogenannte ideologische Diversion, hatte also frühzeitig Erfahrungen mit westlichem Gedankengut sammeln können.[86]

Im Gegensatz zu Soldatow glaubt Anton Surikow, ein unabhängiger Sicherheitsexperte, an einen weiterreichenden Plan des KGB, insbesondere der fünften und der sechsten Hauptverwaltung, die auch für die ökonomische Sicherheit zuständig war und den gesamten Schwarzmarkt kontrollierte. Dort habe man erkannt, dass die Kommunistische Partei das Land in eine Sackgasse führte und dass ein völlig neuer Ansatz gefunden

**60**

werden musste. »So begann die Perestroika«, behauptete Surikow. Ebenso sei die Erschaffung der Oligarchen eine KGB-Operation gewesen, »aber dann verloren sie die Kontrolle«.[87]

Warme Plätze in der ungehemmt ausbrechenden, von kriminellen Machenschaften begleiteten Marktwirtschaft, vergleichbar dem Turbokapitalismus in den USA des 19. Jahrhunderts, fanden sie dennoch. Kondaurow trat 1993 in die Menatep-Bank von Chodorkowski und Platon Lebedjew ein. Dort pflegte er in führender Position die Kontakte zu den Sicherheitsdiensten und saß später als Abgeordneter der Kommunisten in der Duma. Bobkow leitete die Sicherheitsabteilung im Imperium des Oligarchen Wladimir Gussinski.[88]

Auch die 1991 gerade im Entstehen begriffene Moskauer Börse, das Russian Stock Exchange Center, hatte einen Mitarbeiterstab, der zu zwei Dritteln aus den Geheimdiensten stammte. Diese Ex-KGB-Leute nutzten ihre neue Position, um Gelder des Geheimdienstes und der Kommunistischen Partei »zu waschen«, berichtete damals das Stadtmagazin *Stoliza*.[89]

Sie nutzten die Erfahrungen, die sie in ihrem bisherigen Job gewonnen hatten, zu ihrem Vorteil. Vor allem die bis zum Zusammenbruch der UDSSR im Ausland eingesetzten Kader kannten sich, im Gegensatz zu den Daheimgebliebenen, mit den Gepflogenheiten der westlichen Märkte aus. Sie wussten, was Kredite sind, wie Börsen arbeiten, Investments beschafft werden können und das internationale Bankensystem funktioniert. Offshore, also die Auslagerung von Firmen und Konten in Steuerparadiese, war für sie kein Fremdwort. Und das Wichtigste: Mit dem Zusammenbruch der Sowjetunion und dem Verschwinden der »führenden Rolle der Partei«, also der Kontrolle der KPdSU über alle und alles, hatten die Geheimdienstler plötzlich freie Hand für ihre Aktivitäten.

Das KGB hatte diese Freiheit zu sowjetischer Zeit nicht. Das Komitee für Staatssicherheit, ungeachtet der Tatsache, dass es ein scheinbar allmächtiger Geheimdienst war und von allen gefürchtet wurde, »stand nichtsdestotrotz unter strenger Parteikontrolle. In jeder Verwaltung des KGB gab es eine Parteizelle, die die direkt gestellte Aufgabe hatte, der Partei darüber zu berichten, was im Innern der Geheimdienste vor sich geht.

Im ZK der KPdSU war eine Abteilung damit beschäftigt, jede Ernennung im System zu kontrollieren. Bei der Verteilung der Leute, indem sie sie innerhalb des Systems hin und her schoben, stützten sie sich auf die Informationen, die von den Parteiorganen gesammelt wurden. Das heißt, es gab eine Kontrolle, keine parlamentarische, keine gesellschaftliche, aber eine von außen.«[90]

Soldatow hob einen zweiten, heute sonderbar anmutenden Aspekt hervor: Das KGB hatte nicht das Recht, Informationen zu analysieren. »Die Parteiorgane fürchteten eine Wiederholung der Säuberungen (in den 1930er Jahren – M. Q.) und wollten nicht unter den Einfluss des KGB geraten. Deshalb sammelten die Geheimdienste lediglich die Informationen und übergaben sie einer Gruppe von Beratern, und erst diese Leute vom Typ des bekannten sowjetischen Journalisten Alexander Bowin[91] analysierten sie. Der FSB (hervorgegangen aus dem KGB – M. Q.) unterscheidet sich dadurch, dass er, erstens, keiner Parteikontrolle unterliegt, die verschwand 1995 und wurde durch keine andere ersetzt: keine parlamentarische, keine gesellschaftliche (die staatsanwaltschaftliche ist eine Fiktion). Tatsächlich sind sie also unkontrolliert. Das zweite Moment – die Analyse. Sie erhielten das Recht zur Analyse und zum direkten Vortrag beim Präsidenten. In diesem Sinne hat das FSB einen größeren Einfluss auf den Staatschef als das KGB.«[92]

Dennoch bestimmten zunächst die Oligarchen zu Beginn der 1990er Jahre sehr schnell, was im Lande geschah. Sie benutzten die Geheimdienste und die Staatsbürokratie für den Raub und den weiteren Ausbau ihrer Imperien. Den Gipfel ihrer Macht erreichten sie Mitte der 1990er Jahre, als sie sich angesichts einer drohenden Niederlage Boris Jelzins bei der Präsidentschaftswahl 1996 zusammenschlossen, um seinen Wahlsieg zu sichern. Sechs Oligarchen, darunter die später außer Landes gejagten Boris Beresowski und Wladimir Gussinski, brachten Millionen für die Wahlkampagne auf.

Jelzin siegte im zweiten Wahlgang trotz weitgehender Abwesenheit wegen seiner Herzkrankheit mit 53,82 Prozent vor seinem Herausforderer, dem KP-Chef Gennadi Sjuganow.[93]

Bis heute hält sich hartnäckig die Vermutung, Sjuganow

habe eigentlich gewonnen, aber angesichts der Machtverhältnisse im Lande nicht den Mut gehabt, den Sieg einzufordern.
Dafür sei er von Jelzins Bankiers »abgefunden« worden, wofür
es keine Belege gibt.[94]

## Die neuen Machthaber

Als Präsident Boris Jelzin am 31. Dezember 1999 zurücktrat
und Wladimir Putin als Premierminister zum amtierenden
Präsidenten aufrückte, erhielten die Geheimdienste das, was
ihnen in den 1990er Jahren noch verwehrt gewesen war, die
»Immunität vor jedweder äußeren Kontrolle«. 16 Jahre später
lobte Putin seine Prätorianer – die Geheimdiensttriade, bestehend aus dem für das Inland zuständigen FSB (Föderaler Si-
cherheitsdienst), dem SWR (Dienst für Auslandsspionage) und
dem mächtigen FSO (Föderaler Personenschutz), verantwortlich für die Sicherheit der russischen Führung im Zentrum und
in den Regionen – überschwänglich. »In den schweren Jahren
des Krieges, in der Nachkriegszeit waren Sie (die Mitarbeiter
der Staatssicherheit – M. Q.) treu Ihrem Schwur und Ihrem
Auftrag, taten alles, was in Ihrer Macht stand, um das Potenzial
der Geheimdienste zu entwickeln.«[95]

Mit einer erstaunlichen Ignoranz angesichts der historisch
belegten Untaten des sowjetischen Geheimdienstes – der große
Terror der 1930er Jahre, die Verhaftungen hoher Offiziere am
Vorabend des Großen Vaterländischen Krieges, der Terror der
Geheimorganisation Smersch[96] und die brutale Verfolgung
Andersdenkender nach dem Kriege – lobte Putin die »starken,
entschlossenen Menschen, die echten Professionellen, die zu-
verlässig die Souveränität und die nationalen Interessen Russlands schützen, das Leben unserer Bürger und die bereit sind
für die kompliziertesten, verantwortungsvollsten und gefährlichsten Aufgaben«.

Es war bezeichnend, dass dieser Jahrestag der »Tschekisten«,
wie sich die Geheimdienstler gerne selbst nennen, nach 16 putinschen Amtsjahren (Dezember 2015 – M. Q.) nun mitten im
Machtzentrum begangen wurde, im staatlichen Kremlpalast.

Zu sowjetischer Zeit wäre das ein Ding der Unmöglichkeit gewesen, geradezu ein Anschlag auf die Machtverhältnisse, eine Demonstration, dass das KGB über dem Zentralkomitee der kommunistischen Partei steht. Doch jetzt, nach dem »erfolgreichen Marsch durch die Institutionen«, ist den Geheimdiensten nichts mehr peinlich.

Sie zeigen offen, dass sie die Macht ergriffen haben. »Genauer gesagt, sie haben Macht gegen Eigentum getauscht, indem sie eine Klasse neuer Herren des Lebens geformt haben«, meint Andrej Kolesnikow und bringt den Begriff des ungarischen Politologen Balint Magyar ins Spiel, der die Vertreter dieser Klasse Poligarchen nennt. Sie haben ihren politischen Einfluss, den sie im Verlaufe ihrer verdeckten Tätigkeit angesammelt haben, »in Eigentum konvertiert«. Sie waren dabei so erfolgreich, »dass die neuen Machteliten, die gleichzeitig Unternehmer sind«, nicht mehr in der Lage seien zu unterscheiden, »was ihre Wolle und was die des Staates ist«.[97]

Tatsächlich liegt die Macht in Russland heute in den Händen einer relativ kleinen Gruppe, bestehend aus Geheimdienstlern und Militärs, loyalen Vertretern der Staatsbürokratie und einer neuen, in den Putin-Jahren geformten Oligarchie, die in Teilen die alte ist. Soldatow hat sicher recht, was die Rolle der Oligarchen als Ideengeber für das postsowjetische Russland angeht. Sie bedienten sich zunächst der »Silowiki«, wie die Vertreter von Militär und Geheimdienst genannt werden, um das Eigentum und Schlüsselprozesse zu kontrollieren. Doch spätestens dann, als der Geheimdienstmann Putin mit Hilfe der Oligarchen in den Kreml geschoben wurde, brachen neue Konfliktlinien auf.

Die Geheimdienstler, die sich nun an den Hebeln der politischen Macht befanden, empfanden den Unterschied zwischen der Kontrolle, die sie ausüben konnten, und tatsächlichem Besitz als immer bedrückender und ärgerlicher. Der Analytiker Andrej Gromow glaubt, eine Zäsur in den Jahren 2002 und 2003 erkennen zu können. »Hatten sich bis dahin in einer ersten Etappe Demokratie und Marktwirtschaft als am besten geeignete Mittel beim Erwerb von Eigentum und im Kampf mit der Parteiwirtschaftselite bewährt, wurden sie nun zum Hindernis.« Gewalt, Druck und direkte Kontrolle wurden zur dominierenden Erscheinung »und bestimmen das weitere Schicksal des Landes«. Nun wurde der »Arrest« zum entscheidenden Instrument, um fremde Aktiva »zu schlucken und zu konsolidieren«, das heißt, sie sich endgültig anzueignen. Und in dieser Disziplin kannten sich die Leute aus dem Geheimdienst nun mal am besten aus.[98]

Dieser Prozess, so Gromow, war im Zentrum schnell abgeschlossen. Dafür gab es in den Regionen noch viel zu tun. Um dort Hand anlegen zu können, »war es nötig, die Unabhängigkeit der örtlichen Machthaber maximal zu begrenzen, in erster Linie die der Gouverneure«. Das wurde ab dem Jahr 2004 umgesetzt.

## Der Terror von Beslan und die Zähmung der Gouverneure

Putin benutzte für seine Umgestaltung der innenpolitischen Landschaft, die im Kern ein Anschlag auf die russische Verfassung darstellte, die blutige Geiselnahme von Beslan. Mehrere Dutzend nordkaukasischer Terroristen hatten am 1. September 2004 in der nordossetischen Stadt eine Schule besetzt und Hunderte Geiseln mehrere Tage festgehalten. Die Aktion endete in einem Blutbad, bei dem 186 Kinder starben und 800 verletzt wurden. Damals wurden die Sicherheitskräfte dafür kritisiert, dass sie unprofessionell und dilettantisch gehandelt hätten. Inzwischen gilt diese Ansicht als veraltet. Kenner der damaligen Situation gehen heute davon aus, dass dieses blutige Ende von den Sondereinheiten absichtlich herbeigeführt worden ist. Warum? Präsident Putin wurde so ein Vorwand geliefert, um tiefgreifende Veränderungen im Staatsaufbau durchzudrücken: unter anderem die Entmachtung der Gouverneure.

Mit bleichem, hagerem, von Trauer und wohl auch Stress gezeichnetem Gesicht trat er nach der, wie allen schien, missglückten Geiselbefreiung vor die Kameras. Auf der Suche nach den Ursachen für die Tragödie wurde er fündig: Ein »großartiger Staat« sei zerfallen. Doch ungeachtet aller Schwierigkeiten

*Russländische* (handschriftlich)

sei es gelungen, »den Kern dieses Giganten, der die Sowjetunion war, zu bewahren. Und wir nannten das neue Land Russische Föderation.« Aber dieses neue Land, das sich in einer Übergangsphase befinde, habe sich als »schutzlos gegenüber dem Osten und dem Westen« erwiesen. Es habe Prozesse im eigenen Land und in der Welt gegeben, »auf die wir nicht adäquat reagieren konnten«, sagte er nebulös, wie überhaupt nur indirekt klar wurde, worauf der Kremlchef hinauswollte.

»Wir haben Schwäche gezeigt«, sagte er, »aber die Schwachen schlägt man.« Dann machte er die Hintermänner der Bluttat doch noch im Ausland ausfindig, wo man ein viel größeres Komplott schmiede, das weit über ein einzelnes Attentat hinausgehe. »Die einen wollen uns ein möglichst fettes Stück entreißen. Andere helfen ihnen. Offenbar stellt Russland als eine der stärksten Atomwaffenmächte für einige eine Bedrohung dar. Deshalb muss man diese Bedrohung beseitigen. Der Terrorismus ist dafür ein Instrument.« Russland habe es mit einer Intervention des internationalen Terrorismus zu tun. »Diejenigen, die die Terroristen auf ihren Weg geschickt haben, wollten unser Land in Angst versetzen, im Nordkaukasus einen blutigen Konflikt entfachen.«[99] Einen solchen Kampf könne man – so die inhärente Logik – nur durch eine starke zentrale Führung gewinnen, nicht durch dezentrale, unprofessionelle Aktionen.

Mit der durch nichts belegten Unterstellung, ausländische Akteure hätten ihre Hand im Spiel gehabt, hatte Putin ein Signal für seine beginnende Wende auch in der Außenpolitik gegeben. Noch im Mai 2002 war mit der Erklärung von Rom der fünf Jahre zuvor als Konsultationsforum gegründete »Gemeinsame Ständige Nato-Russland-Rat« zum »Nato-Russland-Rat« weiterentwickelt worden. Die ersten Jahre des zweiten Jahrtausends hatten sich zu einem »Honeymoon« in den Beziehungen zum Westen gestaltet. US-Präsident Bush jun. hatte seinem russischen Amtskollegen tief in die Augen und in seine Seele geschaut und dort nur Gutes gesehen. Putin hatte sich da gerade mit einer blitzschnellen Volte an die Seite der USA gestellt, nachdem Terroristen die Twin Towers in New York gesprengt hatten.[100]

Jetzt, nach Beslan im Jahr 2004, wandte er sich ebenso schnell, wie er sich dem amerikanischen Antiterrorkampf angeschlossen hatte, zunächst indirekt gegen seine einstigen Partner. Wobei er im Unklaren ließ, wer genau Russland ein »fettes Stück herausreißen« wollte.

Viel wichtiger war die Tragödie von Beslan zu dem Zeitpunkt zunächst für die Umsetzung seiner innenpolitischen Ziele, dafür, seiner Mannschaft auch in den Regionen freie Hand zu geben. Von nun an ernannte er die Gouverneure in den Regionen selbst, die Direktwahlen von Einzelkandidaten wurden abgeschafft. »Michail Kassjanow, im September 2004 bereits ehemaliger Ministerpräsident, ist überzeugt, dass die Abschaffung der Gouverneurswahlen bereits geplant war. Er meint, Putin habe einen Vorwand gebraucht, um diese Absicht in die Tat umzusetzen. Beslan lieferte diesen Vorwand.«[101]

Opportunisten, Nationalisten, Bolschewisten unterstützen hocherfreut die neuesten Anweisungen ihres Präsidenten. Die Gouverneurswahlen in den Regionen, erläuterte Präsidentenberater Aslambek Aslachanow, wie so viele Amtsinhaber groß geworden in den Reihen der Sicherheitsapparate, seien nur allzu oft ausgeartet in Schlammschlachten. Nicht immer habe der am besten Geeignete gewonnen, oft seien »kriminelle Elemente« durch Manipulationen an die Macht gelangt. Für Aslachanow und viele andere seiner Denkungsart ist es völlig logisch, dass nicht etwa die Wahlabläufe transparenter und ehrlicher zu gestalten sind, sondern die Wahlen so lange ausgesetzt werden müssen, bis seine Landsleute angeblich gereift und verantwortungsvoll davon Gebrauch machen können. Wann das so ist, entscheidet natürlich die Führung.

Dmitri Rogosin von der national-patriotischen »Rodina«-Partei, die sich als Kraft der Opposition gerierte, versicherte freudig: »Der Präsident soll wissen, dass alle patriotischen Kräfte Russlands seine Vorschläge unterstützen.« Inzwischen hat es Rogosin zum Vizepremier gebracht, zuständig für die Verteidigungsindustrie. Seine damaligen Ratschläge dürften seine Karriere befördert haben. So hatte er auch empfohlen, der Kremlchef solle sich nicht durch Kritik aus dem Ausland aus dem Tritt bringen« lassen.

Putin zeigte in der Politik nun sein autoritäres Gesicht. In dem Maße, wie ihm die Lage in Tschetschenien und im Antiterrorkampf aus der Hand glitt, wirkten seine anerzogenen Reflexe: Zentralisation, Machtkonzentration, Fixierung auf die für Sicherheit zuständigen Institutionen. Mit Exgeneralstabschef Anatoli Kwaschnin wurde ein weiterer General zu einem Regionalvertreter (in Sibirien) ernannt. Vier der sieben einflussreichen »Generalgouverneure« kamen damit aus den Reihen der Uniformträger.

Die Gouverneure begriffen sehr schnell, was von ihnen erwartet wurde. Sie standen Schlange nach dem Parteibuch der Kreml-Partei Geeintes Russland. Wohl wissend, dass nur dieses Mitgliedsbuch ihnen die Chance erhielt, beim künftigen Ernennungskarussell dabei zu sein. Boris Gryslow, Parteivorsitzender und Putin-Intimus, wertete diesen Run auf die Parteimitgliedschaft in seiner unnachahmlichen Art als »wachsendes Vertrauen in die Partei«. Darüber konnte der unabhängige Politologe Andrej Piontkowski nur lachen. Er sei davon überzeugt, »dass die Pläne zur Umwandlung der Föderation in einen Zentralstaat und zur Stärkung der persönlichen Macht Putins«, wie er es nannte, »längst in den Schubladen der Verantwortlichen lagen.« Putin habe die Tragödie von Beslan lediglich dazu benutzt, um sie als »Maßnahmen im Kampf gegen den Terrorismus« zu verkaufen.

Es sei wieder einmal so weit wie schon öfter in der russischen Geschichte, resümiert Alexander Kara-Mursa, eine Autorität in der Erforschung der russischen Reformperiode. »Russlands Liberale – reflektierende, tolerante, zu Dialog und selbstkritischer Haltung fähige Menschen – werden vom vielgestaltigen russischen Bolschewismus, der sich vor allen Dingen in der Bürokratie breitgemacht hat, ›aufgefressen‹. Es triumphierte der Pseudoliberalismus der Macht – autoritär, räuberisch und frei von jeder Intellektualität.«

Der Fehler des Westens: Er ignorierte diese Entwicklung und wiegte sich weiter in der Illusion, Russland befinde sich auf dem richtigen Weg. In Russland wussten die Eliten längst, dass das von ihnen geschaffene System mit westlichen Strukturen nicht kompatibel war.

Die Putin-Führung irritierte das nicht, sie setzte ihren Kurs auf die Eroberung zunächst des eigenen Landes fort. »Mit dem Jahr 2008 war die grundlegende Aufgabe erfüllt, und mit dem Jahr 2011«, so schrieb der Journalist Gromow, »war die Operation zum Verschlingen des Landes endgültig vollendet. Schluss. Mehr gab es nicht zu erobern. Alles, was es gab, war aufgeteilt.«[102]

Die Verteilungskämpfe waren deshalb noch nicht beendet, wie man bald, unter anderem in der Ukraine, sehen konnte.

## Der kriminelle Sommer 2016

In dem an kriminellen Aktivitäten gewiss nicht armen Russland wurde im Sommer 2016, während Moskaus Eingreifen in Syrien im internationalen Fokus stand, eine ganze Reihe sehr hochrangiger Staatsbediensteter verhaftet. Der Umfang der Straftaten und die Stellung der Beschuldigten im Staatsgefüge waren selbst für den von der Mafia durchtränkten, von den Geheimdiensten beherrschten Staat ungewöhnlich. Der Kampf rivalisierender Gruppen um die Pfründe im Lande erreichte einen neuen Höhepunkt, wobei sich der Inlandsgeheimdienst FSB deutliche Vorteile verschaffen konnte.

Der erste »laute Fall« war die Verhaftung von Andrej Beljaninow, dem Chef des Föderalen Zolldienstes (FTS). Am Morgen des 26. Juli waren Mitarbeiter des Inlandsgeheimdienstes FSB in seinem Büro erschienen. Sie durchsuchten sein Office, anschließend sein Privathaus. Eigentlich war es, zumindest offiziell, um einen Fall von Alkoholschmuggel gegangen. Ein St. Petersburger Unternehmer soll größere Mengen französischen Cognacs der Marke Courvoisier des Jahres 1912, als Baumaterial deklariert, ins Land geschmuggelt haben. Der FSB hatte das Telefon des Milliardärs Dmitri Michailtschenko abgehört und wollte nun prüfen, ob sich Spuren des illegalen Geschäfts auch beim Zoll ausmachen ließen.

Bei der Durchsuchung der Luxusvilla von Beljaninow nahmen die Ermittlungen dann einen unerwarteten Verlauf. Verblüfft entdeckten die Ermittler die exquisite Einrichtung und die zahlreichen Gemälde, teils aus dem 19. Jahrhundert. Kenner schätzten den Wert der Inneneinrichtung auf rund 35 Millionen Dollar. Allein ein Gemälde des berühmten russischen Malers Aiwasowski sei mindestens eine Million Dollar wert, hieß es.

Außerdem fanden sie eine gewaltige Summe Bargeld in verschiedenen Währungen: 10 Millionen Rubel (umgerechnet etwa 1,4 Millionen Euro), 400 000 US-Dollar und 300 000 Euro. Das seien »Familienersparnisse«, behauptete Beljaninow, der wenig später »auf eigenen Wunsch« in den Ruhestand trat.

Andrej Beljaninow war, wie so viele Vertreter der russischen Nomenklatura, KGB-Mitarbeiter. Er gehörte zur 1. Hauptverwaltung, zur Auslandsaufklärung. In der zweiten Hälfte der 1980er Jahre war er offiziell Mitarbeiter der sowjetischen Botschaft in der DDR. Damals lernte er offenbar Wladimir Putin kennen, der von 1985 bis 1990 als KGB-Offizier in Dresden stationiert war. In den 1990er Jahren verband Beljaninow seine Geheimdienstmitarbeit mit Tätigkeiten im Finanz- und Bankbereich sowie in Rüstungsexport-Unternehmen. 2006 wurde er Chef der russischen Zollverwaltung (FTS).[103]

Die 2004 ins Leben gerufene Superbehörde beaufsichtigt und kontrolliert sämtliche Zollangelegenheiten, den Valutaverkehr und ist für den Kampf gegen den Schmuggel zuständig. Sie spielt eine wichtige Rolle im russischen Wirtschaftsleben, denn sie sichert mehr als 30 Prozent der Einnahmen für das föderale Budget. Der »Abschuss« des FTS-Chefs wirkte wie ein Erdbeben, galt er doch bis dahin als ein Vertreter aus dem Kreis der »Unberührbaren«.

Dem »Erdbeben« war eine Neuverteilung der Macht innerhalb des FSB vorausgegangen. Der Leiter des FSB-Dienstes für ökonomische Sicherheit (SEB), Juri Jakowlew, wurde in Pension geschickt. Seines Postens enthoben wurde auch der Chef einer Verwaltung des SEB, Viktor Woronin. Beide sollen inneren Machtkämpfen zum Opfer gefallen sein. Die Zeitung *Moskowski Komsomolez* zitierte einen Insider: »Im FSB gibt es viele Strukturen, die sich nicht nur gegenseitig kontrollieren, sondern gegeneinander kämpfen und kompromittierendes Material sammeln. Über Jakowlew und Woronin gab es viel.«[104]

Neuer Chef des SEB wurde Sergej Koroljow. Er enthalte sich

den üblichen »Tändeleien mit der kriminellen Welt, in deren Folge die Rechtsschutzorgane selbst zu Verbrechern werden«, erläuterte der Insider. Das sei auch der Hintergrund der kurz zuvor erfolgten Verhaftungen im mächtigen Ermittlungskomitee.

Im Juli 2016 wurden der Leiter der Verwaltung für innere Sicherheit des Ermittlungskomitees, Michail Maksimenko, sein Stellvertreter Alexander Lamonow sowie ein leitender Mitarbeiter des hauptstädtischen Komitees verhaftet. Sie sollen für Geld bereit gewesen sein, den Gangster Andrej Kotschuikow, Spitzname »Italiener«, aus der Untersuchungshaft zu befreien. Der »Italiener« ist ein enger Vertrauter einer der einflussreichsten Mafia-Autoritäten (Wor w Sakone)[105] Moskaus, Sachar Kalaschow (genannt Schakro Molodoj), der das Geld angeboten haben soll. Kalaschow war am 13. Juli 2016 verhaftet worden und wurde der Erpressung beschuldigt. Sondereinsatzkräfte ergriffen ihn in einer Luxusvilla. Unter den anwesenden Bandenmitgliedern befand sich auch ein ehemaliger Offizier der Hauptverwaltung für den Kampf gegen das organisierte Verbrechen, der in seiner aktiven Zeit mit eben dieser Bande Kalaschows befasst war.[106]

Wer diese Verhaftungen mit einem verschärften Kampf gegen das organisierte Verbrechen zu erklären versucht, der irrt. Vielmehr gibt es einen seit Jahren schwelenden Konflikt über Machtbefugnisse und Kompetenzen zwischen FSB und Ermittlungskomitee, der 2016 vorläufig vom FSB-Chef Alexander Bortnikow gewonnen wurde. Das Komitee, geführt von General Bastrykin, war 2007 als Konkurrenz zur Staatsanwaltschaft aufgebaut und später direkt dem Präsidenten unterstellt worden.

Zudem kämpften in der Umgebung von Präsident Putin weitere mächtige »Klane« um die Vormachtstellung im Machtgefüge. Dabei standen sich der Inlandsgeheimdienst FSB und der des Föderalen Sicherheitsdienstes (FSO, zuständig für die Bewachung von Präsident, Regierung und Spitzenpolitikern in den Regionen) gegenüber. Dem FSO stand bis vor kurzem mit Jewgeni Murow ein Veteran des Dienstes vor.[107]

Murow war im Mai 2016 aus dem Dienst entlassen worden, nachdem er sich allzu intensiv für die Freilassung des Petersburger Milliardärs Michailtschenko eingesetzt hatte, der gerade vom FSB wegen angeblichen Courvoisier-Schmuggels hinter Gitter gebracht worden war. Der FSB-Klan habe das zum Anlass genommen, um die FSO-Truppe beim Präsidenten anzuschwärzen, hieß es. Murow musste gehen.

Der Inlandsgeheimdienst nahm so offenbar Revanche für die zuvor erfolgte Gründung der russischen Nationalgarde, die vom Putin-Intimus General Solotow befehligt wird und dem Präsidenten direkt untersteht. Insidern zufolge sei dies ein Sieg des FSO-Klans gewesen. Die Garde werde allerdings nicht nur zur Niederschlagung von Protesten gebraucht. »Wir fürchten nicht die Massen, wir fürchteten einander«, erzählte ein anonymer FSB-Mitarbeiter der Moskauer Zeitung *Nowaja Gaseta*.

Der Hintergrund: Auch der Nationalgarde war eine eigene Ermittlungsbehörde (ORD) genehmigt worden, die den Inlandsgeheimdienstlern Kopfzerbrechen bereitete. Sie befürchteten, dass auch die FSB-Mitarbeiter, die sehr zahlreich »in Ministerien, Einrichtungen, in den Regionen, in den Leitungen der größten Unternehmen und Banken« säßen, ins Visier des ORD geraten könnten.

Auch der FSO, zu dessen Klan die Nationalgarde mit ihrer Ermittlungsbehörde gehört, hat das Land mit einem Netz eigener Mitarbeiter überzogen: Bei jedem Gouverneur gebe es einen »Aufsichtsführenden« des föderalen Sicherheitsdienstes. Mal sei es der Leiter des Verwaltungsapparates des Gouverneurs, mal dessen Berater, es könne aber auch der Gouverneur selbst sein, der in Diensten des FSO steht, beschrieb die Zeitung die Konkurrenzsituation.[108]

Neben der Entlassung des langgedienten FSO-Chefs Murow war Insidern zufolge auch die Auflösung der Antidrogenbehörde FSKN und die Entlassung ihres Chefs Viktor Iwanow als Erfolg des Inlandsgeheimdienstes zu werten, der sich anschließend der Säuberung der eigenen Reihen zuwandte: Die beiden verhafteten Generäle des FSB-Dienstes für ökonomische Sicherheit galten als Männer des FSO.

Inzwischen macht in Russland ein geflügeltes Wort die Runde: FSB – das sind die drei wichtigsten Buchstaben des russischen Alphabets.

Allerdings musste auch der Inlandsgeheimdienst eine

Schwächung hinnehmen. Sein Schutzpatron, der Leiter der Präsidentenadministration, der FSB-General Sergej Iwanow, wurde im August 2016, als die Kämpfe hochkochten, von Putin seines Postens enthoben. Iwanow blieb zwar ständiges Mitglied des russischen Sicherheitsrates, muss sich nun aber als Sondervertreter des Präsidenten um Naturschutz, Ökologie und Transport kümmern.[109]

Derweil setzte der Inlandsgeheimdienst seinen Feldzug fort. Im September »erwischte« es einen hochrangigen Polizisten. Oberst Dmitri Sachartschenko, der kommissarische Leiter der Hauptverwaltung für Wirtschaftskriminalität und Korruptionsbekämpfung im Innenministerium, wurde wegen Bestechlichkeit verhaftet. Er soll von einem großen russischen Unternehmen im Jahr 2015 für »allgemeinen Schutz« sieben Millionen Rubel erhalten haben. »Sachartschenko erhielt systematisch Bestechungsgelder von Leitern kommerzieller Einrichtungen. Dafür verhinderte er Durchsuchungen«, zitierte die Zeitung *Moskowskij Komsomolez* einen Ermittlungsrichter. Der Skandal kochte so richtig hoch, als bekannt wurde, dass Sachartschenko in einer Privatwohnung Valuta im Wert von sieben Milliarden Rubel in Bar und weitere Hunderte Millionen auf Offshore-Konten versteckt hatte. Im Zuge seiner Ermittlungen kam der FSB zu dem Schluss, dass Sachartschenko der Verwalter einer »Gemeinschaftskasse« von anderthalb Dutzend hochrangigen Mitarbeitern und Leitern von Antikorruptionsbehörden gewesen sei.[110]

Vorläufiger Höhepunkt der Auseinandersetzungen in den höchsten Etagen der Macht war die nächtliche Verhaftung von Wirtschaftsminister Alexej Uljukajew im Herbst 2016. Der Minister wurde beschuldigt, zwei Millionen Dollar Bestechungsgeld entgegengenommen zu haben. Im Gegenzug habe Uljukajew seine Zustimmung gegeben, dass der Rosneft-Konzern, geführt von Ex-KGB-General Igor Setschin, Anteile des Erdölunternehmens Baschneft im Rahmen einer Privatisierungsaktion übernehmen konnte. Dem Minister drohen bis zu 15 Jahre Haft. Präsident Putin, der Uljukajew umgehend aus dem Amt entfernt hatte, nannte den Vorgang einen »sehr traurigen Fakt« und versicherte, der Kampf gegen Korruption werde ungeachtet der Person fortgesetzt. Im gleichen Atemzuge lobte er die »Rechtsschutzorgane«. Ihre Aktivitäten würden »das Geschäftsklima in Russland stärken«.[111]

Tatsächlich hatte *Transparency International* Russland in seinem jüngsten Bericht zu einem der korruptesten Länder Europas und Zentralasiens gezählt. In seinem Bericht *Global Corruption Barometer* 2016 betrachten die Russen die Korruption nach der miesen Wirtschaftslage und den Sorgen mit dem Gesundheitswesen als ihr drittwichtigstes Problem. Korruption sei vor allem in der Medizin, dem Bildungswesen und der Polizei »zu Hause«, hieß es in dem Bericht.[112]

Kenner der Situation in Russland gingen dennoch davon aus, dass die erstmalige Verhaftung eines hochrangigen Regierungsmitgliedes nicht unbedingt mit einem Fall von Korruption im Zusammenhang stand. Zu viele Ungereimtheiten standen im Raum. Dieser Eindruck wurde verstärkt durch den rätselhaften Tod eines hochrangigen Setschin-Mitarbeiters. Der 61-jährige Oleg Jewdokimow, ebenfalls ein ehemaliger General des Geheimdienstes KGB, starb im Dezember 2016 auf dem Rucksitz seines Lexus 460 infolge eines Herzanfalls, hieß es offiziell. Jewdokimow leitete bei Rosneft die Abteilung, die für Geheimdokumente zuständig war, und war für die persönliche Steuererklärung seines Chefs Igor Setschin verantwortlich.

Der gut informierten Oppositionszeitung *Nowaja Gaseta* zufolge war die Verhaftung des Ministers lediglich eine weitere Drehung im Machtkampf der Klane gewesen. Die Gruppe um den Chef des mächtigen Ermittlungskomitees, General der Justiz Bastrykin, habe einen erfolgreichen Schlag gegen die Konkurrenten im FSB geführt. Damit habe das Ermittlungskomitee das Vertrauen des Präsidenten wiedergewonnen.[113]

Der gesamte Sicherheitsapparat Russlands war in Aufruhr geraten, nachdem Pläne des Kremlchefs bekannt geworden waren, aus den einzelnen, unabhängig agierenden Behörden ein einheitliches Staatsorgan zu schaffen: ein Ministerium für Staatssicherheit, gewissermaßen ein KGB 2.0. Das führte zu den Machtkämpfen im Vorfeld des fundamentalen Umbaus, der vor der Präsidentschaftswahl im März 2018 abgeschlossen sein soll.

# Der große Sieg, die große Niederlage

> Guck nicht in den Brunnen: Du musst
> vielleicht noch daraus trinken.
> *Russische Volksweisheit*

Der 9. Mai wurde in Russland in den vergangenen Jahren zu einem sakralen Feiertag. Der Sieg über Hitlerdeutschland 1945 ist – abgesehen von Gagarins Weltraumflug 1961 – eines der ganz wenigen historischen Ereignisse, das alle Gruppen und Schichten der sowjetischen und jetzt auch der russischen Gesellschaft eint. Er wird von allen ohne Unterschied begangen, ist für viele noch wichtiger als das Neujahrsfest oder Ostern. Und das ist verständlich. Gibt es doch wohl kaum eine Familie in Russland, in der Ukraine, in Weißrussland, Georgien und anderen ehemaligen Sowjetrepubliken, in denen nicht mindestens ein Familienmitglied Opfer des von Deutschen entfesselten Krieges geworden ist. Ihnen gilt in den Familien traditionell der erste Toast am Tag des Sieges. Der Terror, den die deutschen Truppen zwischen 1941 und 1945 über die Sowjetunion gebracht haben, schlägt sich in einer unvorstellbaren Zahl von toten Sowjetbürgern nieder: 27 Millionen, davon neun Millionen im Krieg Gefallene. Das Unternehmen »Barbarossa«, das am 22. Juni 1941 anlief, hatte mehr als »nur« den Sieg in einem Krieg zum Ziel. Es ging um die Eroberung von »Lebensraum im Osten«, die Schaffung eines riesigen Kolonialreiches bis zum Ural.[114]

## Stalin, Hitler und die Folgen

Der Hitler-Stalin-Pakt, den die beiden Außenminister Joachim von Ribbentrop und Wjatscheslaw Molotow am 24. August 1939 in Moskau unterzeichneten, ebnete dem deutschen Diktator den Weg in den Zweiten Weltkrieg. In dem Nichtangriffspakt sicherte Stalin, in der irrigen Annahme, Hitler von einem Angriff abhalten zu können, Deutschland die Neutralität der Sowjetunion zu, sollte es Auseinandersetzungen mit Polen und den Westmächten geben. Dafür erhielt der Diktator in Moskau die Zusicherung, dass Deutschland stillhalten werde, wenn sich die Sowjetunion die im Ersten Weltkrieg verloren gegangenen Gebiete Russlands zurückholen werde. In einem geheimen Zusatzprotokoll, dessen Existenz der Erfinder des Neuen Denkens in der Sowjetunion, Michail Gorbatschow, erst nach langem Zögern zugab und das russische Nationalpatrioten bis heute entweder ganz leugnen oder einfach übergehen, wurden die deutsch-sowjetischen Interessensphären abgegrenzt. Demnach sollten Finnland, Estland, Lettland und die polnischen Gebiete östlich der Flüsse Narew, Weichsel und San sowie die rumänische Bukowina an die Sowjetunion fallen. Das gelang im Baltikum, wo die Sowjetarmee 1940 als Okkupationstruppe einmarschierte. Finnland verlor zwar mit Karelien einen Teil seines Staatsgebietes, verhinderte aber im entschlossen geführten Winterkrieg von 1939 / 40 die sowjetische Besetzung des übrigen Landes.

Der auf zehn Jahre befristete Nichtangriffspakt löste weltweit Überraschung aus. Besonders betroffen waren die Gefolgsleute der Kommunistischen Internationale, die sich dem Kampf gegen den Nationalsozialismus verschrieben hatten. Sie mussten nun mit ansehen, wie ihr leuchtendes Vorbild Stalin gemeinsame Sache mit Hitler machte, und gerieten in verzweifelten Erklärungsnotstand.

Der Pakt hielt indes nur knapp zwei Jahre, dann überfielen Hitlers Truppen in der Nacht zum 22. Juni 1941 die Sowjetunion. Stalin war total überrumpelt, hatte er doch bis zuletzt den Warnungen vor einem deutschen Angriff nicht geglaubt. Darunter auch die des Deutschen Richard Sorge, der in Tokio für den sowjetischen Geheimdienst spionierte. Als der deutsche Überfall nach dem Plan »Barbarossa« begann, war Stalin – auch wegen der extrem hohen Verluste der ersten Tage – schockiert und sprachlos.

Die These, Hitler sei lediglich einem stalinschen Angriff zuvorgekommen, wird zwar vereinzelt immer wieder vorgetragen, aber von ernstzunehmenden Historikern und vor allem durch die Tatsachen widerlegt. »So bewerten die für den Generalstab des Heeres erstellten Lageberichte der Abteilung Fremde Heere Ost die erst seit März 1941 stattfindenden russischen Truppenkonzentrationen an der deutschen Ostgrenze unmissverständlich als logische Folge der vorhergehenden massiven Verstärkung der Wehrmacht auf der anderen Seite der Grenze und als im Kern eindeutig defensive Maßnahmen der Roten Armee«, schreibt der Historiker Wigbert Benz.[115] Aus russischen Quellen ist bekannt, dass Stalin von verschiedener Seite gedrängt worden war, sich gegen den Aufmarsch der deutschen Truppen an der sowjetischen Westgrenze zu wappnen. Doch starrsinnig glaubte der Herrscher im Kreml, Hitler werde sich zurückhalten, solange er nicht »provoziert« werde.

»Einen weiteren ›Beweis‹ für ihre These sehen die Präventivkriegsbefürworter in Stalins Rede vom 5. Mai 1941 vor Absolventen der sowjetischen Militärakademien, bei der er diese Offiziere auf mögliche künftige Auseinandersetzungen mit Deutschland orientierte. Richtig ist, dass Stalin sich der Realität stellen musste, die einen Krieg zwischen Hitler-Deutschland und der UdSSR immer wahrscheinlicher erscheinen ließ und diesen für eigene skrupellose machtpolitische Ambitionen nutzen wollte. Die Anzeichen für Kriegsabsichten der Wehrmacht Hitlers konnte auch er nicht übersehen. Dennoch sprach er sich schon allein auf Grund des desolaten Zustandes der Roten Armee und der schwachen Stellung der UdSSR im internationalen politischen System dafür aus, den von NS-Deutschland angestrebten Krieg so lange wie möglich zu vermeiden. Als ›ultimativer Beweis‹ wird dann der Mitte Mai von Generalstabschef Schukow vorgelegte Präventivkriegsplan, ›dem Gegner beim Aufmarsch zuvorzukommen‹ ins Feld geführt – eine militärische Option, die zum einen erst im letzten Moment in Erwägung gezogen wurde, als der deutsche Aufmarsch offensichtlich war, und von Stalin bekanntlich nicht in die Tat umgesetzt wurde.«[116]

Hitler hatte den Krieg gegen die Sowjetunion von seinen Generälen als rasseideologischen Vernichtungsfeldzug anlegen lassen, dem Millionen Menschen zum Opfer fielen. Das musste selbst dem einfachen Soldaten klargeworden sein. Der Wehrmachtssoldat und Theologe Helmut Gollwitzer schreibt in seinen Erinnerungen an den Überfall am 22. Juni 1941: »Bis zum Beginn des Russlandfeldzuges war auf der Innenseite des Umschlags unseres Soldbuches ein Blatt eingeklebt: ›Zehn Gebote für den deutschen Soldaten‹. Darin waren aufgezählt die Vorschriften der internationalen Konvention zur Bändigung der Kriegsbestie: Schonung des entwaffneten und gefangenen gegnerischen Soldaten, Schonung der Zivilbevölkerung, Verbot von Plünderung und Vergewaltigung. Mit Beginn des Russlandfeldzuges wurde dieses Blatt aus den Soldbüchern entfernt – und jeder konnte wissen, dass nun die Barbarei unter Zustimmung der Wehrmachtsführung gesiegt hatte.«[117]

Der Gegenschlag erfolgte mit einer Urgewalt, wie sie es bis dahin nicht gegeben hatte. Ende 1944 überschreiten sowjetische Soldaten in Ostpreußen erstmals die alte Reichsgrenze und nehmen Rache für die Verbrechen, die die Deutschen in der Sowjetunion begangen haben. Bis Mai 1945 sterben etwa 3,5 Millionen deutsche Soldaten an der Ostfront.

Millionen Deutsche sind auf der Flucht vor der Roten Armee. Vor dem Krieg lebten über 17 Millionen Deutsche in den Ostprovinzen sowie in Polen, den baltischen Staaten, Danzig, Ungarn, Jugoslawien und Rumänien. Über 14 Millionen Deutsche waren zwischen 1944/45 und 1950 von Flucht und Vertreibung betroffen; etwa zwei Millionen Menschen von ihnen starben dabei. Etwa zweieinhalb Millionen Deutsche blieben in ihrer Heimat und waren zum Teil heftigen Repressionen ausgesetzt.[118]

## »Klassenbrüder« und »Revanchisten«

Meine erste Begegnung mit »den Russen«, wie die aus allen Teilen der Sowjetunion stammenden Besatzungstruppen auch in der DDR genannt wurden, fand irgendwann im Sommer 1953 in Wendorf statt. Der Ort ist heute ein Teil der Ostseehafenstadt Wismar. Ich hatte – fünf Jahre alt – gerade gelernt, wie das große Fahrrad meiner Mutter zu bedienen war und radelte angestrengt durch den Park am Kulturhaus. Auf einem kleinen Rondell traf ich auf eine Gruppe sowjetischer Offiziere, die offenbar Ausgang hatten. Sie hielten mich an und wollten unbedingt mit meinem Fahrrad ein paar Runden drehen.

Misstrauisch hielt ich das Fahrrad fest. War das ein Trick, um es zu stehlen? Natürlich waren die hinter vorgehaltener Hand erzählten Geschichten über »die Russen« auch an mein kindliches Ohr gedrungen. Doch was tun, sie waren mehr, sie waren größer und sie gaben mir zwei Mark »für Konfekt«, wie einer der Offiziere mir bedeutete. Ich unterwarf mich dem Schicksal, nahm das Geld und kaufte Schokoladenplätzchen. Das Fahrrad hatte ich längst abgeschrieben. Doch als ich zurück zu dem Rondell kam, sah ich laut lachende Offiziere fröhlich radeln. Sie drückten mir das Rad wieder in die Hand und verschwanden.

Erst nach und nach erfuhr ich, dass nicht alle Begegnungen der Deutschen mit den sowjetischen Besatzungstruppen so freundschaftlich verlaufen sind. Meine Mutter saß im Sommer 1945 wochenlang mit geschwärztem Gesicht auf dem Heuboden, immer in Angst, »die Russen« könnten sie entdecken. Sie entging diesem Schicksal, Nachbarinnen nicht. Plünderungen und Vergewaltigungen, verübt von sowjetischen Soldaten, brachen wie eine Geißel des Schicksals unmittelbar nach dem Einmarsch der Roten Armee über die ostdeutsche Bevölkerung herein. Das wurde verdrängt. Die Ausmaße waren so erschreckend, dass sich selbst die sowjetfreundlichsten deutschen kommunistischen Funktionäre an die Besatzungsbehörden wandten, um dem Einhalt zu gebieten. Auch die sowjetische Militärführung erkannte, dass ihr Ansehen unter der deutschen Bevölkerung schweren Schaden litt. Dennoch dauerte die Zeit der Übergriffe bis etwa zum Sommer 1947 an.

Die während des Krieges und unmittelbar danach verübten Straftaten an Deutschen werden von den Russen heute zum Teil als unangenehme Tatsache verdrängt oder sie gelten ihnen als überaus verständliche Rache angesichts der Verbrechen, die nicht nur die SS, sondern auch die deutsche Wehrmacht in der Sowjetunion verübt hatten.

In der sowjetischen Besatzungszone, später auch in der DDR, waren das freilich keine Themen. Im offiziellen Sprachgebrauch wurden die Angehörigen der Gruppe der sowjetischen Streitkräfte in Deutschland als »Waffenbrüder« und »Klassenbrüder« bezeichnet. Im Parteijargon der saloppen Art waren es »die Freunde«. Was für die Mehrheit der DDR-Bürger nicht nachvollziehbar war.

Nähere Beziehungen gestalteten sich dennoch. Ab Mitte der fünfziger Jahre wurden zunehmend mehr junge Ostdeutsche zum Studium in die Sowjetunion geschickt, wodurch zahlreiche persönliche Beziehungen zum Siegerland geknüpft wurden, die vielfach bis heute halten. Und Millionen sowjetischer Soldaten und Offiziere schwärmen noch immer von ihrer Stationierung »in Deutschland«, auch wenn es nur dessen Ostteil war.

Der wurde zunächst von der Sowjetischen Militäradministration (SMAD) verwaltet. Grundlage war das Potsdamer Abkommen, das die drei Siegermächte vom 17. Juli bis 2. August 1945 im Potsdamer Schloss Cecilienhof ausgehandelt hatten. Darin wurde unter anderem die Umsiedlung von Millionen Deutschen aus Polen, der Tschechoslowakei und Ungarn sowie die vorläufige Verwaltung der deutschen Gebiete östlich der Oder-Neiße-Linie beschlossen. Deutschland wurde zunächst in drei Zonen aufgeteilt. Frankreich erhielt dann eine eigene Zone, die aus Teilen der britischen und amerikanischen Zone gebildet wurde.

Schwere Folgen für die sowjetisch besetzte Zone hatte die Entscheidung, jeder Besatzungsmacht die Entscheidung darüber freizustellen, wie sie es mit den Reparationszahlungen halten wolle. So konnte Stalin seine harte Linie im Osten durchziehen. Durch die Demontage von Industriebetrieben verlor die sowjetische Besatzungszone (SBZ) beinahe 30 Prozent der 1944 auf ihrem Gebiet existierenden industriellen Kapazität. Die SBZ und später die DDR zahlten Reparationen von rund 14 Milliarden Dollar, was deutlich über der sowjetischen Forderung von zehn Milliarden an ganz Deutschland lag.[119] Zu Verwaltern ihres neuen Herrschaftsgebietes machte Moskau »geprüfte« deutsche Kommunisten. Bereits am 30. April 1945 flog die »Gruppe Ulbricht« von Moskau nach Deutschland, wo sie den Wiederaufbau der KPD organisierte und 1946 deren Vereinigung mit der SPD zur SED vollzog. Nach der Gründung der DDR am 7. Oktober 1949 – die Bundesrepublik war am 23. Mai des gleichen Jahres gebildet worden – wurde Walter Ulbricht stellvertretender Vorsitzender im Ministerrat, zu dessen Chef man Otto Grotewohl ernannte. Ulbricht, ab 1950 SED-Parteichef, war der starke Mann von Moskaus Gnaden. In der Bundesrepublik wurde Konrad Adenauer am 15. September 1949 zum Bundeskanzler gewählt, beide hassten sich inbrünstig.

Im Frühjahr 1953 lief Ulbricht Gefahr, die Moskauer Gnade zu verlieren, erinnerte sich Valentin Falin, ehemals UdSSR-Botschafter in Bonn und Exabteilungsleiter des ZK der KPdSU, Jahrzehnte später in einem Gespräch. »Im April, Mai waren sich Malenkow, Chruschtschow und Beria in einem einig: Ulbricht sollte gehen, sie setzten auf Otto Grotewohl.« Der Volksaufstand am 17. Juni 1953, bei dem Ulbricht auf den Einsatz sowjetischer Truppen angewiesen war, rettete seine politische Karriere. Seine ursprünglich geplante Absetzung wäre nun als Zeichen der Schwäche gewertet worden. Ulbricht blieb bis zu seinem Tode 1971 im Amt. Erich Honecker beerbte ihn.

Die beiden Deutschlands drifteten immer weiter auseinander. Die Bundesrepublik war über die Mitgliedschaft in der EWG, später der EU, und in der Nato fest im Westen verankert, das »Wirtschaftswunder« gewann an Fahrt. Mit der sogenannten Hallstein-Doktrin proklamierte Adenauer den Alleinvertretungsanspruch für die Bundesrepublik, wo inzwischen auch NS-belastete Funktionsträger wieder öffentliche Ämter bekleideten. Moskau und Ostberlin nahmen das als Bestätigung für ihre Klage vom »westdeutschen Revanchismus«.

Die DDR dagegen wurde Mitglied im Warschauer Pakt – der unter anderem 1968 den »Prager Frühling« niederschlug – und im Rat für gegenseitige Wirtschaftshilfe (RGW, engl. Comecon). Das alles rettete den ostdeutschen Staat nicht. Millionen seiner Bürger flüchteten sowohl aus wirtschaftlichen als auch aus politischen Gründen in den Westen.

Der DDR-Staatschef Ulbricht war schon seit Ende der fünfziger Jahre ständig von Moskau dafür gerügt worden, dass es ihm nicht gelingen wollte, ein sozialistisches Musterländle aufzubauen. In Moskau herrschte damals tatsächlich die Illusion, dass es der DDR gelingen würde, »ein Wirtschaftssystem zu schaffen, das Anziehungskraft auch auf die Bevölkerung des anderen Deutschlands ausübt. Das gelang nicht und rief große Enttäuschung in der Moskauer Führung hervor. Deshalb die ständigen Vorwürfe an Ulbricht«, erinnerte sich Sergej Kondraschow, ein ehemaliger KGB-General mit Einsatzort Berlin-Karlshorst, 40 Jahre nach dem Mauerbau von 1961. Die Verantwortung dafür hatte damals der sowjetische Partei- und Staatschef Nikita Chruschtschow. Er habe sich von seinem Botschafter in Berlin, Perwuchin, einen Stadtplan schicken lassen, um zu schauen, wie man »das Schlupfloch nach Westberlin« schließen könne, schrieb er in seinen »Erinnerungen«. Er konsultierte seine in Berlin stationierten Militärs und holte dann erst Ulbrichts Meinung ein. Der, so Chruschtschow, habe vollständig zugestimmt »und sich gefreut«. Den zweifelhaften Ruhm für die Aktion beanspruchte Chruschtschow für sich: »Wir arbeiteten die Taktik aus. Ich schlug sie vor.«[120]

Trotz aller Treue- und Freundschaftsbekundungen herrschte zwischen Moskau und Ostberlin immer auch eine Portion Misstrauen. Als Willy Brandt die Beziehungen zur Sowjetunion mit seiner Ostpolitik auf ein neues Fundament stellte, als 1970 das berühmte Erdgas-Röhren-Geschäft eingefädelt wurde, das noch heute ein wichtiger Pfeiler der deutsch-russischen Kooperation ist, waren die Genossen in der DDR verunsichert. Diese Verunsicherung wuchs mit der von Gorbatschow in den achtziger Jahren verfolgten Neugestaltung der sowjetischen Außenpolitik. In Ost-Berlin begann man, sich um die bisherige Sonderstellung im Ostblock zu sorgen. Moskau seinerseits achtete argwöhnisch darauf, dass die ostdeutsche Führung keine Alleingänge mit der Bundesrepublik unternahm, und hintertrieb jahrelang Honeckers Besuch in der Bundesrepublik, der erst kurz vor dem Ende der DDR 1987 zustande kam.

Die Mauer, die Ulbricht unter sowjetischer Oberaufsicht durch Deutschland gezogen hatte, bröselte im Herbst 1989 auseinander. Immer mehr Menschen gingen in den Westen, die interne Opposition fühlte sich durch den sowjetischen Erneuerungskurs der Perestrojka gestärkt. Im Moskauer KPdSU-Zentralkomitee kochten die Leidenschaften hoch: Die Grenze zwischen Warschauer Pakt und Nato drohte sich aufzulösen, es musste etwas unternommen werden. Nikolai Portugalow, Mitarbeiter im ZK und exzellenter Deutschlandkenner, erzählte mir später, wie Valentin Falin durch die Gänge des ZK gestürzt sei und gefordert habe, »jetzt müssen die Panzer rollen«. Aus der DDR kamen täglich Telegramme vom Chef der Westgruppe der sowjetischen Streitkräfte in Deutschland, Boris Snetkow, mit immer drängender werdenden Anfragen nach Befehlen.

Nach dem Zusammenbruch der Sowjetunion sprach ich mit Gorbatschow darüber. Welche Anweisungen er seinen Militärs in der DDR in jener Zeit gegeben habe, fragte ich ihn. Seine Antwort: »Gar keine.« Und das war tatsächlich die Lösung. Ohne Befehl aus Moskau konnte kein einziger Panzer auf die Straße rollen, der militärische Konflikt blieb aus. Dieser Verzicht Gorbatschows war wohl eine seiner größten Leistungen, weshalb er in Deutschland bis heute positiver gesehen wird als im eigenen Land.

## Der Abzug – ein Trauma für das Militär und die Rüstungsindustrie

Mit einer Militärparade, an der keiner der Alliierten aus dem Zweiten Weltkrieg teilnahm, ging am 25. Juni 1994 ein historischer Abschnitt im Leben Europas zu Ende. Die letzten Soldaten der russischen Truppen verließen Deutschland, wie sie zuvor schon Osteuropa verlassen hatten. Fast 50 Jahre hatten sie diesen Teil des Kontinents beherrscht. Das größte Truppenkontingent war in jenen Jahren in der DDR stationiert. »Abzuziehen waren 546 000 Mann, davon 338 800 Militärangehörige, 207 000 Familienangehörige von Militärangehörigen und 50 000 Schüler. Außerdem mussten auf das Gebiet der Russischen Föderation 3300 Artilleriesysteme und Abschussanlagen, 4300 Panzer, 8200 gepanzerte Fahrzeuge, 123 000 Einheiten Bewaffnung und Militärtechnik, 105 000 Autos, 2,5 Millionen Tonnen Material, davon 677 000 Munitionseinheiten überführt werden«, erinnerte sich General Terentjew an die »größte Militäroperation zu Friedenszeiten«.[121]

In keinem Staat Osteuropas waren mehr Sowjetsoldaten

stationiert als in der DDR. Das Land mit seinen 17 Millionen Einwohnern hatte drei Fünftel der Stationierungskosten selbst zu tragen – jedes Jahr vier Milliarden Mark (der DDR). Ständig hielten sich hier zwischen 350 000 und 500 000 sowjetische Soldaten auf. Das Militär wurde in einem Rotationssystem permanent ausgewechselt, so dass man davon ausgehen kann, dass insgesamt mehrere Millionen sowjetische Soldaten zeitweilig in der DDR gewesen sind.

In Russland traf ich ständig ehemalige Soldaten und Offiziere, die an Standorten wie Naumburg, Wünsdorf, Neubrandenburg oder anderen Städten gedient hatten und sich mit Freude an ihre gute Zeit »in Deutschland« erinnerten. Wer dorthin abkommandiert wurde, fühlte sich ob der vergleichsweise guten Lebensbedingungen privilegiert.

In der Tschechoslowakei stand ab 1968, nach der Niederschlagung des Prager Frühlings, ein Truppenkontingent von 80 000 Mann im Lande. Auch dort galt das Rotationsprinzip, wodurch rund eine Million sowjetischer Soldaten in den Genuss einer Dienstzeit in der ČSSR kamen. Das Abkommen über den Abzug wurde im Februar 1990 unterzeichnet. Weitere 60 000 Mann waren in Ungarn stationiert, 50 000 in Polen. In Rumänien standen sowjetische Truppen lediglich bis 1958. Ceauşescu hatte sich frühzeitig von Moskau abgenabelt, aber da er ein extrem kommunistisch-orthodoxes System aufbaute, bestand keine ernsthafte Gefahr des Abdriftens nach Westen, und man ließ ihn gewähren.[122]

Der Rückzug dieser Armeen aus den osteuropäischen Ländern und dem Ostteil Deutschlands wird in Russland heute gerne als große Geste des freiwilligen Verzichts gefeiert, oft verbunden mit dem Hinweis darauf, dass man 25 Jahre später eigentlich immer noch auf Gegenleistungen warte. Gerade im Zusammenhang mit der Okkupation der Krim forderte Präsident Putin die Deutschen auf, sie müssten doch Verständnis dafür haben, wenn ehemals getrennte Teile des Landes wieder zusammengeführt würden. Und dankbar dafür sein, dass die Sowjetunion den Deutschen diese Möglichkeit freiwillig eingeräumt habe. In Deutschland hat man dieser These des freiwilligen Rückzugs im Interesse der deutschen Einheit nie so recht widersprochen. Vielmehr wurden Gorbatschow und dann Jelzin dankbar hofiert, um keine Gefühle zu verletzen und der beginnenden Freundschaft keinen Abbruch zu tun.

Tatsächlich war die Sowjetunion 1990 wirtschaftlich am Ende, sie konnte die mit der Besatzung verbundenen Kosten nicht mehr stemmen. Zumal mit der Währungsunion in Deutschland Rechnungen in D-Mark fällig wurden. Besonders kritisch wurde die Lage für den sowjetischen Staatschef Michail Gorbatschow, als im Frühjahr 1990 Anzeichen eines drohenden Staatsbankrotts heraufzogen. Das gefährdete seine Wiederwahl als Parteichef auf dem 28. Parteitag der KPdSU, der vom 2. bis 13. Juli 1990 in Moskau stattfand. Das wollte Kohl, das wollte der Westen unbedingt vermeiden. Gorbatschow galt ihnen als Garant für den erfolgreichen Abschluss des Vereinigungsprozesses.

Am 4. Mai wandte sich der sowjetische Außenminister Eduard Schewardnadse mit einem Kreditersuchen direkt an Bundeskanzler Kohl. Tags darauf ging im Bundeskanzleramt ein Schreiben des sowjetischen Botschafters Juli Kwizinski ein, in dem die Wünsche konkreter genannt wurden: Man brauche einen Kredit von 20 Milliarden Mark mit einer Laufzeit von fünf bis sieben Jahren.[123]

Zehn Tage später flogen der Leiter der Abteilung Auswärtige und innerdeutsche Beziehungen im Bundeskanzleramt, Horst Teltschik, und die Vorstandsvorsitzenden der Deutschen Bank und der Dresdner Bank, Hilmar Kopper und Wolfgang Röller, in geheimer Mission nach Moskau, wo sie das Kreditproblem mit Schewardnadse und Gorbatschow besprachen.[124]

Teltschik behauptete später, er habe damals Gorbatschow gegenüber deutlich gemacht, dass dieser Kredit im Rahmen einer »Paketlösung« auch für die Nato-Mitgliedschaft Gesamtdeutschlands gezahlt werde. In seinem Buch »329 Tage« aus dem Jahr 1991 fehlt ein Hinweis darauf. Erst im Jahr 2000 bestätigte er auf Nachfrage im Gespräch mit Alexander von Plato diesen Zusammenhang. Sowjetische Protokolle vom Gespräch Teltschik – Gorbatschow sagen darüber nichts. »Gorbatschow wiederum widersprach mir gegenüber, dass es eine solche Verknüpfung von Kredit und Nato-Mitgliedschaft in diesem

Gespräch gegeben habe«, schreibt Plato. In einem Brief an ihn habe Gorbatschow mitgeteilt, die Geschichte von Teltschik über die gekaufte Zustimmung zum Nato-Beitritt Deutschlands sei »eine Erfindung«.[125]

Der Kredit kam dennoch. Kohl sagte Gorbatschow zu, dass die Bundesregierung bereit sei, »einen im privaten Bankensystem aufgenommenen Kredit bis zu einer Höhe von 5 Milliarden DM zu verbürgen«. Der Bundeskanzler drückte in seinem Schreiben an den sowjetischen Staats- und Parteichef Michail Gorbatschow vom 22. Mai gleichzeitig die Erwartung aus, »dass Ihre Regierung im Rahmen des Zwei-plus-Vier-Prozesses im gleichen Geist alles unternimmt, um die erforderlichen Entscheidungen herbeizuführen, die eine konstruktive Lösung der anstehenden Fragen ermöglichen. Weitere langfristige Kredite seien »nur in einer gemeinsamen Anstrengung aller westlichen Partnerländer aufzubringen«.[126]

Im September 1990, zwei Tage vor der Unterzeichnung des Zwei-plus-Vier-Vertrages,[127] wurde Gorbatschow telefonisch noch einmal bei Bundeskanzler Kohl vorstellig. Er wollte offenbar die Situation nutzen und die Kosten für den Abzug aus Deutschland jetzt in seinem Sinne regeln. Die sowjetische Seite hatte vorab eine Forderung von 16 bis 18 Milliarden D-Mark signalisiert. Kohl schien das zu hoch, er bot einen Gesamtbetrag von zwölf Milliarden D-Mark an. Doch Gorbatschow blieb unter Hinweis auf die schwierige Wirtschaftssituation in der UdSSR und den Widerstand der Hardliner gegen den Einigungsprozess zunächst hart, berichtete Kanzlerberater Horst Teltschik in seinem Buch »329 Tage«. Als das Gespräch festzufahren drohte, offerierte Kohl einen zusätzlichen zinslosen Kredit von drei Milliarden D-Mark. Gorbatschow habe dieses Angebot »spürbar erleichtert« aufgenommen.[128]

Rechnet man zu den im September 1990 vereinbarten 15 Milliarden noch den bereits im Juli kurz vor dem Parteitag der KPdSU vereinbarten Fünf-Milliarden-Kredit hinzu, so hat die Zustimmung Moskaus zur deutschen Einheit etwa 20 Milliarden D-Mark gekostet.

Das darf aus heutiger, deutscher Sicht durchaus immer noch

als »Schnäppchen« angesehen werden, war aber damals für die am Abgrund des Bankrotts entlangtaumelnde Sowjetunion eine lebensrettende Maßnahme. Dass dieses Geld aus dem Land kam, dass 1945 seine Niederlage im Zweiten Weltkrieg mit der bedingungslosen Kapitulation quittieren musste, kam sicher vielen Menschen in der Sowjetunion als »Erniedrigung« vor. Doch die Verantwortlichen dafür saßen nicht in Berlin oder Washington, sie saßen in Moskau.

## Die »sozialistische Okkupation«

Es lohnt sich, auch in diesem Kontext einen Blick in die Historie zu werfen: Der Zweite Weltkrieg endete mit dem Sieg der Alliierten über Hitlerdeutschland. Die Sowjetunion hatte den entscheidenden Anteil daran, dass Europa vom Hitlerfaschismus befreit wurde. Sie hatte auch die meisten menschlichen und materiellen Verluste erlitten, wobei heute in Moskau vergessen wird, dass vor allem Ukrainer und Weißrussen einen überdurchschnittlich hohen Blutzoll entrichten mussten. Diese Befreiungstat, die Deutschland und Europa die weitere Existenz unter einer Hitler-Barbarei ersparte, bleibt die unbestrittene historische Leistung der Sowjetunion.

In den Abkommen von Jalta und Potsdam wurde dann die Aufteilung Europas festgeschrieben, der Osten Deutschlands und ganz Osteuropa gerieten unter sowjetische Herrschaft. Aus den Befreiern wurden Besatzer. Sie wurden es vor allem deshalb, weil sie sich auch als solche aufspielten.

Oberst Tulpanow, als politischer Berater der sowjetischen Militäradministration eine Größe bei der ideologisch-kulturellen Nachkriegsgestaltung Ostdeutschlands, räumte bei einem kleinen Treffen mit Vertretern des Zentralkomitees ausländischer kommunistischer Parteien, unter anderem Österreichs, der Tschechoslowakei und Norwegens, zwar »viele und ernste Fehler« ein. »Als einzige Entschuldigung dafür kann ich nur sagen, dass wir uns vorher mit einer sozialistischen Okkupation noch nie beschäftigt hatten. Sozialistische Okkupation – das war für uns etwas völlig Neues. Vielleicht kann ich hier, in diesem Kreis, die Versicherung abgeben, dass, wenn wir in Zukunft vielleicht noch einmal von unseren Gegnern dazu gezwungen sein sollten, sozialistische Okkupation durchzuführen, wir dann aus unseren Erfahrungen gelernt haben und es besser machen werden.«[129] Das Sendungsbewusstsein sowjetischer Offiziere wurde offenbar nur noch von ihrem Zynismus übertroffen.

Tulpanows Genossen machten sich schon damals, als sie kurzzeitig sogar einen »dritten Weg« zwischen Kapitalismus und Sowjetsystem für Ostdeutschland beschlossen, dann aber schnell widerrufen hatten, keine Illusionen über die Gemütslage der befreiten Deutschen. Als Wolfgang Leonhard einem hochrangigen sowjetischen Politoffizier vertraulich mitteilte, die Deutschen würden bei tatsächlich freien Wahlen »zu 15 – 20 % für den Osten und 80 – 85 % für den Westen stimmen«, lächelte der Gesprächspartner aus Moskau nur. »Zum gleichen Resultat sind auch wir gekommen.«[130] Was ihn aber nicht weiter bekümmerte, da das Sowjetsystem auch für den Osten Deutschlands keine echten demokratischen Prozeduren vorsah. Das sollte sich erst 1990 ändern.

Moskau betrachtete auch die anderen osteuropäischen Staaten, die zuvor von Deutschland überfallen, okkupiert und teils zur Kriegsteilnahme gezwungen worden waren, als seine Kriegsbeute. Entsprechend brutal wurde gegen die Menschen dort vorgegangen. Beispiel Polen: Allein zwischen Januar und April 1945 wurden nach Schätzungen des sowjetischen NKWD rund 215 540 Menschen verhaftet. »Darunter waren 138 000 Deutsche oder Volksdeutsche, dazu kamen rund 38 000 Polen, und alle wurden in Lager der UdSSR geschickt. Etwa 5000 starben ›im Lauf der Operation und Untersuchung‹«.[131] Die Unterdrückungsapparate auch in anderen osteuropäischen Ländern – nationale Organe unter Anleitung und Führung des sowjetischen Geheimdienstes NKWD – »arbeiteten« auf Hochtouren.

Das änderte sich nach dem Tode des sowjetischen Diktators im Jahr 1953, allerdings nur graduell. Nach Stalins Ende, in der Sowjetunion von den Massen hysterisch beweint, »war kein Regime mehr so grausam wie zwischen 1945 und 1953, aber auch das poststalinistische Osteuropa konnte hart, willkürlich und äußerst repressiv sein«, stellte Anne Applebaum in ihrer Untersuchung der damaligen Verhältnisse in Osteuropa fest.[132]

Das Verhalten der »sozialistischen Bruderstaaten« stand unter der strengen Aufsicht des »großen Bruders«, der aus Moskau argwöhnisch darauf achtete, dass niemand zu weit von der vorgegebenen Linie abwich. Mit ironisch verbrämter Verzweiflung wurde ein aus dem Gulag stammender Befehl kolportiert: »Ein Schritt nach links oder ein Schritt nach rechts, und es wird geschossen!«

45 Jahre lang herrschte Moskau über den Osten Europas, militärisch, politisch und in der Wirtschaft, aber auch ideologisch und kulturell. Die sowjetische Lebensweise sollte das Bewusstsein der Menschen in den »Bruderstaaten« prägen. Es ging, wie es auch im blumigen SED-Deutsch hieß, »um die Herzen und Hirne unserer Bürger«.

Das Ergebnis dieser scheinbar allgewaltigen Oberhoheit war schlicht niederschmetternd: Schon lange vor seinem tatsächlichen Ende hatte das System seine Anziehungskraft verloren. Die jeweiligen Partei-Eliten in den verschiedenen Ländern ordneten sich der sowjetischen Herrschaft zwar mehr oder weniger willig unter. Dafür wuchs in der Bevölkerung der osteuropäischen Staaten der Widerstand. Die Aufstände von Berlin, Budapest, Prag und in Polen belegen das eindringlich.

## Wo ein russischer Soldatenstiefel den Boden berührt …

Besonders bitter war es für die Rote Armee, die ab 1944 Sowjetarmee hieß, dass sie nach 1991 einen halben Kontinent verlassen musste, den sie glaubte ehrenvoll und rechtmäßig erobert und zu ihrem immerwährenden Besatzungsgebiet gemacht zu haben. 1994 zogen die letzten russischen Soldaten ab, Moskaus Armee verschwand aus Mittel- und Osteuropa. Wolf Poulet[133] beschrieb die Stimmung beim Abschied der sowjetischen Truppen sehr eindringlich. Sie sei getragen gewesen von einer tiefen moralischen Klage: »Russland gibt heute ohne Not ein Territorium auf, das vom Blut vieler russischer Soldaten getränkt ist – das ist historisch nicht gerechtfertigt! Hinzu kam die Anlage der Zeremonie, die im Niveau formal unter der Verabschiedung der West-Alliierten angelegt war.« Der russische Literat und Menschenrechtler Lew Kopelew habe diesen Vorgang »demütigend und ungerecht« genannt. Dem kann man zustimmen. Es wäre dem damaligen Kanzler Helmut Kohl ein Leichtes gewesen, diese emotionale Demütigung zu vermeiden. Doch die tatsächliche und viel tiefer gehende Demütigung war der Abzug selbst, nicht zu mildern durch zeremonielle Freundlichkeiten.

Der letzte Oberkommandierende der Sowjetischen Truppen in Deutschland, Generaloberst Matwej Burlakow, beklagte im Februar 1994 während eines Gesprächs mit deutschen (Bundeswehr-)Offizieren: »Wir haben diesen Teil Europas befreit, und wissen nicht, warum die Rote Armee jetzt nach Russland zurückgehen muss. Für mich als Soldat ist das unverständlich.«[134]

Dieses von Burlakow beklagte Schicksal – der übrigens daraus auch persönliches Kapital zu schlagen verstand – hätte nur das inzwischen vereinigte Deutschland abwenden können, wenn es sich für die Beibehaltung der sowjetischen Besatzung im Ostteil des Landes entschieden hätte und bereit gewesen wäre, für den Unterhalt der mehr als 300 000 sowjetischen Soldaten zu zahlen, die damals auf deutschem Boden stationiert waren. Das konnte und wollte Burlakow, und mit ihm die übergroße Mehrheit der Armee, nicht begreifen. Ebenso wenig die Tatsache, dass sein Heimatland, die Sowjetunion, sich im Kalten Krieg überhoben und die Auseinandersetzung mit den USA verloren hatte. Burlakow hatte seinen Aufstieg noch unter Generalsekretär Leonid Breschnew begonnen, dessen Aussage über das sowjetische Verteidigungsbudget dem Geist der Zeit entsprach: Die Armee bekommt so viel, wie sie braucht. Nicht mehr, und nicht weniger. Damit war es nun vorbei. Russlands Militär, aber auch seine Rüstungsindustrie stürzten in ein tiefes Loch.

Ihnen war etwas passiert, was es weder im Russland der Zaren noch in der Sowjetunion je zuvor gegeben hatte: ein strategischer Rückzug, ohne dass dabei ein einziger Schuss fiel. Die sowjetische Armee hatte einen schicksalhaften Krieg gewonnen, den anschließenden Frieden aber verloren.

Schon im zaristischen Russland galt ein geflügeltes Wort, das zu einem ehernen Prinzip für russische Militärs wurde, letztlich auch übernommen von der Roten Armee: Wo immer auch ein russischer Soldatenstiefel den Boden berührt hat, da ist Russland, und es bleibt Russland. Diese Worte werden dem russischen General Sass, einem Baltendeutschen, zugeschrieben, der sich im Krieg gegen die Völker des Kaukasus durch besondere Brutalität hervorgetan hat. Der Kaukasus, vom Zarenreich im 18. und 19. Jahrhundert in einem blutigen Krieg gegen die dort lebenden Völker erobert, gilt bis heute als rechtmäßig erkämpftes Land.

Diese Denkweise, die sich über Generationen fortgepflanzt hat, findet sich letztlich in der Breschnew-Doktrin von 1968 wieder. Der Generalsekretär hatte die Doktrin der »eingeschränkten Souveränität« im November 1968 in Warschau verkündet, gewissermaßen eine nachträgliche Rechtfertigung für die sowjetischen Interventionen 1956 in Ungarn und im Sommer 1968 in der Tschechoslowakei. Und als Warnung für eventuelle künftige Abweichler. Moskau behielt sich damit das Recht vor, im »sozialistischen Lager« immer dann einzugreifen, wenn in einem der Staaten der Sozialismus bedroht ist, denn wenn »eine Gefahr für die Sicherheit der gesamten sozialistischen Staatengemeinschaft entsteht, ist das nicht nur ein Problem des betreffenden Landes«. Damit sollte letztlich die Dauerbesetzung Osteuropas legitimiert werden.[135]

Michail Gorbatschow hob dieses Verdikt 1985 am Rande der Beisetzungsfeierlichkeiten für seinen Vorgänger Konstantin Tschernenko auf. Er habe die anwesenden Parteichefs zu sich gebeten und ihnen mitgeteilt, dass von nun an jeder für die Geschicke seines Landes selbst verantwortlich sei, ebenso für die sich daraus ergebenden Konsequenzen. »Sie haben mir aber wohl nicht geglaubt«, sagte er mir, als wir uns nach dem Ende der Sowjetunion in seiner Moskauer Stiftung trafen. Er habe es ihnen nicht einmal übel nehmen können, »sie hatten ja ihre Erfahrungen«.

Drei Jahre später beerdigte er diesen Teil des Breschnew-

Erbes endgültig. Während seines Besuchs im neutralen Finnland sagte er, die Sowjetunion habe weder das moralische noch das politische Recht, sich in die Angelegenheiten der osteuropäischen Nachbarn einzumischen. Der Pressesprecher seines Außenministeriums, Gennadi Gerassimow, verkündete etwas scherzhaft die »Sinatra-Doktrin« für Osteuropa. »Sie kennen den Song von Frank Sinatra ›I Did It My Way‹? Ungarn und Polen gehen ihren eigenen Weg … Ich denke, die Breschnew-Doktrin ist tot.«[136]

Doch bereits Mitte der 1990er Jahre tauchte sie modifiziert wieder auf. Moskau unterteilte die Welt in das »ferne«, also das »richtige« Ausland, und in das »nahe Ausland«, womit die ehemaligen Sowjetrepubliken ohne das Baltikum gemeint waren. Russland betrachtet das »nahe Ausland« als seine Einflusszone, wo es spezielle russische Interessen zu wahren gilt.

## Traumabewältigung – Wie der Kreml Geschichte »gestaltet«

Zu sowjetischer Zeit kursierten wunderbare politische Witze. Breschnew, und damit die Zeit der wirtschaftlichen Stagnation und der Geschichtsumdeutung (nein, das Prinzip ist keine Erfindung Putins), war oft Gegenstand dieser Anekdoten. Eine davon geht so: KPdSU-Generalsekretär Breschnew wartet auf das für Ideologie zuständige Politbüro-Mitglied Suslow. Suslow verspätet sich, hat aber eine, wie er meint, gute Entschuldigung: »Genosse Generalsekretär, verzeihen Sie, aber ich war so sehr in Ihr großartiges Buch ›Das kleine Land‹ vertieft, da habe ich total die Zeit vergessen. Ein großartiges Buch, das Sie da geschrieben haben, diese geistige Tiefe, diese Aufrichtigkeit, diese sprachliche Meisterschaft …« Breschnew nickt wohlgefällig, gerade ist sein Buch *Malaja Semlja* veröffentlicht worden, das Lob seines Ideologie-Sekretärs gefällt ihm. »So, so, Suslow, du hast es also schon gelesen?« – »Aber ja, Genosse Breschnew, ich bin tief beeindruckt. Bitte entschuldigen Sie, wenn ich gleich wieder gehe. Ich will es unbedingt noch ein zweites Mal lesen.« Während Suslow eiligen Schritts das Arbeitszimmer verlässt, brummelt Breschnew vor sich hin: »Ein gutes Buch also? Na, wenn der intelligente Suslow das sagt, werde ich es wohl auch mal lesen müssen.«

Das angeblich von Breschnew selbst verfasste Buch »Das kleine Land« behandelt eine eher nebensächliche Episode des Großen Vaterländischen Krieges. Das Werk beschreibt in heroischem Ton die Rückeroberung eines von deutschen Truppen besetzten Brückenkopfes in einem kaum 30 Quadratkilometer großen Gebiet am Westufer der Zemess-Bucht am Schwarzen Meer, an der die Hafenstadt Noworossisk liegt.[137]

Breschnew diente dort 1943 als Politoffizier der 18. Armee. Bei den Kämpfen kam der damalige Oberst fast ums Leben. Die Ereignisse boten ihm später Stoff für insgesamt drei Bücher.[138] Dafür erhielt er den Lenin-Preis. An sich wäre dieser Vorgang kaum des Erwähnens wert. Doch er illustriert eine Zäsur in der offiziellen Betrachtung des Großen Vaterländischen Krieges, die in den 1970er Jahren von der KPdSU nach und nach durchgesetzt wurde: Aus einem Sieg, der begleitet war von Millionen tragischer Opfer, wurde ein Heldenepos gefertigt.

Mit Breschnews Herrschaftsbeginn begann die Kommunistische Partei diesen Tag öffentlich zu inszenieren und zu organisieren. Das sollte einem Imperium, in dem bereits die ersten Anzeichen des Zerfalls zu diagnostizieren waren, inneren moralischen Halt geben. Und dem Herrscher über das Imperium, dem Generalsekretär des Zentralkomitees der KPdSU und Vorsitzenden des Präsidiums des Obersten Sowjets – so der offizielle Titel – Glanz verleihen. Gleichzeitig diente der damals begonnene Kult der Legitimierung des kommunistischen Systems, an das niemand mehr so recht glauben wollte. Der Historiker Michail Sokolow erinnerte daran, dass der Tag des Sieges erst 1965 eingerichtet wurde, »als der Plan, den Kommunismus bis 1980 zu errichten, irgendwie von der Tagesordnung verschwand«.[139]

Rund 40 Jahre später ist dieser Tag zu einer gewaltigen Propagandaveranstaltung geworden, die weniger den einstigen Helden gewidmet ist, sondern der heutigen Führungsgruppe, die sich als Nachfolger der Veteranen im Kampf gegen einen aktuellen, angeblich immer stärker werdenden »Faschismus«

inszeniert. »Der 9. Mai«, so postulierte Wladimir Putin, Präsident des postsowjetischen Russland und erster russischer Staatsführer, der nach dem Krieg geboren wurde, kurz vor dem 70. Siegesjubiläum, »ist der Tag des Ruhmes, der Tag des Stolzes unseres Volkes, der Tag der höchsten Verehrung der Generation der Sieger.«[140]

Dieser offizielle Mythos vom glorreichen Sieg und des gefälschten Bildes des »Großen Vaterländischen Krieges« stehe im krassen Gegensatz zu den Schrecken und der Härte dessen, »was sie erlebt hatten, all die Grausamkeiten, Erschießungen von angeblichen Deserteuren, die Verurteilung Unschuldiger und vieles andere«, urteilt die russische Historikerin Irina Scherbakowa. Um keine Missverständnisse aufkommen zu lassen: Scherbakowa, die eine große Hochachtung für die Taten der Großväter empfindet, die sehr gut weiß, was deutsche Truppen in der Sowjetunion angerichtet haben, meint in diesem Falle die auf sowjetischer Seite verübten Untaten am eigenen Volk.[141]

Sie erinnert sich aber auch daran, dass sie selbst viele Tatsachen erst im Laufe der späteren Jahre mitbekommen habe, weil sie bis zum Zusammenbruch der Sowjetunion mit einem Tabu belegt waren. Scherbakowa musste gerade in jüngster Zeit erleben, wie »der Mythos vom glorreichen Sieg bei vielen Menschen die Erinnerung dominiert. Und die, die den wahren Krieg erlebt haben, wie mein Vater, die sind schon alle nicht mehr da.«[142]

Stattdessen geriet der Kult um den Siegestag zu einer »Quasi-Religion«, zur »wesentlichen Grundlage für den Zusammenhalt der Gesellschaft«. Der Sieg im Zweiten Weltkrieg wurde zu einem Grundstein bei der Herausbildung einer russischen nationalen Identität. Putin selbst spricht von der »heiligen Heldentat unseres Volkes«. Dieser Sieg wird intensiv ausgebeutet, um Unterstützung für das gegenwärtige politische Regime im Kreml zu mobilisieren, um sich als Großmacht zu präsentieren und eine Sonderrolle in Europa zu beanspruchen. Das russische Narrativ gründe sich auf »drei zentrale Mythen: auf die Macht, das Leiden und die Befreiung«, analysierte der polnische Historiker Oleksii Polegkyi.[143]

Der Mythos der Macht, so der Politologe, spielte und spiele für die russische Bevölkerung eine wichtige Rolle. Die Menschen hatten mit dem Zusammenbruch einen Schock erlitten. »Jetzt sind wir völlig bedeutungslos geworden, keiner rechnet mehr mit uns«, klagten in den 1990er Jahren selbst diejenigen meiner Freunde, die sich für die Perestroika Gorbatschows begeistert hatten. Dennoch waren es zunächst nur knapp 30 Prozent, die 1999 in Umfragen den Kollaps der Sowjetunion bedauerten. Putin, der versprach, das Land zu modernisieren und ihm mit »starker Hand« zu neuem Großmachtstatus zu verhelfen, erreichte die Trendwende im öffentlichen Bewusstsein. 2012 bedauerten schon 51 Prozent den Untergang der Sowjetunion, den der Kremlchef selbst als »größte Bevölkerungskatastrophe des 20. Jahrhunderts« bezeichnet hatte.

»Das Leiden ist die andere Seite des russischen Machtmythos«, glaubt Polegkyi. Er impliziere geradezu die Notwendigkeit, Opfer bringen zu müssen. »Das Hauptargument jener, die in Russland Stalin verteidigen, besteht darin, dass er den Krieg gewonnen und ein großes Land geschaffen hat, das wäre unmöglich zu erreichen gewesen, ohne dass Opfer gebracht wurden.« Erschreckend ist, dass heute auch viele junge Russen wieder der Meinung sind, Stalin habe Millionen Menschen töten oder »repressieren« müssen, um das Land zu retten, und sei damit schließlich auch erfolgreich gewesen.

In dem Zusammenhang wird selbst das Gulag-System einer Neubewertung unterzogen. Das verstaatlichte GULAG-Museum in Perm, zynisch in Museum der Mitarbeiter des Lagers umbenannt, meldete sich zum 55. Jahrestag des ersten Raumflugs (7. Oktober 1957) mit einer zynischen Erklärung zu Wort: »Was die Effizienz angeht, so haben sich die geheimen Forschungslabors im GULAG durchaus gelohnt. Sie konzentrierten talentierte Menschen an einem Ort und machten, dank ihrem Häftlingsstatus, eine Konkurrenz um Stellen zwischen ihnen unmöglich. Dies sorgte für glänzende Ergebnisse. Es sei festgestellt, dass eine große Anzahl von Erfindungen in diesen Labors gemacht worden war. Außerdem waren sie angesichts des heranrückenden Krieges ein guter Schutz vor Spionage und vor physischer Beseitigung führender sowjetischer Wissenschaftler durch feindliche Mächte. Arbeitserfolge führten zur Lockerung der Haftbedingungen und stellten die Aufhebung des Urteils in Aussicht.«[144] Nichts ist vom Terror gegen die Gefangenen zu lesen, von den vielen Toten dort.

Die Wirkungen derartiger Geschichtsverfälschungen bleiben nicht aus. Einer Umfrage des Lewada-Zentrums vom Dezember 2015 zufolge meinten 28 Prozent der Befragten, Stalin habe »mehr Gutes als Schlechtes« bewirkt, 45 Prozent sagten, beides halte sich die Waage und nur 16 Prozent glaubten, der Diktator habe mehr Schlechtes als Gutes bewirkt.

Eine für mich extreme Situation erlebte ich 2013 bei einem Treffen mit einem russischen Militärhistoriker, der gleichzeitig Geheimdienstmitarbeiter war. Er lobte die große Führungsstärke und die Genialität des »großen Führers« in unerträglicher Weise. Als ich darauf hinwies, dass der »geniale Führer« seine Sowjetarmee in den Jahren vor dem deutschen Angriff durch die massenhafte Erschießung der besten Offiziere extrem geschwächt hatte, winkte der Mann nur gönnerhaft ab: »Der Fehler bestand nicht darin, dass er die Leute hat erschießen lassen, Stalins Fehler bestand darin, dass es zu wenige waren.« Ich stand auf und ging.

Schließlich der Mythos von der Befreiung. Für die Deutschen, für die Europäer ist die Befreiung vom nationalsozialistischen Regime durch die sowjetischen Truppen zunächst kein Mythos, sondern eine dankbar anzunehmende Realität. Sie machte es möglich, dass wir heute nicht in einer faschistischen Diktatur leben müssen.

Seit dem Beginn des 21. Jahrhunderts, praktisch mit dem Amtsantritt Wladimir Putins und der immer deutlicher werdenden Absicht der politischen Elite Russlands, wieder eine größere Rolle in der Welt zu spielen und verloren gegangene Einflussgebiete zurückzugewinnen, verstärkten sich in Moskau die Versuche, den Sieg über Nazi-Deutschland zu instrumentalisieren. Der Anspruch auf eine Sonderstellung in Europa, auf die Kontrolle des »nahen Auslands«, wird begründet mit einer zunehmenden Mystifizierung und Russifizierung der siegreichen Befreiungsmission. Für den Sieg im »Großen Vaterländischen Krieg« hätte es die Ukraine nicht gebraucht, behauptete beispielsweise Wladimir Putin im russischen Fernsehen. »Wir hätten in jedem Falle gesiegt, denn wir sind das Land der Sieger.«[145]

Unangenehme Wahrheiten werden ausgeblendet oder je nach Konjunktur neu interpretiert. Kremlchef Putin lieferte dafür mit seinen sich widersprechenden Aussagen über den berüchtigten Hitler-Stalin-Pakt ein deutliches Beispiel. Nach einem EU-Russland-Gipfel im Mai 2005 erinnerte er auf Nachfrage einer estnischen Journalistin nach seiner Einschätzung des Molotow-Ribbentrop-Pakts mit seinem Geheimprotokoll daran, dass der Oberste Sowjet der UdSSR bereits 1989 eine eindeutige Antwort gegeben hatte. Die Abgeordneten hätten damals festgestellt, dass der Pakt »juristisch gegenstandslos« sei und er nicht »die Meinung des sowjetischen Volkes« ausdrücke. In einem Artikel für die polnische *Gazeta Wyborcza* verurteilte er 2009 den im August 1939 geschlossenen Molotow-Ribbentrop-Pakt nachdrücklich. »Heute verstehen wir, dass jede Form einer Verabredung mit dem Naziregime unter moralischen Gesichtspunkten unannehmbar war und keinerlei Perspektiven hatte«, schrieb der Kremlchef damals.[146]

Wie in anderen Fällen hatte auch dieses Präsidentenwort eine geringe Lebensdauer. Im November 2014 bewertete Putin den Pakt plötzlich als »charakteristisch« für die Methoden in der Außenpolitik jener Zeit. Im Übrigen könne er in dem damaligen Nichtangriffsvertrag zwischen der Sowjetunion und dem Deutschen Reich – zu dem das Geheimprotokoll über die Aufteilung Europas gehörte, das der Hitlerbande freie Hand zur Entfesselung des Krieges am 1. 9. 1939 ließ und Stalin den Einmarsch in Polen am 17. September 1939 ermöglichte – »nichts Schlechtes« sehen. Gerade die Polen hätten keinen Grund sich zu beschweren, hätten sie sich doch im Zuge der deutschen Okkupation des Sudetengebietes ihrerseits einen Teil der Slowakei einverleibt. 1939 habe sich Polen, so Putin zynisch, »ein Gentor« gefangen.[147] Heute wird in Russland derjenige bestraft, der behauptet, es habe den gemeinsamen sowjetisch-deutschen Überfall auf Polen überhaupt gegeben.

## Der Kremlchef übernimmt die Geschichts-
## schreibung

Die Kenntnisse über einige aus Sicht der russischen Führung unangenehme Tatsachen über die Kriegszeit sind in der russischen Bevölkerung denn auch nur schwach entwickelt. Nur 19 Prozent der Befragten wussten in einer Umfrage im Jahr 2014 etwas davon, dass die Rote Armee im September 1939 in Polen einmarschiert war. 63 Prozent glaubten, dass das nie passiert sei. Vier Jahre zuvor hatten 56 Prozent den sowjetischen Einmarsch geleugnet und 53 Prozent waren überzeugt, dass die Sowjetunion die baltischen Staaten im Jahr 1940 nicht okkupiert habe.[148]

Kremlchef Putin behält sich inzwischen die Interpretation der Geschichte selbst vor. Im April 2016 wurde die föderale Archivagentur (Rosarchiv) per Ukas der »persönlichen Leitung des Präsidenten Russlands« unterstellt. Das diene der »weiteren Vervollkommnung des Systems der staatlichen Leitung«, hieß es in dem Präsidenten-Erlass. In einem Gespräch mit dem Leiter von Rosarchiv, Andrej Artisow, begründete er seine Entscheidung anschließend noch mit dem Hinweis darauf, die bei Rosarchiv eingelagerten Dokumente stellten »einen besonderen Wert« dar. Den er offenbar niemandem als sich selbst anvertrauen wollte. Insgesamt besteht dieser »Schatz« aus rund 500 Millionen Akten. Indem er sich zum Oberaufseher der Behörde machte, hat der Präsident nun endgültig auch die alleinige Verfügungsgewalt über Russlands Vergangenheit.[149]

Kritische Nachfragen, Untersuchungen und Analysen werden als Versuche zur Geschichtsrevision diskreditiert, die die Rolle des Siegers schmälern sollen. Für derlei Versuche hat die Staatsduma im Mai 2014 einen neuen Paragrafen eingeführt, der die »Rehabilitierung des Nazismus« unter schwere Strafe stellt. Wer die Fakten und die Verbrechen leugnet, die der Nürnberger Prozess als erwiesen angesehen hat, wer – und hier wird es brisant – »lügenhafte Informationen über die Handlungen der UdSSR in den Jahren des Zweiten Weltkrieges« verbreitet, wird streng bestraft.

Werden dafür die Dienststellung und die Medien benutzt, kann die Strafe 500 000 Rubel betragen oder eine Haftstrafe bis zu fünf Jahren verhängt werden. 300 000 Rubel Strafe kostet die Verbreitung von Aussagen, die deutlich die »Nichtachtung« gegenüber den »Tagen des militärischen Ruhms und den Gedenktagen Russlands« ausdrücken, die mit der Verteidigung des Vaterlandes verbunden sind. Ebenso ist die »Entweihung von Symbolen des militärischen Ruhms Russlands« strafbar. Werden für derlei staatsfeindliche Aktionen die Medien oder das Internet benutzt, sind Strafen zwischen 400 000 und einer Million Rubel vorgesehen.[150]

Nichts darf dem offiziell verordneten, glorifizierten Geschichtsbild widersprechen, das nach dem Zusammenbruch der Sowjetunion 1991 zunächst erst einmal geeignet war, über den damit verbundenen Frust hinwegzukommen. Da helfen pompöse Inszenierungen zum Tag des Sieges schon. Sie wurden vor allem in Wladimir Putins dritter Amtszeit immer stärker verbunden mit dem althergebrachten sowjetischen Festungsdenken und der Einkreisungslegende: Alle sind gegen uns! Aber wir können sie besiegen!

Die massive Propaganda von der Bedrohung aus dem Ausland zeitigt ihre Wirkung. Man übt – von einer Minderheit abgesehen – den Schulterschluss im Lande, oder tut zumindest so. Die gelenkte, zugelassene Öffentlichkeit erfreut sich an den Drohungen des populistischen Nationalisten Schirinowski. Man habe den Deutschen ja schon einmal eine Lektion erteilt, wenn nötig könne das ja wiederholt werden, tönte er. Mit Beifall aufgenommen wurde seine »Anregung« im russischen Fernsehen, Russland sollte eine Atombombe auf Island werfen, um die Welt von der Macht Moskaus zu überzeugen.

Niemand sieht einen Widerspruch darin, wenn zum Tag des Sieges Luxuskarossen deutscher Produktion durch Moskau fahren, die mit dem Aufkleber »Nach Berlin!« versehen sind. Das russische Prekariat in der Provinz bemalt seine Fahrzeuge, ebenfalls meist deutsche Fabrikate, mit menschenverachtenden Sprüchen wie »Ich fahre einen Deutschen zum Erschießen« oder »Nach Berlin, eine Deutsche holen«. Natürlich sind das lediglich Auswüchse in kleinerer Zahl, deren Niveau dem vieler Pegida-Demonstranten in Deutschland entsprechen, die »Putin hilf!«-Transparente mit sich herumtragen.[151]

Wirkungsvoller, zumindest im propagandistischen Sinne, sind die seit einigen Jahren stattfindenden Vorbeimärsche am Siegestag. Landesweit Hunderttausende tragen dabei in Serie hergestellte Schilder mit den Porträts, auf denen angeblich ihre Großväter abgebildet waren, die am Krieg teilgenommen haben. Russische Blogger entlarvten die Aufmärsche, die als emotionale Erweckung gedacht waren und die von vielen einfachen Menschen auch ehrlichen Herzens in Erinnerung an die Opfer in der eigenen Familie besucht wurden, dennoch als Propagandashow: Viele der Demonstranten seien für ihre Teilnahme bezahlt worden, und die Schilder, die sich nach dem Vorbeimarsch in irgendwelchen Ecken stapelten, zeugten auch nicht gerade von der Aufrichtigkeit der Veranstaltungsteilnehmer. Zynisch spielt hier ein staatlich organisierter Propagandaapparat mit den Gefühlen der Menschen und missbraucht historische Ereignisse zur ideellen Aufrüstung des Landes.

Einen Gipfel der Absurdität erreichte diese vom Kreml inszenierte Show mit dem Auftritt von Natalja Poklonskaja, die inzwischen in der Duma sitzt. Die Staatsanwältin der Krim marschierte in Sewastopol in der ersten Reihe, ein Porträt von Zar Nikolai II. in den Händen haltend. Was denn, ätzte die russische Bloggerszene, ist der Zar ihr Großvater? Hat er im Großen Vaterländischen Krieg gekämpft?

Der Auftritt der Poklonskaja auf der Krim war indes mehr als nur die Verirrung einer Russland treu ergebenen Seele. Er signalisierte den Beginn einer Geschichtsumdeutung ganz besonderer Art: Zarentum und Kommunismus sollen, so sonderbar das auch klingen mag, in der vergesslichen Generation der Urenkel miteinander versöhnt werden. Die offizielle russische Geschichtspolitik arbeitet dem Historiker und Russlandkenner Professor Karl Schlögel zufolge an einem Narrativ, »in dem ein General der weißen Konterrevolution wie Anton Denikin und Wladimir Lenin, der Kopf des Bolschewismus, zusammengebracht werden können«.[152]

Erste Umbenennungen haben ebenfalls schon begonnen. Die Moskauer staatliche Universität für das Eisenbahnwesen, die früher den Namen Stalins trug, heißt seit Februar 2016 wieder »Universität des Imperators Nikolai II.«

# Mythen der Osterweiterung

> Geschichte ist die Wahrheit, die zur Lüge wird.
> Der Mythos ist eine Lüge, die zur Wahrheit wird.
>
> *Jean Cocteau*

»Heimtückisch und draufgängerisch«, so sei sie, die Nato. Wortbrüchig habe sie sich »mit ihren Kanonen bis an unsere Staatsgrenzen vorgebohrt«. Wiktor Baranez, der Militärkommentator der Boulevardzeitung *Komsomolskaja Prawda* (Komsomolzen-Wahrheit) benutzte eindrucksvolle Worte, als er deutschen Journalisten gegenüber begründete, warum das westliche Bündnis unmöglich noch als Partner angesehen werden könne.[153]

Oberst a. D. Wiktor Baranez, der als Sprecher des Verteidigungsministeriums in der Jelzin-Ära schon mal bessere Zeiten gesehen hatte, drückte damit die Empfindungen aus, die gewissermaßen die »Geschäftsgrundlage« für das Denken im russischen Offizierskorps, in der Politik und den gleichgeschalteten Medien nicht erst seit der Ukraine-Krise bildet. Wiktor Baranez hatte ich bereits im Jahr 2005 kennengelernt. Wir trafen uns zufällig bei einem kleinen Umtrunk im Moskauer Büro des ZDF, das hin und wieder seine Dienste als Militärexperte in Anspruch nahm. Irgendwann im Verlaufe des Abends gestand er mir unter vier Augen, dass er genau wisse, für wen er da schreibe. Seine Rolle beim Moskauer Krawall-Blatt – die *BILD*-Zeitung erscheint dagegen als Hort sachlicher Argumentation – war ihm offenbar doch ein wenig peinlich. »Aber«, seufzte er und blickte mir Verständnis heischend tief in die Augen, »was bleibt mir weiter übrig, ich habe eine Familie zu ernähren.« Sein Unwohlsein bezog sich freilich nur auf die Machart seines Yellow-Press-Blattes, nicht auf die Legende, an deren Ausgestaltung er selbst eifrig mitwirkte.

## Der Mythos vom Verzicht auf die Osterweiterung

Ein Mythos geht um in Russland, der bis heute von den dortigen politischen und militärischen Eliten, aber auch von sogenannten »Russlandverstehern« im Westen beschworen und durch ständige Wiederholung am Leben erhalten wird. Es ist der Mythos vom angeblichen Versprechen amerikanischer und deutscher Politiker, die Nato nicht über die Oder-Neiße-Linie hinaus nach Osten auszudehnen. Dass dies dennoch geschehen ist, dient ihnen bis heute als Beleg dafür, dass Russland von der Nato betrogen wurde, als nach und nach zwölf osteuropäische Staaten in das westliche Bündnis aufgenommen wurden – und als Rechtfertigung dafür, dass Moskau sich verhält, wie es sich verhält.

Doch dieses Versprechen hat es so nie gegeben, auch wenn es von vielen vermeintlichen Kennern der Materie als unumstößliche Wahrheit verbreitet wird. Die FAZ schrieb in diesem Zusammenhang gar von einem »Nato-Gelöbnis von 1989, keine Basen würden je in sowjetischen Ex-Satellitenstaaten stationiert« werden.[154]

Tatsache ist zunächst, dass es keine schriftlich festgehaltene Abmachung zwischen der Nato und der damals noch existierenden Sowjetunion darüber gibt. Das müssen selbst die Anhänger der Betrugsthese einräumen. Dagegen werden deutsche, aber auch amerikanische Politiker zitiert, deren Äußerungen aus den Jahren 1989 und 1990 den Verzicht des nordatlantischen Bündnisses auf die Osterweiterung belegen sollen. »Einige westliche Analytiker und frühere Offizielle, einschließlich Jack F. Matlock, der 1990 der US-Botschafter in der Union der Sozialistischen Sowjetrepubliken (UdSSR) war, bestätigen diese Ansicht und argumentieren, dass Gorbatschow »ein klares Versprechen« erhalten habe, »dass, wenn Deutschland vereinigt ist und in der Nato bleibt, die Grenzen der Nato sich nicht ostwärts bewegen«.[155]

Russlands Verhalten heute – insbesondere der Krieg gegen Georgien, die Annexion der Krim und der verdeckte Krieg in der Ostukraine – ist den Anhängern der These zufolge ein Resultat dieses Betruges. Moskau sichere lediglich legitime russische Interessen. Die Hauptschuld an der Krise trügen deshalb »die USA und ihre europäischen Verbündeten. An der Wurzel des Konflikts liegt die Nato-Osterweiterung, Kernpunkt einer umfassenden Strategie, die Ukraine aus der russischen Einflusssphäre zu holen und in den Westen einzubinden. Dazu kamen die EU-Osterweiterung und die Unterstützung der Demokratiebewegung in der Ukraine durch den Westen, beginnend mit der Orangenen Revolution 2004«, argumentierte der amerikanische Historiker und Politologe John J. Mearsheimer.[156]

Amerikanische Beobachter und Politiker, die direkt in den damaligen Verhandlungsprozess involviert waren, sehen das anders. Sowohl der damalige Präsident George H. W. Bush, als auch dessen Sicherheitsberater Brent Scowcroft und Außenminister James A. Baker widersprachen der Mearsheimer-Interpretation vehement und verwiesen darauf, dass das Thema einer möglichen Nato-Osterweiterung kein Gegenstand der Verhandlungen mit Moskau über die deutsche Wiedervereinigung war. Und schon gar nicht habe es ein »Versprechen« der USA in diesem Zusammenhang gegeben.[157]

Michail Sergejewitsch Gorbatschow, damals Präsident der Sowjetunion und naturgemäß tief involviert in die Vorgänge, bestätigte das in seinen Erinnerungen. Auf die Frage, ob es also ein Mythos sei, dass er vom Westen betrogen wurde, bestätigte Gorbatschow im November 2014 einer deutschen Wochenzeitschrift: »Ja, das ist tatsächlich ein Mythos. Da hat die Presse ihre Hand im Spiel gehabt.«[158]

Das hinderte ihn allerdings nicht, an anderen Orten zu anderen Zeiten Gegenteiliges zu behaupten. Aber in seinen Erinnerungen, veröffentlicht Mitte der 1990er Jahre, als das Gedächtnis noch frisch war, vermittelt das einstige sowjetische Staatsoberhaupt ein klares Bild. Beim Treffen des US-Außenministers James Baker mit dem sowjetischen Präsidenten am 9. Februar 1990 in Moskau, bei dem es einzig und allein um die deutsche Wiedervereinigung in einem stabilen europäischen Umfeld ging, habe der amerikanische Außenminister erklärt, weder Bush noch er selbst wollten sich »irgendwelche einseitigen Vorteile aus den Ereignissen verschaffen«, schreibt Gorbatschow dort. Dabei wandte Baker sich definitiv gegen eine

Neutralität des vereinten Deutschlands. Diese Variante war auch von Hans Modrow, dem vorletzten Regierungschef der DDR, ins Gespräch gebracht worden. Gorbatschow gibt Bakers Argumente so wieder: Ein neutrales Deutschland stelle die Präsenz der USA in Europa infrage. Die Neutralität Deutschlands würde den Mechanismus, der diese Präsenz gewährleistet, zerstören – die Nato. Niemand wolle jedoch, dass die USA sich aus Europa zurückziehen.[159]

Zudem wollte niemand in Europa, weder Frankreich noch Großbritannien, weder Polen noch die Tschechoslowakei, ein neutrales wiedervereinigtes Deutschland. Denn »neutral« bedeutete in ihren Augen auch »unkontrolliert«. Der Gedanke rief eingedenk der deutschen Vergangenheit zu dem Zeitpunkt Unbehagen bei vielen europäischen Staaten hervor.

Gorbatschow dazu wörtlich: »Ich stimmte ihm (Baker – M. Q.) zu, dass die militärische Präsenz der USA in Europa in der gegenwärtigen Etappe eine stabilisierende Rolle spiele, und betonte, dass die UdSSR im Zusammenhang mit der Wiedervereinigung Deutschlands nicht den Abzug der amerikanischen Streitkräfte fordere. Sofort erklärte Baker feierlich, dass – ich zitiere aus dem Stenogramm – ›die Jurisdiktion und militärische Präsenz der Nato nicht um einen einzigen Zoll in Richtung Osten ausgedehnt wird … Unserer Auffassung nach müssen die Konsultationen und Diskussionen im Rahmen des Zwei-plus-Vier-Mechanismus Garantien dafür liefern, das die Vereinigung Deutschlands nicht zur Erweiterung der militärischen Organisation der Nato in Richtung Osten führt.‹«[160]

Daraus geht eindeutig hervor, dass alle im Verlaufe der Zwei-plus-Vier-Verhandlungen besprochenen Probleme sich ausschließlich auf Deutschland bezogen. Bei dem Treffen Gorbatschows mit Bush und Baker im Mai 1990 im Weißen Haus in Washington wurde das noch eindeutiger formuliert: Der Sowjetunion wurde »versichert, dass in der DDR im Verlaufe einer begrenzten Periode keinerlei Nato-Truppen sein werden«.[161]

Im Vertrag schließlich wurde – mit Zustimmung der Sowjetunion – dem vereinten Deutschland später die freie Wahl seiner Bündnisse zugestanden. Die Formulierung dafür, die letztlich den Durchbruch für die deutsche Wiedervereinigung bedeutete, fanden Gorbatschow und Bush bei dem bereits erwähnten Besuch des sowjetischen Präsidenten in Washington. Gorbatschow erinnerte sich an eine »dramatische Auseinandersetzung«, die »schließlich doch mit Einvernehmen« endete, wie er in seinen »Erinnerungen« festhielt.

Sie endete einvernehmlich, weil Gorbatschow seinen Widerstand gegen eine Nato-Mitgliedschaft des künftigen, geeinten Deutschlands aufgab. Die USA und die Sowjetunion sollten gemeinsam dafür eintreten, »dass Deutschland selbständig über die Mitgliedschaft in einem Bündnis entscheiden soll«, regte der sowjetische Partei- und Staatschef an. Bush konterte: »Ich würde eine etwas andere redaktionelle Fassung vorschlagen: Die USA plädieren eindeutig für die Mitgliedschaft des vereinten Deutschlands in der Nato, wenn Deutschland jedoch eine andere Wahl trifft, werden die USA nicht dagegen einschreiten, sondern diese respektieren.« Gorbatschows Antwort: »Ich erklärte mich mit dieser Formulierung einverstanden.«[162]

Solange sowjetische Truppen in Deutschland stationiert waren, durften allerdings nur Kräfte der Territorialverteidigung ohne Bündniszugehörigkeit auf ehemaligem DDR-Gebiet stationiert sein. Erst nach dem Abzug der sowjetischen Truppen, die 1994 zurückgeführt wurden, »können in diesem Teil Deutschlands auch deutsche Streitkräfteverbände stationiert werden, die in gleicher Weise militärischen Bündnisstrukturen zugeordnet sind wie diejenigen auf dem übrigen deutschen Hoheitsgebiet, allerdings ohne Kernwaffenträger. Darunter fallen nicht konventionelle Waffensysteme, die neben konventioneller andere Einsatzfähigkeiten haben können, die jedoch in diesem Teil Deutschlands für eine konventionelle Rolle ausgerüstet und nur dafür vorgesehen sind.« Und dann folgt der wesentliche Punkt: »Ausländische Streitkräfte und Atomwaffen oder deren Träger werden in diesem Teil Deutschlands weder stationiert noch dorthin verlegt.«[163] Genau das hatte Baker mit seiner Bemerkung »Nicht um einen einzigen Zoll nach Osten« gemeint.

Der deutsche Außenminister Hans-Dietrich Genscher hatte zwar, das geht aus später veröffentlichten Akten des Auswärtigen Amtes hervor, zunächst einen anderen Standpunkt vertreten. Seinem sowjetischen Amtskollegen Eduard Schewardnadse versicherte er am 10. Februar 1990, dass er, Genscher, die Absage an eine Ausdehnung der Nato nach Osten nicht nur auf das Territorium der noch existierenden DDR beziehe. Er wollte das auch »ganz generell« verstanden wissen.[164]

Genscher ging damit weit über das hinaus, was US-Außenminister James Baker am 9. Februar und tags darauf Bundeskanzler Helmut Kohl in Gesprächen mit Michail Gorbatschow zusagten. Entscheidend war indes die Haltung von US-Präsident George H. W. Bush. Der dachte gar nicht daran, der Sowjetunion eine derart umfassende Zusage zu geben, und er setzte sich damit durch. Es gab folglich kein Versprechen in dem Zusammenhang, das hätte gebrochen werden können.

Michail Gorbatschow bestätigte dem Westen Mitte der 1990er Jahre Vertragstreue. Der Vertrag (Zwei-plus-Vier) »wurde in vollem Umfang erfüllt. Das gilt sowohl für die Zeit des Aufenthalts der sowjetischen Streitkräfte auf dem Gebiet der früheren DDR als auch für die Zeit nach ihrem Abzug.«[165]

25 Jahre nach den damaligen Verhandlungen bekräftigte Gorbatschow noch einmal, was sich 1990 tatsächlich zugetragen hat. Die Internetzeitung *Russia behind the Headlines* (RBTH), die von der offiziellen Zeitung der russischen Regierung *Rossijskaja Gaseta* gesponsert wird, fragte ihn höchst absichtsvoll: »Haben Sie später nicht das Gefühl bekommen, von Ihren westlichen Partnern belogen worden zu sein, als die ihre weiteren Pläne in Osteuropa umsetzten? Warum haben Sie nicht darauf bestanden, dass die Versprechen – insbesondere US-Außenminister James Baker hatte versprochen, die Nato würde sich nicht nach Osten ausdehnen – vertraglich festgeschrieben werden? Ich zitiere Baker: Die Nato wird sich keinen Zoll weit nach Osten bewegen (Nato will not move one inch further east).«[166]

Gorbatschows Antwort: »Der Tagesordnungspunkt Nato-Erweiterung wurde überhaupt nicht diskutiert, und er wurde in diesen Jahren auch nicht behandelt. Ich sage das in voller Verantwortlichkeit. Kein anderes osteuropäisches Land hat dieses Problem angesprochen, nicht einmal nach der Zerstörung des Warschauer Vertrages 1991. Die westlichen Leader haben es ebenfalls nicht getan.« Er wies die immer wiederkehrenden Vorwürfe zurück und riet den russischen Journalisten, »porträtieren Sie doch den Gorbatschow und die damaligen sowjetischen Spitzenpolitiker nicht als naive Leute, die der Westen um den Finger gewickelt hat. Wenn etwas naiv war, dann war das später, als das Problem akut wurde. Russland hat das nicht von Beginn an zurückgewiesen.« Die Entscheidung zur Osterweiterung sei in der Nato dann 1993 gefallen, behauptet Gorbatschow. Das sei »ein großer Fehler und definitiv eine Verletzung des Geistes der Statements und Versicherungen, die man uns gegenüber 1990 gemacht hat«.[167]

Dieser von Gorbatschow beschworene »Geist« hat in keinem Vertrag, in keinem Papier seinen Niederschlag gefunden. Er hatte zunächst auch gar nicht existiert, sondern wurde in Moskau erst später »entdeckt«. Das einzig relevante Dokument zu diesem Thema aus dieser Zeit, der Zwei-plus-Vier-Vertrag über die deutsche Einheit, enthält lediglich diesen Hinweis: »Ausländische Streitkräfte und Atomwaffen oder deren Träger werden in diesem Teil Deutschlands (dem Territorium der DDR) weder stationiert noch dorthin verlegt.« Der deutsche Historiker Professor Heinrich August Winkler, einer der profundesten Kenner der deutschen Geschichte, kommt denn auch zu dem eindeutigen Schluss: »Die in letzter Zeit häufig wiederholte und auch von Putin aufgestellte Behauptung, die Nato habe ihr Versprechen gebrochen, sich nicht nach Osten auszudehnen, ist eine historische Legende.«[168]

## Eine »unsterbliche« Legende

Die alte Legende lebt, und es wird an ihr bis heute kräftig gestrickt. So wollte der ehemalige sowjetische Außenminister Alexander Bessmertnych in einer *Panorama*-Sendung der ARD im Sommer 2016 den Zuschauern weismachen, es sei damals eine Formel gefunden worden: »Die Mitgliedschaft Deutschlands in der Nato unter der Bedingung, dass es keine weitere Nato-Osterweiterung geben wird.« Auch er sprach von Bakers »kein Inch nach Osten«, doch der bestritt die Bessmertnych-Version. Die Sowjetunion habe der deutschen Nato-Mitgliedschaft auch in späteren Treffen eindeutig zugestimmt. Es habe zudem die klare Festlegung Gorbatschows gegeben, jedes Land könne sich künftig das Bündnis selbst aussuchen, dem es angehören möchte. »Am Ende zahlte die Bundesrepublik Deutschland den Sowjets viele Milliarden D-Mark und bekam dafür die Zustimmung zur deutschen Wiedervereinigung. Die Sowjets haben ja im September 1990 sogar einen Vertrag unterschrieben, der Deutschland ermöglichte, Nato-Mitglied zu sein«, sagt Baker im Interview mit *Panorama*. »Wie können sie da jetzt – 25 Jahre später – hergehen und behaupten, dass ihnen versprochen wurde, die Nato werde nicht nach Osten ausgedehnt? Das hat mit den Fakten nichts zu tun. Es ist einfach nicht wahr.«[169]

Die Legende erweist sich indes als sehr lebendig. Für ihre Anhänger hat sie längst den Charakter einer historischen Wahrheit angenommen, mit der sie Russlands damalige angebliche »Erniedrigung« zu begründen und seine heutigen Handlungen zu rechtfertigen suchen. Auch die *Panorama*-Sendung war auf dem »Demütigungs-Pfad« und fragte absichtsvoll und wohl nur rhetorisch: »War die Ausdehnung der Nato bis ins Baltikum, war das Ansinnen, auch die Ukraine und Georgien in das nordatlantische Bündnis aufzunehmen, überhaupt richtig?«[170] Eine erstaunliche Frage, nachdem Russland die Krim okkupiert hatte und in der Ostukraine Krieg führte.

Noch in der ersten Hälfte der 1990er Jahre konnte man in Moskau mit dem Erreichten noch ganz gut leben. Russische Kritiker des Zwei-plus-Vier-Vertrages warfen Gorbatschow zwar vor, er hätte die Positionen »zu billig« aufgegeben. Zwölf Milliarden D-Mark und weitere drei Milliarden als zinsloser Kredit seien dem »Opfer«, das die Sowjetunion angeblich zu bringen hatte, nicht angemessen, moserten sie, allen voran Walentin Falin, Exbotschafter in Bonn und einst einflussreicher Leiter der Abteilung Internationale Verbindungen im ZK der KPdSU. Doch die Kritiker übersahen zwei wichtige Aspekte: In der damaligen politischen Gesamtkonstellation waren sowjetische Besatzungstruppen in Osteuropa nicht mehr haltbar. Zudem konnte sich die Sowjetunion, die wirtschaftlich auf dem letzten Loch pfiff, den Unterhalt seiner Westgruppe und der Kontingente in den anderen osteuropäischen Staaten überhaupt nicht mehr leisten.

Grundsätzlich indes gab es zu dem Zeitpunkt zunächst keine Einwände gegen das Verhandlungsergebnis. Auch nicht vom Rechtsnachfolger der Sowjetunion, der Russischen Föderation. Erst nach und nach, als die nunmehr souverän gewordenen osteuropäischen Staaten Interesse an einer Nato-Mitgliedschaft bekundeten, erhoben sich in den politischen, vor allem aber den militärischen Eliten Stimmen, die da meinten: So hatten wir das nicht gewollt! Gorbatschow stellte sich damals selbst die Frage, ob die sowjetische Führung seinerzeit nicht einen Fehler begangen habe, als sie die Nato-Erweiterung nach Osten nicht in die Debatte einbrachte. Seine Antwort lautete: Nein. »Unsere Forderung war in Bezug auf das Gebiet der DDR völlig richtig. Damals jedoch die Forderung nach Nichterweiterung der Nato in Richtung Osten zu erheben, wäre eine absolute Dummheit gewesen, da zu diesem Zeitpunkt die Nato und der Warschauer Pakt existierten!«[171]

In der Tat wäre es aus Sicht des ersten Mannes der Sowjetunion und der damals noch allgewaltigen kommunistischen Partei eine Rieseneselei gewesen, hätte man sich auf derlei Garantien, wenn sie denn angeboten worden wären, ernsthaft eingelassen. Denn ein solches Angebot hätte natürlich impliziert, dass der Westen sowohl dem Warschauer Pakt als auch der Sowjetunion nur noch eine kurze Lebenszeit voraussagen würde. Nur nach deren Ableben wäre ja eine Nato-Mitgliedschaft von Bruchstücken des östlichen Imperiums realisierbar geworden. Eine Vorstellung, die für Gorbatschow natürlich undenkbar war.

Gerade weil die ersten Brüche im System längst sichtbar waren, konnte und wollte er keine Vorkehrungen für die Zeit danach treffen. Zumal er wenige Monate nach dem Treffen mit Baker im Sommer 1990 als KPdSU-Generalsekretär wiedergewählt werden wollte. Die Vorstellung, er hätte seinen Genossen auf dem Parteitag in Moskau vermeldet, dass – die schlechte Nachricht – die UdSSR irgendwann zerfalle, aber – die gute Nachricht – die Nato die Bruchstücke nicht aufklauben werde, kann nur mit einem Gorbatschow-Wort charakterisiert werden: »Absurd!«

In Deutschland sollten sich diejenigen, die lautstark den sogenannten Wortbruch beklagen, doch noch einmal gedanklich in diese Zeit zurückversetzen. Insbesondere im linken politischen Spektrum, aber auch bei den gestandenen »Anti-Atlantikern« wäre der indirekte Hinweis auf einen möglichen Zerfall der Sowjetunion und des Warschauer Paktes damals mit einem dröhnenden »Provokation« beantwortet und mit Abscheu und Empörung zurückgewiesen worden.

Und schließlich konnten weder Baker noch Genscher, Kohl oder US-Präsident Bush allein derartige Versprechen abgeben. Innerhalb der Nato existieren sehr genaue Spielregeln, was die Aufnahme neuer Mitglieder angeht. Grundsätzlich kann kein Land a priori von einer Mitgliedschaft ausgeschlossen werden. In Artikel 10 des Nordatlantikvertrages heißt es dazu: »Die Parteien können durch einstimmigen Beschluss jeden anderen europäischen Staat, der in der Lage ist, die Grundsätze dieses Vertrags zu fördern und zur Sicherheit des nordatlantischen Gebiets beizutragen, zum Beitritt einladen.« Die Betonung liegt auf Einstimmigkeit.[172]

Russlands Präsident Putin mit seinem laxen Verhältnis zu Vereinbarungen und Verträgen versteht das alles nicht. Er habe »schon tausendmal« von dem freiwilligen Beitritt der Osteuropäer gehört, sagte er ungehalten in einem Zeitungsinterview im Januar 2016. »Natürlich hat jeder Staat das Recht, seine Sicherheit so organisieren zu wollen, wie er das für richtig hält. Aber die Staaten, die schon in der Nato waren, die Mitgliedsstaaten, hätten doch auch ihren eigenen Interessen folgen können – und auf eine Expansion nach Osten verzichten können.« Dazu hätte es nur den politischen Willen gebraucht, beklagte er sich. »Die Nato und die USA wollten den vollen Sieg über die Sowjetunion. Sie wollten allein auf dem Thron in Europa sitzen – aber da sitzen sie nun, und wir reden über die ganzen Krisen, die wir sonst nicht hätten.«[173]

Gemeint waren offensichtlich die Krisen, die er selbst in den vergangenen Jahren vom Zaune gebrochen hat, weil Moskau nicht mit auf dem Thron sitzen durfte und sich die alten Machtverhältnisse in Europa einfach nicht wiederherstellen lassen. Zudem konnte der Westen Russland, als es um die Nato-Mitgliedschaft der ostmittel- und südosteuropäischen Staaten ging, aus prinzipiellen Erwägungen heraus kein Vetorecht zubilligen.

»Die friedlichen Revolutionen von 1989 hatten die Ordnung von Jalta, die im Februar 1945 von den Großen Drei, den USA, der Sowjetunion und Großbritannien, verfügte Teilung Europas zum Einsturz gebracht. Die westlichen Demokratien hätten sich um jede Glaubwürdigkeit gebracht, wenn sie sich russischen Forderungen gebeugt hätten, die auf eine Neuauflage der Breschnew-Doktrin von der beschränkten Souveränität der Warschauer-Pakt-Staaten hinausliefen«, so der Historiker Heinrich August Winkler.[174]

## Osterweiterung? Selbstbestimmungsrecht der Osteuropäer!

Es muss irgendwann zwischen Herbst 1990 und Sommer 1991 gewesen sein. Die *Berliner Zeitung*, bei der ich als Redakteur in der Abteilung Außenpolitik beschäftigt war, hatte bereits den Besitzer gewechselt. Der Hamburger Verlag Gruner & Jahr hatte den Berliner Verlag und damit auch die Zeitung gekauft. Eines schönen Tages flatterte eine Einladung aus Brüssel ins Haus. Die Nato wollte sich einer Gruppe ostdeutscher Journalisten präsentieren in der richtigen Annahme, dass man in der Noch-DDR gegenüber der nordatlantischen Allianz – vorsichtig ausgedrückt – Vorbehalte hatte. Der Besuch in Brüssel und im nahegelegenen Nato-Hauptquartier war interessant, zumal es für viele die erste Dienstreise in den »Westen« war. Freundlich wurden wir herumgeführt, sogar Nato-Generalsekretär Manfred Wörner nahm sich Zeit für uns, denen das Misstrauen aus allen Knopflöchern quoll. Geduldig wurde uns die Rolle der Nato erklärt, die immer mehr in eine politische hinüberwachse. Keineswegs sei die Allianz aggressiv, sie erfülle vielmehr Aufgaben der Friedenssicherung. Und sie werde auch weiter gebraucht, obwohl der Kalte Krieg vorbei sei. Diese Botschaft hörten wir wohl, allein es fehlte uns der rechte Glaube.

Wieder zurück in der Redaktion, schrieb ich einen Artikel, in dem ich durchaus Zweifel an der Existenzberechtigung und der Sinnhaftigkeit der nordatlantischen Allianz ausdrückte. Dabei mag eine Rolle gespielt haben, dass ich in den 1970er

Jahren als NVA-Wehrpflichtiger bei Stabsübungen, nach einem angenommenen Angriff der Nato-Truppen, mit der 9. NVA-Panzerdivision mehrfach Hamburg und Flensburg auf dem Papier eingenommen hatte. Wir Soldaten hielten derlei Kriegsspiele zwar für Unsinn. Aber unabhängig davon war das westliche Bündnis für mich damals eine unerfreuliche, und ja, auch bedrohliche Erscheinung. Für mich wäre es zu Beginn der 1990er Jahre logisch und richtig gewesen, hätte man die Organisation aufgelöst.

Im Verlaufe der nächsten Monate und Jahre begann sich meine Meinung zu verändern. Ich beobachtete, wie sehr es die einstigen »Bruderländer« in die Nato zog. Dort sahen sie ihre Sicherheit als unabhängige osteuropäische Staaten nach der Auflösung des Warschauer Vertrages in den besseren Händen. Polen, Ungarn, Tschechien, die Slowakei, Rumänien, Bulgarien wollten schnellstmöglich von ihrem Recht auf Selbstbestimmung Gebrauch machen und drängten in das nordatlantische Bündnis. Diesen Wunsch musste ich, unabhängig von meinen damaligen Befindlichkeiten, respektieren.

Und nüchtern betrachtet, war dieser Wunsch überaus verständlich. Diese Länder waren 45 Jahre lang als sowjetische Kriegsbeute behandelt worden, waren von Marionettenregimes beherrscht worden und hatten sehnsüchtig auf die Rechte und Freiheiten geschaut, die es jenseits des »Eisernen Vorhangs« gab, auch wenn da viele Illusionen hineingespielt haben mögen. Die knallharte Realität daheim, geprägt von einem zwangsweise verordneten Sowjetsystem, war indes das, was sie überwinden wollten.

Dass diese Entwicklung geopolitischen Absichten der USA nach dem Zerfall des Warschauer Pakts und dann auch noch der Sowjetunion in die Hände spielte, bleibt unwidersprochen. Nur – warum sollten die Osteuropäer in der Situation ihre eigenen Interessen, die in einem Nato-Beitritt bestanden, hintanstellen? Sie hatten Erfahrungen gemacht, die sie in eben diese Richtung führten. Sie glaubten nicht daran, dass die Führungskaste in Moskau plötzlich ihr gesamtes geistiges Rüstzeug aus sowjetischer Zeit über Bord geworfen hatte und sie künftig unbehelligt lassen würde. Es bekümmerte sie also wenig, dass

Moskau seinerseits begann, sich unbehaglich zu fühlen und mit der Erstarkung seiner Wirtschaft die Konfrontation suchte.

Die hätte es in jedem Falle gegeben, glaubt Fjodor Lukjanow, Präsidiumsvorsitzender des russischen Rates für Außen- und Verteidigungspolitik. »Stellen wir uns vor, dass Ost- und Mitteleuropa außerhalb der Allianz (gemeint ist die Nato – M. Q.) geblieben wäre … höchstwahrscheinlich wäre es trotzdem zum geopolitischen Konflikt zwischen Russland und dem Westen gekommen, allerdings nicht auf dem Territorium der Ukraine, sondern weiter westlich …«[175] So gesehen haben Polen, Tschechien, die Slowakische Republik, Ungarn und andere osteuropäische Staaten also Glück gehabt. Ohne ihren Nato-Beitritt wären sie möglicherweise inzwischen zum Kriegsgebiet geworden.

## Osteuropas Marsch nach Westen

Ab 1988 / 89 begannen der DDR die Bürger massenhaft davonzulaufen. Sie hatten Unterdrückung und Bevormundung satt, sie konnten mehrheitlich nichts Anziehendes in der sowjetischen Lebensweise erkennen, für sie war die Sowjetunion alles andere als das Land ihrer Träume. Wenngleich Michail Gorbatschow zeitweilig zu ihrem Helden wurde. »Gorbi, hilf!« stand auf Plakaten der Demonstranten, die sich nach einem Leben in Freiheit und Wohlstand sehnten, nach Lebensverhältnissen, von denen das Land des vermeintlichen Retters zu dem Zeitpunkt weiter entfernt war als jedes westeuropäische. Dieser Prozess mündete in der Vereinigung, die Nato-Mitgliedschaft von Gesamtdeutschland wurde schließlich auch von der Sowjetunion anerkannt.

Für die osteuropäischen Staaten begann ebenfalls eine neue Zeitrechnung. Am 1. Juli 1991 löste sich der Warschauer Pakt, die sowjetisch dominierte Militärorganisation der Ostblockstaaten, widerstandslos auf. Interessanterweise arbeiten Leute wie Generaloberst Anton Terentjew, Exstaatschef der Westgruppe der Truppen, auch hier an einer Legende. Die »einseitige Auflösung des Warschauer Vertrages« sei eine »Geste des guten Willens« gegenüber dem Westen gewesen, behauptete er.[176] Als Folge habe man Bündnisgenossen verloren. Die gingen allerdings freiwillig von Bord. Und da der Sowjetstaat wirtschaftlich und politisch am Ende war, hatte er der Auflösung nur noch zustimmen können.

Im Dezember des gleichen Jahres beendete die Union der Sozialistischen Sowjetrepubliken ihre Existenz. Am 25. Dezember wurde die Sowjetfahne auf dem Kreml eingeholt. Michail Gorbatschow, der sowjetische Präsident, verließ widerspruchslos seinen Amtssitz.

Für die Osteuropäer war der Weg zu einer Neuorientierung frei. Sie wählten den Westen, was die Europäische Union und die Nato einschloss. Kein einziges dieser Länder kam auch nur auf den Gedanken, den Warschauer Vertrag am Leben erhalten zu wollen oder sich später der russisch dominierten Gemeinschaft Unabhängiger Staaten (GUS) anzuschließen. Die osteuropäischen Staaten, getrieben von ihren Erfahrungen mit der sowjetischen Herrschaft und dem weiterhin wirkenden Grundmisstrauen Moskau gegenüber, drängten selbst auf Mitgliedschaft nicht nur in der zivilen, sondern auch in der militärpolitischen Organisation. Die EU als sicherer Hafen, wie es der deutsche Außenminister Genscher kurzzeitig befürwortete, war ihnen nicht genug.

Sie nahmen damit ihr souveränes Recht auf Selbstbestimmung wahr. »Es ist doch nicht so, dass uns die Nato angelockt hätte«, so der estnische Außenminister Sven Mikser im Herbst 2014. »Wir sind nicht rekrutiert worden. Wir mussten Amerikaner und Westeuropäer von unserer Entschlossenheit überzeugen und davon, dass wir die Werte der Organisation teilen.«[177]

Die Esten und mit ihnen die anderen Neu-Mitglieder der Nato glaubten, nur so Stabilität und Sicherheit vor eventuellen großrussischen Ambitionen erlangen und an der wirtschaftlichen Prosperität des Westens teilhaben zu können. Das Großmachtgehabe Russlands nach seiner Niederlage im Kalten Krieg, als Moskau versuchte, im einstigen »sozialistischen Lager« und in den ehemaligen Unionsrepubliken besondere Einflusssphären zu beanspruchen, konnte sie in ihren Wünschen nur bestärken.

Die Hoffnungen haben sich teilweise als überzogen erwiesen, waren aber im Grundsatz wohl begründet. Für mich ist deshalb das, was gemeinhin als Nato-Osterweiterung bezeichnet wird, im Kern eine Bewegung der osteuropäischen Staaten nach Westen. Im übertragenen Sinne vergleichbar mit der »Abstimmung mit den Füßen«, wie sie die damaligen DDR-Bürger vornahmen, als sie die Grenze zwischen Ungarn und Österreich überwanden oder in die deutschen Botschaften in Prag und Warschau flüchteten. Weder Polen noch Ungarn, Tschechen oder Slowaken verschwendeten auch nur einen Gedanken daran, im sowjetisch dominierten Warschauer Vertrag zu verbleiben, was theoretisch zu dem Zeitpunkt noch eine Option gewesen wäre. Aber die Osteuropäer wussten, warum sie das nicht wollten, sie wollten zum Westen gehören.

Für die Sowjetunion und ihren Erben Russland ist das natürlich eine bittere Pille. 90 Millionen Osteuropäer entzogen sich dem Einfluss Moskaus und wählten die Alternative. Besonders bitter ist die Tatsache, was freilich von Moskau überhaupt nicht so gesehen wird, dass seine eigene Politik der Repressionen und des politischen Drucks die einstigen »Schutzbefohlenen« förmlich in die Arme des Kontrahenten getrieben hat. Dieser Großmacht-Reflex setzt sich bis heute fort. Noch vor dem Anschluss der Krim hätte sich niemand vorstellen können, dass die Rada, das ukrainische Parlament, die in der Verfassung niedergelegte Neutralitätsverpflichtung aufgeben könnte. Im Dezember 2014 tat sie es unter dem Eindruck der russischen Aggression in der Ostukraine. Vor der Annexion der Krim befürworteten lediglich 20 Prozent der Ukrainer einen möglichen Nato-Beitritt, im November 2014 erreichte die Zustimmung ein Rekordergebnis von 51 Prozent, im Westen der Ukraine sogar bis zu 80 Prozent.[178]

Selbst Staaten wie Finnland und Schweden, Sinnbilder der Neutralität in Europa, überlegen inzwischen ernsthaft, ob sie ihre Sicherheit künftig nicht besser als Mitglied des nordatlantischen Bündnisses gewährleisten können. Sie glauben nicht mehr an russische Versicherungen, man werde die Grenzen achten, sich an Verträge halten und gutnachbarschaftliche Beziehungen pflegen. Moskau hat sie durch sein eigenes Verhalten entwertet. In der Ukraine trauert heute so mancher den Zeiten hinterher, als man noch im Besitz eines Teils der sowjetischen Atomstreitmacht war und damit ein Mittel gegen Moskauer Übergriffe in der Hand hatte.

## Das Budapester Memorandum

Im Frühjahr 1993, als in Russland die Debatte über die Krim mit dem russischen Flottenstützpunkt in Sewastopol und den Unabhängigkeitsstatus der Ukraine hochkochte, erkundete ich die Stimmung bei Russlands westlichem Nachbarn. Einer meiner Gesprächspartner war Wjatscheslaw Tschornowil, Vorsitzender der ukrainischen Volksbewegung Ruch. Wir sprachen auch über die anstehende Ratifizierung des aktuellen START 1-Abrüstungsvertrages, die Tschornowil befürwortete. Dabei verfolgte er eine Doppelstrategie. Er trat dafür ein, die Ukraine möge sich de jure zum Kernwaffenstaat erklären, um das Gewicht des Landes in internationalen Verhandlungen, aber auch gegenüber Russland zu erhöhen. De facto, so meinte Tschornowil, sei es die Ukraine ja bereits.

Tatsächlich waren in der Ukraine zu dem Zeitpunkt noch Teile des gewaltigen sowjetischen Nuklearwaffenpotenzials stationiert. 1991, als die Sowjetunion unerwartet zusammenbrach, waren in der Ukraine 15 Prozent der sowjetischen Nuklearwaffen stationiert: etwa 130 Flüssigkeitsraketen vom Typ SS-19 mit je sechs Nuklearsprengköpfen, 46 Feststoffraketen mit je zehn Sprengköpfen. Hinzu kamen 44 strategische Bomber Tu-95 und Tu-160 mit insgesamt 1081 nuklearen Cruise Missiles. Damit war die Ukraine die drittgrößte Nuklearmacht der Welt.[179]

An deren Existenz hatte die internationale Gemeinschaft überhaupt kein Interesse. Die UNO-Mitglieder, einschließlich der USA und anderer westlicher Staaten, wollten das sowjetische Nuklearpotenzial lieber in einer, nämlich der russischen Hand sehen. Auch aus wohlverstandenem Eigeninteresse. Eine breite Streuung von Waffen, die dann möglicherweise nur schwer oder gar nicht mehr zu kontrollieren sein würden, hielt man im Westen für gefährlicher als ihre Übergabe an Russland.

Daran darf man sich erinnern, wenn nun schon seit Jahren aus Moskau die schlimme Mär verbreitet wird, »der Westen« wolle Russland zerschlagen. So günstig wie damals, als sich große Teile des russischen Nuklearpotenzials unter fremder Kontrolle befanden, war die Gelegenheit dazu nie wieder. Zumal Russland auch wirtschaftlich darniederlag und nur mit westlichen Krediten über Wasser gehalten werden konnte. Amerikaner und Westeuropäer aber ließen diese »Gelegenheit« einfach ungenutzt. Über das Warum schweigen sich Moskaus Propagandisten aus.

Damals wollte nicht nur die internationale Gemeinschaft, sondern auch Tschornowil und seine Ruch-Organisation, dass die Ukraine auf die Kernwaffen verzichtet. Aber nicht ohne Gegenleistung. »Wir verlangen Sicherheitsgarantien von Russland«, sagte er mir und verwies auf die aggressiven Erklärungen von Russlands Vizepräsident Ruzkoi und der Duma, in denen den Ukrainern das Recht auf Souveränität abgesprochen wurde. Er traute Moskau nicht, er hätte am liebsten sogar noch einen Teil der Raketen als Sicherheitsgarantie zurückgehalten. Sanfter Druck aus Washington, wo Präsident Clinton sehr an der Realisierung des noch mit der Sowjetunion ausgehandelten START-Abkommens interessiert war, bewog dann die Ukrainer zum Einlenken.

Natürlich war neben den Sicherheitsgarantien auch Geld im Spiel. Die Demontage und der Abtransport der Raketen seien sehr teuer, ebenso der Abbau der militärischen Infrastruktur, rechnete Tschornowil vor. Das Bedienungspersonal, das seine Arbeit verlieren würde, müsse sozial abgefedert werden, »auch ökologische Probleme spielen eine ernsthafte Rolle«.

Tschornowils Wünsche, die in dem Falle weitgehend auch mit denen des exkommunistischen Präsidenten Krawtschuk zusammenfielen, fanden dann in einer bis dahin beispiellosen internationalen Vereinbarung ihren Niederschlag: Die Ukraine verpflichtete sich zur Übergabe aller Atomwaffen, indem sie sich zum Nicht-Atomwaffenstaat erklärte. Die USA, Russland und Großbritannien gaben der Ukraine im Gegenzug Sicherheitsgarantien für die Unverletzlichkeit seiner Grenzen. Sie versprachen im Budapester Memorandum[189] zudem, das

Land weder anzugreifen noch es wirtschaftlich unter Druck zu setzen.

Das Memorandum wurde von den Ukrainern wortgetreu umgesetzt. Bis 1996 waren alle strategischen Kernsprengköpfe nach Russland transportiert worden. Finanzielle Belastungen entstanden dem damals am Rande eines finanziellen Bankrotts balancierenden Russland nicht. Zahlmeister waren die USA, die rund drei Milliarden Dollar an Kiew überwiesen, damit die Atomwaffen in den Besitz Russlands gelangen konnten.

Die strategischen Trägerraketen (ICBM), die schweren Bomber und die Cruise Missiles wurden entweder demontiert oder an Russland übergeben. Dieser Prozess war 2001 abgeschlossen. Bis 2002 waren dann auch die nicht mehr benötigten Raketensilos in der Ukraine demontiert.

Heute verneint man in Russland die rechtliche Verbindlichkeit des Memorandums, »vergisst« allerdings, dass die ukrainische Seite »geliefert« hat: Russland bekam die Atomwaffen, während die Ukraine, deren Souveränität und territoriale Integrität grob verletzt wurden, als von Moskau Betrogener dasteht.

# Mimikry der russischen Eliten

Halte Freundschaft mit dem Bären,
aber halte auch immer die Axt bereit!
*Russisches Sprichwort*

Das aggressive Vorgehen Moskaus in der Ukraine, der mörderische Militäreinsatz in Syrien und die weitgehende Absage an jede Kooperation mit den westlichen Ländern gilt als eine schockierende Zäsur, als jähe Wende in den Beziehungen. Das stimmt so nicht ganz. Es ist keine Wende im eigentlichen Sinne. Es handelt sich vielmehr um die seit langem immer offener zutage tretende Denkweise, die die herrschenden Eliten in Russland auch nach dem Zusammenbruch der Sowjetunion nie ganz abgelegt, sondern nur verschleiert hatten. Geradezu höhnisch hielt Sergej Karaganow, Ehrenvorsitzender des russischen Rates für Außen- und Verteidigungspolitik, dem Westen 25 Jahre nach dem Zusammenbruch der UdSSR seine Blauäugigkeit vor. Karaganow, der den Kreml in außenpolitischen Fragen berät, sieht zwar mehrere Faktoren, die für die Krise in den Beziehungen zwischen Russland und dem Westen verantwortlich sind. Doch der für ihn erste und wichtigste »besteht darin, dass der Westen glaubte, er habe in den 1990er Jahren gesiegt, und dass das für immer so bleibe«.[181]

Russland, so darf dieser Karaganow-Satz interpretiert werden, hatte nie die Absicht, den Status quo nach dem Abzug seiner Streitkräfte aus Osteuropa zu akzeptieren. Denn das hätte bedeutet, die Souveränität der osteuropäischen Staaten und der ehemaligen Sowjetrepubliken und damit deren Gleichwertigkeit anzuerkennen. Dazu konnte Moskau sich indes mit Blick auf seine Großmachtambitionen nie durchringen. Stattdessen warteten der Kreml und seine Eliten auf einen günstigen Zeitpunkt zu einem »Rollback«, während man sich permanent darüber beklagte, betrogen worden zu sein. Nur angeblich wollte man die Integration in den Westen. Wer allerdings in den

1990er Jahren die Gelegenheit hatte, vertraulich mit russischen Militärs oder Diplomaten zu sprechen, hörte sie schon damals von einer »peredyschka« sprechen, von einer »Atempause«, die sich das Land genehmige, um dann gestärkt aufzubrechen zu neuen Taten, gen Westen versteht sich.

## Die Mär vom Demokraten Putin

Die Fabel von dem in die Ecke gedrängten, erniedrigten Russland, das sich um des eigenen Überlebens willen und auch der Selbstachtung wegen zur Gegenwehr gezwungen sah, schließt natürlich auch die Mär vom Demokraten Putin ein. Die lächerliche Bemerkung eines deutschen Exkanzlers von der »Lupenreinheit« seines Duzfreundes, der später auch sein Arbeitgeber wurde, ist in Europa inzwischen zu einem ironisch gemeinten Ausspruch geworden.

Doch Putin war nie ein Demokrat, spielte die Rolle indes zeitweilig recht überzeugend. In den 1990er Jahren in Leningrad, das dann in St. Petersburg zurückbenannt wurde, hatte er oder wohl eher seine Befehlsgeber nach seiner Rückkehr aus der gerade zusammengebrochenen DDR den richtigen Riecher. Er meldete sich beim Dekan der Universität, dem späteren Oberbürgermeister Anatoli Sobtschak, bot seine Dienste an und verschwieg auch seine Herkunft nicht. Sobtschak, der von seinen Zeitgenossen als eleganter und redegewandter Juraprofessor beschrieben wurde, nahm den blassen Typen, der auf ein Jurastudium verweisen konnte.

Putin hatte da schon den ersten großen Schock seines Lebens hinter sich, erlitten in Dresden, Angelikastraße 4, am 6. Dezember 1989, kurz nach dem Mauerfall. Wladimir Putin ist in der KGB-Zentrale mit dem Vernichten von Akten beschäftigt, da tauchen Demonstranten vor dem Haus auf. Kurz zuvor war schon die benachbarte Stasi-Zentrale besetzt worden. Panisch ruft Putin bei den russischen Streitkräften an, doch von dort kommt die Antwort, ohne Befehle von ganz oben könne man ihm leider nicht helfen. Putin soll einen Moment lang überlegt haben, sich mit Waffengewalt zu wehren, dann wählte er eine andere Verteidigungstaktik: die Tarnung. Er sei nur der Dolmetscher, log er. Bald zogen die Demonstranten ab. Putin blieb zurück, mit der Erfahrung, in der Not allein zu sein. »Ich begriff, dass die Sowjetunion krank war. Es war eine tödliche Krankheit namens Lähmung. Eine Lähmung der Macht«, erzählte Putin später in einer autorisierten Biografie.[182]

»Ich habe wirklich nur bedauert, dass die Sowjetunion ihre Position in Europa verloren hat, obwohl ich intellektuell verstanden habe, dass eine Position, gestützt auf Mauern …, nicht von Dauer sein kann. Aber ich wollte, dass stattdessen etwas anderes errichtet werden sollte. Aber da wurde nichts vorgeschlagen. Das ist es, was schmerzt. Sie ließen alles stehen und liegen und gingen weg … Wir hätten viele Probleme vermeiden können, wenn die Sowjets nicht so übereilt aus Osteuropa abgezogen wären.«[183]

Die »Position in Europa«, die in der Realität nichts anderes war als die Okkupation der osteuropäischen Staaten, stellte letztlich eines der wichtigsten Attribute der Weltmacht Sowjetunion dar. Das ging mit dem sowjetischen Truppenabzug 1994 aus Deutschland verloren. Und das war es, was Putin umtrieb und noch immer umtreibt. Die weit verbreitete Annahme, Putin habe sich erst nach und nach unter dem Eindruck eines aggressiven Verhaltens des Westens, der Nato insbesondere, von einem Reformer zu einem Hardliner gewandelt, hält den historischen Fakten nicht stand.

Es ist zu vermuten, dass Putin schon damals, als er sich Sobtschak andiente, einen Auftrag des noch existierenden KGB ausführte. Anfang 2000 wurde nämlich bekannt, dass Putin nach seinem offiziellen Ausscheiden aus dem Dienst weiterhin der sogenannten »aktiven Reserve« des Geheimdienstes angehört hatte. Das geflügelte Wort »Einmal Spion, immer Spion« hat in Russland einen besonders realistischen Klang. Die »aktive Reserve« des KGB durchzog die gesamte Gesellschaft. Dabei handelte es sich um die unzähligen und wohl auch nie gezählten KGB-Agenten, die in alle zivilen Institutionen der UdSSR eingeschleust worden waren.

Trotzdem, oder deswegen, konnten Sobtschak und Putin gut miteinander. »Die beiden teilten eine gemeinsame Abneigung gegen demokratische Abläufe, aber Anfang der neunziger Jahre war eine nach außen zur Schau getragene Treue zu demokratischen Grundsätzen der Preis für das Ergattern von staatlichen Ämtern – und damit für ein angenehmes Leben«, wie Masha Gessen in ihrem Enthüllungsbuch über Putin schreibt.[184]

Mimikry war also vonnöten in diesen Jahren, um die tief sitzenden Abneigungen zu überspielen. Der inzwischen verstorbene Anatoli Sobtschak, der manchmal heute noch als einstiger Reformer gehandelt wird, kommt bei der Publizistin Masha Gessen nicht gut weg. Er habe zwar kurz und innig mit der Demokratie geliebäugelt, dann aber einen tiefen Hass auf demokratische Grundsätze entwickelt. Die Gründe glaubt sie in der Persönlichkeitsstruktur des einstigen Hochschuldozenten gefunden zu haben. Ihm habe der politische Wettbewerb missfallen, ebenso die Möglichkeit, dass jemand eine andere Meinung vertreten und beibehalten konnte. Zudem sei Putin unablässig bestrebt gewesen, ihm die Nachteile des demokratischen Systems vor Augen zu führen. »Putin, der zu seinem ständigen Begleiter geworden war, überredete ihn, das Amt des Bürgermeisters einzuführen, um nicht Gefahr zu laufen, von widerspenstigen Mitgliedern des Staatsrates jederzeit abgesetzt zu werden.« Demokratie? Nein danke![185]

»Putin empfand seinerseits eine mindestens vergleichbare Abneigung gegen demokratische Reformen wie Sobtschak, aber seine gingen viel tiefer.« Er hielt zwar nicht viel von der kommunistischen Ideologie, obwohl er der KPdSU natürlich angehörte. Die Säulen seines Glaubens waren die Sowjetunion und der KGB sowie die daraus erwachsene Denkweise.[186]

Diese Denkweise wurde erstmals 1994 aktenkundig. Zusammen mit Bürgermeister Sobtschak nahm Putin, international immer noch ein unbeschriebenes Blatt, am 101. Bergedorfer Gesprächskreis der Körber-Stiftung teil. Sein Auftritt dort rief Kopfschütteln und Verwunderung hervor.

»Vergessen Sie nicht«, erklärte der 1992 zum stellvertretenden St. Petersburger Bürgermeister avancierte Putin den anwesenden Historikern, Politologen und Politikern, darunter der deutsche Verteidigungsminister Volker Rühe, »dass Russland im Interesse der allgemeinen Sicherheit und des Friedens in

Europa freiwillig riesige Territorien an die ehemaligen Republiken der Sowjetunion abgegeben hat; darunter auch solche Territorien, die historisch immer zu Russland gehört haben. Ich denke dabei nicht nur an die Krim oder an Nordkasachstan, sondern beispielsweise auch an das Kaliningrader Gebiet.«[187]

Das habe zur Folge gehabt, »dass jetzt plötzlich 25 Millionen Russen im Ausland leben, und Russland kann es sich einfach nicht leisten – allein schon im Interesse der Sicherheit in Europa –, dass diese Menschen willkürlich ihrem Schicksal überlassen bleiben. [...] Solange aber die Weltgemeinschaft die berechtigten Interessen des russischen Staates und des russischen Volkes als einer großen Nation nicht achtet, werden in diesem Land, in dieser Nation immer wieder solche Kräfte auftauchen, die die Stabilität in Russland bedrohen.«[188]

An der Reaktion einer Teilnehmerin wird deutlich, wie weit entfernt den Europäern diese Denkweise geworden war: »Herr Putin hat uns gestern mit seiner Vision einer urtümlich russischen Territorialbestimmung sicher überrascht«, bekannte die Russlandhistorikerin Ingeborg Fleischhauer. Seiner Betrachtungsweise liege »ein aus der asiatischen Tradition kommender Archetypus zugrunde, der sich so ausdrückt: Territorien, die von russischem oder von slawischem Blut getränkt sind, haben ein Recht darauf, für immer in slawischem Besitz zu bleiben. Man kann darüber streiten, inwieweit so etwas heute noch Bedeutung hat. Aber wir sehen auch in unserer Debatte, dass diese Mentalität noch wach ist.«[189]

Offenbar konnte man sich nur schwer vorstellen, dass diese Denkweise eben kein Auslaufmodell war, sondern ein Grundzug im Selbstverständnis der herrschenden Eliten, besonders des Militärs und des Geheimdienstes. Der Bremer Professor Wolfgang Eichwede wandte sich gegen Putins Erklärung, die ein Spiegelbild der schon damals wieder aufflammenden Debatte über die »nationalen Interessen« Russlands war. Er warnte davor, »für das Territorium der früheren Sowjetunion so etwas wie eine russische Monroe-Doktrin zu entwerfen. Offen oder versteckt klingen bei vielen meiner russischen Kollegen solche Gedanken an. Die Muster und Gewohnheiten einer Hegemonialmacht sind nicht so einfach abzustreifen.«[190]

Auch aus westlicher Sicht, so Eichwede, scheine es »nicht gänzlich abwegig, Russland als Ordnungsmacht in Regionen wirken zu lassen, in denen man selbst nicht in der Lage oder willens ist, diese Funktion zu erfüllen«. Mit erstaunlicher Klarsicht verwies der Bremer Russlandexperte auf ein schon damals auch ohne »Osterweiterung« der Nato existierendes Problem: »Zwingende Voraussetzung wäre allerdings, die Integrität der Anrainerstaaten zu achten und die internationalen Normen ziviler Streitregulierung anzuerkennen. Eben darin können Probleme liegen.«[191]

Im gleichen Jahr hatte der heutige Kremlchef einen Auftritt, der eigentlich keine Zweifel an seinen Grundüberzeugungen lassen sollte, von dem aber in späteren Biografien nicht mehr die Rede war. In Hamburg kam es bei einer Veranstaltung der Europäischen Union zu einem Eklat. Lennart Meri, der erste nachsowjetische, demokratisch gewählte estnische Präsident, hielt dort eine Rede. Er war der Führer einer antisowjetischen Befreiungsbewegung gewesen, die die Okkupation des kleinen Landes durch die Sowjetunion nicht akzeptieren wollte. »In seiner Rede in Hamburg bezeichnete er nunmehr die Sowjetunion als ›Besatzer‹. An diesem Punkt stand Putin, der unter russischen Diplomaten saß, auf und verließ den Saal«, beschreibt Masha Gessen die Situation.[192]

Es habe sehr beeindruckend gewirkt, gibt sie die Erinnerung eines Augenzeugen wieder. »Die Veranstaltung fand im Rittersaal statt, der eine zehn Meter hohe Decke und einen Marmorfußboden hat, und in die eingetretene Grabesstille hallte jeder Schritt von der Decke wider. Um dem Ganzen die Krone aufzusetzen, schlug die schwere gusseiserne Tür mit einem ohrenbetäubenden Knall hinter ihm zu.«[193]

Die Probleme, die Eichwede damals angesprochen hatte, liegen heute vor aller Augen klar auf dem Tisch: Die Integrität von Staaten der ehemaligen Sowjetunion wurde missachtet, die Normen ziviler Streitregulierung verletzt. Im Krieg gegen Georgien wurden zwei Regionen aus dem georgischen Staatsgebiet herausgerissen. Moskau annektierte die Krim, führt Krieg in der Ostukraine und zündelt an weiteren Krisenherden. Präsident Putin, der das zu verantworten hat, wähnte sich über

20 Jahre später im Interview mit einer großen deutschen Boulevardzeitung auf dem hohen Ross und schob die Schuld für diese Entwicklung der Nato zu.

## Putin macht Furore im Bundestag

Der Auftritt des gerade ins Amt gekommenen jungen russischen Präsidenten vor dem Deutschen Bundestag im Jahr 2001 geriet zu einem Höhepunkt der Täuschung und Selbsttäuschung. Noch immer bekommen deutsche »Putin-Versteher«, aber nicht nur sie, vor Rührung feuchte Augen, wenn sie sich an die Rede des Kremlchefs vor dem deutschen Parlament erinnern. Tatsächlich fielen dort Worte von gewaltiger Durchschlagskraft, die, so die Hoffnungen des Auditoriums, eine neue Ära in den deutsch-russischen Beziehungen im europäischen Kontext zu begründen geeignet waren.

Präsident Putin benutzte die Sprache seiner Gastgeber und punktete schon damit. »Unter der Wirkung der Entwicklungsgesetze der Informationsgesellschaft konnte die totalitäre stalinistische Ideologie den Ideen der Demokratie und der Freiheit nicht mehr gerecht werden«, analysierte er die Gründe für die Umwälzungen in der einstigen Sowjetunion.

Niemandem fiel offenbar auf, dass Putin sich vor einer eindeutigen Verurteilung des Stalinismus herummogelte, ihm aber für die Phase vor der Informationsgesellschaft seine Existenzberechtigung zubilligte. Erst dann habe er den freiheitlichen Ideen »nicht mehr gerecht werden« können. »Der Geist dieser Ideen ergriff die überwiegende Mehrheit der russischen Bürger«, fuhr Putin fort. »Gerade die politische Entscheidung des russischen Volkes ermöglichte es der ehemaligen Führung der UdSSR, diejenigen Beschlüsse zu fassen, die letzten Endes zum Abriss der Berliner Mauer geführt haben. Gerade diese Entscheidung erweiterte mehrfach die Grenzen des europäischen Humanismus, sodass wir behaupten können, dass niemand Russland jemals wieder in die Vergangenheit zurückführen kann.«[194]

Vor allem die Worte von der Unumkehrbarkeit der Entwicklung versetzten die deutschen Abgeordneten in helle Begeisterung. Verklärten Blicks sahen sie über die Tatsache hinweg, dass der Gast aus Moskau in bester Demagogenmanier Ursache und Wirkung vertauschte, Zeitabläufe falsch darstellte. Denn tatsächlich wurde zuerst die Mauer zwischen den Systemen von den Ostdeutschen niedergerissen, die von Putin gelobten politischen Entscheidungen Moskaus folgten viel später und widerwillig. Die »Mauerspechte« in Berlin pickten im Beton, ohne dass irgendjemand eine Erlaubnis aus Moskau erhalten hätte. Im Gegenteil.

Noch im Dezember 1989, einen Monat nach dem Fall der Mauer in Deutschland, hielt der sowjetische Außenminister Eduard Schewardnadse vor dem Politischen Ausschuss des Europaparlaments in Brüssel eine Rede, die in ihrem Ton »scharf und in ihrem Inhalt prinzipiell« gewesen sei, wie sich der letzte Botschafter der DDR in Moskau, Gerd König, erinnerte.[195]

Die sowjetische Führung habe zu dieser Zeit keine Zweifel aufkommen lassen, »dass sie von einem Fortbestand der DDR als einem souveränen Staat im Warschauer Vertrag ausging«. Schewardnadse habe sich in dem Zusammenhang gegen »Ratschläge« und »Vorschriften« verwahrt, wie und wann »die Gesellschaftsordnung in der DDR zu ändern sei«. Schewardnadse forderte »die Beachtung der Realitäten in Europa, zu denen aus sowjetischer Sicht die unterschiedlichen politischen und militärischen Bündnisse, die Unantastbarkeit der Grenzen in Europa und das Bestehen zweier souveräner Staaten gehörten. Von der Herstellung der deutschen Einheit könne keine Rede sein ...«[196]

Es folgte eine Phase der Agonie im Sowjetland. Moskau musste die von Schewardnadse vorgetragene Position unter dem Druck eigener ökonomischer Schwäche und der rasend schnell ablaufenden politischen Prozesse aufgeben. Im Frühjahr 1990, da war die deutsche Wiedervereinigung bereits auf einem irreversiblen Weg, stimmte Gorbatschow dieser Tatsache zu, die er nicht mehr verhindern konnte. Sein Verdienst ist ganz sicher, dass er die Hardliner in den eigenen Reihen ignorierte und er keine sowjetischen Panzer auf deutsche Straßen rollen ließ. Eine Haltung, die ihm heute von den putinschen Eliten als »Landesverrat« angekreidet wird.

Das alles wusste Putin natürlich, aber er brauchte den PR-Auftritt. Deutsche Politiker offenbar auch. Es war lange Zeit ein gut gehütetes Geheimnis, dass Bundeskanzler Kohls Berater Horst Teltschik hilfreich war bei der Abfassung jener Passagen der Putin-Rede, die das russisch-deutsche Verhältnis betrafen. Beide Seiten wollten, dass der neue Herr im Kreml gut ankommt bei den deutschen Abgeordneten. Putin brauchte Deutschland als Wirtschaftsmacht, für Deutschland war Russland als Lieferant von Energieträgern kaum ersetzbar.

Die Mitglieder des Bundestages, deren Kenntnisse über das große Land im Osten damals schon nicht besonders entwickelt waren, wiegten sich euphorisch in der Illusion, dass aus dem gefürchteten Sowjetimperium nun ein zivilisierter russischer Staat werden würde, der sich willig in die europäischen Strukturen einfügen würde. Sie realisierten nicht, dass diese aus europäischer Sicht wünschenswerte Zukunft für Moskau den endgültigen Abschied vom Großmachtstatus bedeutet hätte. Putin seinerseits »vergaß« ihnen zu sagen, dass sein Russland diesen Status auch innerhalb der erweiterten »Grenzen des europäischen Humanismus« nicht aufzugeben bereit war. Doch für diese Wahrheit schien ihm die Zeit noch nicht reif.

Auch andere, durchaus sinnvolle Fragen kamen den meisten der Anwesenden nicht in den Sinn. Wer wollte in diesem, wie es schien, historischen Moment an Putins Jahre im kriminellen St. Petersburg denken? Wer hatte überhaupt auf dem Schirm, welche Rolle der Bundestagsredner dort gespielt hatte? Wer wusste schon, dass sich hier ein Hardliner präsentierte, der »Kreide gefressen« hatte, um die Deutschen zu umgarnen? Die so großartig beschworene »politische Entscheidung des russischen Volkes« für Demokratie und Freiheit hatte für ihn, wie die darauffolgenden Jahre zeigen sollten, letztlich nur den Wert einer Sprechblase. Er ließ sie platzen, als es ihm für die Durchsetzung der eigenen Interessen nützlich schien.

Werner Schulz, der einstige DDR-Dissident und ehemalige Europa-Abgeordnete von Bündnis 90 / Die Grünen war noch Jahre später wütend über die Vorstellung, die der Kremlchef in Berlin abgeliefert hatte. »Ich habe in ihm immer diesen skrupellosen und kaltblütigen Geheimdienstoffizier gesehen. Während seiner Rede im Bundestag 2001 bin ich rausgegangen. Viele Abgeordnete waren begeistert, weil er Deutsch gesprochen hat, und haben dennoch kaum auf seine Worte gehört. Wir haben Putin unterschätzt, diesen Gewalttäter.«[197]

## Die Warnung des Ex-KGB-Generals Kalugin

Oleg Kalugin[198] glaubte nicht an Putin. Bereits bei dessen Amtsantritt im Jahr 2000 warnte der Ex-KGB-General vor den Intentionen des neuen Mannes im Kreml, in die Sowjetära zurückzukehren. Viele haben diese Warnung damals nicht ernst genommen. Der Zug sei abgefahren, das Ende der Sowjetunion unumkehrbar schon deshalb, weil die einstigen Unionsrepubliken da nicht mitspielen würden.

Das stimmte wohl. Verkannt aber wurde, dass es Kalugin eher um die verloren gegangenen Einflusssphären und den sowjetischen Geist ging, den Putin sich anschickte aus der Flasche zu lassen, während er öffentlich von Demokratie in Russland und Integration in internationale Strukturen sprach.

Elf Jahre später brauchte der Kremlchef keinen Nebelvorhang mehr, Kalugins Einschätzung erwies sich als erschreckend richtig. Putin verkündete im Oktober 2011 eine neue Ordnung im Lande: »Die Sowjetunion – das ist Russland, nur unter einem anderen Namen.« Seitdem, so der Russlandexperte Professor Hannes Adomeit im Jahr der Krim-Annexion 2014, »haben sich die Dinge in der dritten Amtszeit des Präsidenten so rasch und dramatisch entwickelt, dass man versucht sein könnte, die umgekehrte Feststellung zu treffen: Russland – das ist die Sowjetunion, nur unter einem anderen Namen.«[199]

Der weitsichtige Exgeneral Kalugin hatte das frühzeitig erkannt. In seinem offenen Brief aus dem Jahr 2000 charakterisierte er den neuen Kremlchef als einen Mann, der dazu neige, das Recht rücksichtslos »unterzubuttern«, und beschuldigte ihn, »ein korruptes und kriminelles Russland zu gestalten«. Der ehemalige Chef der sowjetischen Spionage in den USA wörtlich: »Ich glaube nicht an das Russland von Putin, kriminell und korrupt, mit seiner lahmen Justiz.« In der gegebenen Situation sehe er sich genötigt, »politisches Asyl in der freien Welt zu suchen«.[200]

Verächtlich nannte er den Kremlchef einen »Major«, der es nie zum Oberstleutnant gebracht habe, wie immer wieder behauptet wurde. Seit Putin in hohe Machtpositionen aufgestiegen sei (1998: FSB-Chef, Sommer 1999: Regierungschef, März 2000: Präsident), seien »die Kräfte des Revanchismus in der Offensive«. Putin erhebe Toaste auf Stalin, habe eine Ehrentafel für Juri Andropow, »ein Symbol des kommunistischen Despotismus«, wieder im Hauptquartier des russischen Geheimdienstes anbringen lassen. Zudem führe er freundschaftliche Telefongespräche mit Wladimir Krjutschkow, dem »Staatsverbrecher«, der den Putsch vom August 1991 angeführt hatte.[201]

Die »Kräfte des Revanchismus« waren für Kalugin diejenigen, die mit der Inthronisierung des jungen, skrupellosen Mannes aus St. Petersburg die Geschichte zurückdrehen wollten. Interessant in dem Zusammenhang: Der erfahrene einstige Spion, der die USA jahrelang in Washington studiert hatte und ihre Absichten bestens kannte, erwähnte weder die Amerikaner noch die Nato in seiner Analyse. Er wusste, dass es die Interessen der Putin-Clique waren, die die Entwicklung Russlands bestimmen würden. Weitgehend unabhängig davon, was im Ausland geschah.

Zu diesen frühen Warnungen eines einstigen KGB-Generals über den wahren Charakter des Regimes passt ein Gespräch, dass ich etwa in dieser Zeit, im März 2000, mit dem angesehenen Sicherheitsexperten Alexej Arbatow von der liberalen Jabloko-Partei geführt habe, der zu diesem Zeitpunkt stellvertretender Vorsitzender des Duma-Ausschusses für Verteidigung war.

Mich interessierte vor allem, wie sich die Beziehungen zur westlichen Welt nach der Wahl Wladimir Putins zum Präsidenten gestalten würden. Die Antwort des Experten für internationale Fragen verblüffte mich einigermaßen. Auch er machte dieses Verhältnis in erster Linie von der inneren Entwicklung in Russland abhängig. Im Nachhinein scheint mir, er hatte eine sehr klare Vorstellung von den Eliten seines Landes, die, mit oder ohne Putin, sehr genau wussten, was sie wollten. »Große

Veränderungen wird es nicht geben. Zumindest in der ersten Zeit wird die Außenpolitik fortgesetzt, wie sie in den letzten Jahren der Jelzin-Zeit verfolgt wurde«, erklärte er mir beruhigend. Tatsächlich herrschte damals große Unsicherheit bezüglich des weiteren außenpolitischen Kurses in Moskau. Die Verärgerung dort über das Vorgehen der USA und der Nato auf dem Balkan war noch frisch. Doch der Experte für Fragen der internationalen Sicherheit wandte sich dem Inland zu. Alles werde davon abhängen, »wie sich die Politik innerhalb Russlands gestaltet. Werden die Demokratie und die Prinzipien der Marktwirtschaft verletzt, dann werden sich langfristig die Beziehungen zwischen Russland und dem Westen verschärfen.«

Auch wenn das Verhalten der Nato eine Rolle spiele, die er skeptisch sah, hänge doch alles von der inneren Entwicklung ab. »Bleibt Russland auf dem Wege der demokratischen Entwicklung, sind die außenpolitischen Perspektiven gut. Wenn sich in Russland ein totalitäres Regime herausbildet, das gewaltsame Lösungen verfolgt wie jetzt in Tschetschenien, dann werden sich die Beziehungen zwischen Russland und dem Westen unausweichlich verschlechtern, und Russland wird die Schuld daran tragen.«

Putin war in der Zeit allerdings mehr am Image eines Demokraten und Reformers interessiert, wie die Bundestagsrede zeigte. Einer seiner Genossen aus Dresdner Zeit übernahm es, an dieser Legende zu stricken, die angeblich bis in die 1980er Jahre in Sachsen zurückreichte. Wladimir Usolzew versuchte Anfang der 2000er Jahre, seine Erinnerungen auf den Markt zu bringen, diente sich unter anderem dem *Spiegel* an. Das Nachrichtenmagazin winkte ab. Usolzew, der eifrig betonte, sein Buch sei nicht mit dem Kreml abgestimmt, erzählte darin derart Erstaunliches über seinen KGB-Kollegen, das nur mit propagandistischen Absichten erklärbar scheint.[202]

Putin bekommt in dem Buch unter anderem ausführlich Gelegenheit, sich über den Segen des Privateigentums als »natürlichstes Element einer menschlichen Persönlichkeit« auszulassen und über das Recht auf Erbfolge zu sinnieren. »Nur die Gesellschaftsordnung, die sicherstellt, dass das Ergebnis meiner Arbeit auch weitervererbt werden kann, garantiert die gesellschaftliche Harmonie.« Usolzew zeigt sich beeindruckt von der klaren Logik seines KGB-Kollegen. »Obwohl ich noch von den kommunistischen Dogmen befangen war, empfand ich gegenüber Wolodja mit seinem enthüllenden Antikommunismus keine negativen Emotionen.«[203]

Ein erstaunlicher Vorgang. Ein sowjetischer Auslandsspion soll in den 1980er Jahren in Dresden privat antikommunistische Gespräche geführt haben! Und das auch noch als Parteisekretär! Das war natürlich Unsinn. Aber zu Beginn der 2000er Jahre, das Buch erschien 2004 in Moskau, waren derlei Scharaden um den Kremlchef angesagt. Schließlich ging es darum, Rauchbomben für die westlichen Partner zu zünden.

Viktor Adianow, ebenfalls ein Ex-KGB-Offizier aus der Dresdner Gruppe, verlor bei unserem Gespräch in Moskau kein Wort über diese Seite im Leben des Wladimir Putin. Er beschrieb ihn als einen eifrigen, stets willig Aufträge übernehmenden Kollegen, aber ein »Superspion« sei er nicht gewesen. Sie hätten in Dresden zwei Aufgaben gehabt. Erstens: Die Aufrechterhaltung der Kontakte zum MfS[204], was offensichtlich auch eine gewisse Überwachungsfunktion beinhaltete. Die Hauptaufgabe für ihn und Putin habe indes darin bestanden, politische und wissenschaftlich-technische Informationen aus der Bundesrepublik und der Nato zu beschaffen. Dabei sei es jedoch völlig unüblich gewesen, sich gegenseitig über aktuelle Vorgänge zu informieren. Putins Wirken habe sich indes kaum von seinem eigenen unterschieden. Höchstens insofern: »Putin war ein Workaholic, der Radeberger Bier liebte.«[205]

Bis heute weiß ich nicht, ob Adianow, den ich aus den 1980er Jahren als Mitarbeiter der Presseabteilung des sowjetischen Außenministeriums kannte, mir zufällig über den Weg lief, oder ob das inszeniert war. Möglicherweise, um ein wenig der »Dämonisierung« des Präsidenten als Superspion entgegenzuwirken, der ein paar Monate zuvor seine zweite Amtszeit angetreten hatte.

Die Soziologin Olga Kryschtanowskaja, die sich intensiv mit der Anatomie der russischen Eliten auseinandergesetzt hat, kennt deren Verhaltensweise genau. Sie hält die Verschleierung, Verleugnung und Verfälschung für deren übliche Existenzform.

Die gegenwärtigen Machthaber, so warnte die Soziologin gegen Ende von Putins zweiter Amtszeit (2007), seien daran gewöhnt, »unter der Decke« zu wirken, »hinter Masken, mit denen sie ihre tatsächlichen Absichten verbergen«. In den sieben Jahren, in denen sich die »Tschekisten«, die Geheimdienstler, in Russland an der Macht befänden, »veränderten sie das politische System des Landes, ohne auch nur einen einzigen Buchstaben der Verfassung zu verändern«.[206]

Es wird oft von der Unberechenbarkeit des russischen Präsidenten gesprochen, der zu unerwarteten Reaktionen neigt. Das ist sicher wahr. Wahr ist aber auch, dass die wichtigsten Entscheidungsträger in seiner Umgebung aus der gleichen Berufsgruppe, dem Geheimdienst, stammen und denen Desinformation, Geheimnistuerei und verdeckte Manipulationen sozusagen »im Blut« liegen. Dieses Verhalten ist deshalb nicht nur charakteristisch für den Mann im Kreml, sondern für das gesamte System, das er in seinem Lande geschaffen hat.

Der russische Autor Boris Schumatsky hat das in die wenig Optimismus verbreitende Formel gefasst: »Die wohl größte Schwierigkeit im Umgang mit Russland ist dies: Russland lügt. Diese pauschale Behauptung klingt wie ein Slogan des Kalten Krieges, und zugleich ist sie die einzige, die der Realität gerecht wird.«[207]

## Russlands Militärs mochten die Nato nie

1989. Vertreter der Generalstäbe der Bundesrepublik Deutschland und der Sowjetunion treffen sich zum ersten Mal zu Gesprächen in Moskau. Der Besprechungsraum des sowjetischen Generalstabs, so erinnert sich einer der Teilnehmer später, war mit aufwendig gefertigten Mosaiken aus der Geschichte der russischen und sowjetischen Armee gestaltet, die jeweils mit den entsprechenden Jahreszahlen versehen waren.

1709: Schlacht bei Poltawa. Die Invasion des schwedischen Königs Karl XII. scheiterte. 1812: Die Schlacht an der Beresina. Frankreichs Kaiser Napoleon musste sich fluchtartig aus dem russischen Reich zurückziehen.

1945: Sowjetische Soldaten hissen die sowjetische Fahne auf dem Reichstag, Hitler-Deutschland hat bedingungslos kapituliert. »Die Botschaft, die sich der sowjetische Generalstab damit als immerwährende Mahnung erteilte, ist eindeutig: Russland hat alle Invasoren geschlagen, und es darf niemals mehr ein äußerer Feind in das Land eindringen.«[208]

Aber da saß er nun, der einstige Feind Deutschland in Person von Bundeswehroffizieren und wollte über die Annäherung und Westöffnung sprechen, die Bestandteile der gorbatschowschen Politik des »neuen Denkens« waren. Doch wenn die Deutschen von »Aussöhnung« sprachen, zuckten die sowjetischen Generäle innerlich zusammen. Insbesondere die ältere Generation war weder willens noch fähig, eine Politik mitzutragen, die sie als Demütigung empfanden. »Deutlich zeigten sie ihre Missbilligung der Gespräche, indem sie mehrfach auf den Tisch schlugen, sich laut räusperten, mit dem Stuhl Geräusche verursachten und kurze Bemerkungen über den Tisch riefen. Ihre Ablehnung war unübersehbar, die Störung der Übersetzungen nahe am Affront«, erinnerte sich Poulet.[209]

Leicht entspannter verliefen die Treffen mit der Nato, da dort der Schmerz direkten Kontakts mit den Deutschen gemildert wurde durch die Anwesenheit der Amerikaner, mit denen das russische Militär sich gern auf Augenhöhe sah. Es folgten Jahre der Annäherung zwischen Moskau und der Nato, die immer wieder durch Rückschläge gebremst wurde. Da spielte der Militäreinsatz der Nato auf dem Balkan gegen Serbien eine wichtige Rolle, ebenso die US-Aggression im Irak, die in der Beseitigung des Diktators Saddam Hussein mündete.

Das entscheidende Missverständnis bestand indes in der konträren Auffassung darüber, welches Ziel die Annäherung eigentlich haben sollte. Die Nato hoffte, sie werde Moskau durch Sondervereinbarungen wie die Nato-Russland-Grundakte und den Nato-Russland-Rat davon überzeugen können, dass das nordatlantische Bündnis keine Gefahr für Russland darstellt und man künftig kooperieren könne. Selbst dann, wenn weitere osteuropäische Länder Mitglieder des Bündnisses werden sollten. Sogar eine Mitgliedschaft Russlands in der Nato wurde zeitweilig erwogen.

Doch als US-Präsident Bill Clinton seinem russischen Kollegen Boris Jelzin eine Beitrittsperspektive eröffnete, schlug der diese aus. Stattdessen brachte er die Idee einer neutralen Zone in Mitteleuropa ins Spiel, beaufsichtigt von den beiden Großmächten USA und Russland. Jelzin, gedrängt von seinen Militärs, versuchte sich in einer Variante des alten Blockdenkens. Clinton winkte ab.[210]

Die Nato, wo nach langem Zögern und auf Drängen der Osteuropäer die Signale auf Beitritt neuer Mitglieder gestellt worden waren, versuchte weiterhin, Russland in die Prozesse einzubinden. Noch bevor das nordatlantische Bündnis Beitrittsgespräche mit mitteleuropäischen Staaten überhaupt eröffnet hatte, wurde 1997 die Nato-Russland-Akte unterzeichnet: Russland bekam, ohne Mitglied zu sein, eine Sonderrolle zugebilligt. Es erhielt Sitz und Zutritt im Nato-Hauptquartier, richtete dort einen militärischen und diplomatischen Stab ein, wurde zu allen relevanten sicherheitspolitischen Entscheidungen konsultiert.[211]

Die Stimmung in Russland änderte das nicht. Eine Moskauer Zeitung schrieb, wollte die Nato Russland gefallen, gebe es nur eins: Sie müsste sich abschaffen. Die Armeezeitung *Krasnaja Swesda* (Roter Stern) »würdigte« die Nato 1999 zum 50. Jubiläum mit einer ganzen Seite und der Überschrift: »Ein halbes Jahrhundert Erpressung, Drohungen«. Vor allem in der Duma, die von Angehörigen des Militärs und der Geheimdienste geprägt wurde, regte sich deutlicher Widerstand. Bereits Anfang 1997, in dem Jahr, in dem die Nato-Russland-Akte unterschrieben wurde, entstand dort die Gruppierung »AntiNATO«. Ein Jahr später gehörten ihr 300 der insgesamt 450 Abgeordneten nahezu aller Fraktionen an. Das westliche Bündnis gewann für Russland weiter an Bedeutung als »Katalysator« zur Festigung des patriotischen Konsens.[212]

Mit dem »Unternehmen Bündnisstreitmacht« (Allied Force), dem Militäreinsatz gegen Jugoslawien im Frühjahr 1999, sahen sich die russischen Nato-Gegner bestätigt. Die offiziellen Kontakte wurden auf Eis gelegt. Das hinderte indes den von den USA dominierten Internationalen Währungsfonds (IWF) nicht daran, Moskau mit einem 4,5-Milliarden-Dollar-Kredit unter die Arme zu greifen. Der wurde, trotz der tiefen Verärgerung über das Vorgehen der Nato und der USA in Jugoslawien, stillschweigend angenommen.[213]

## Der »Paukenschlag« von München

Mit den Terroranschlägen auf die New Yorker Twin-Towers am 11. September 2001 schien sich das Verhältnis Russlands zu den USA, zum Westen und selbst zur Nato grundlegend zu verändern. Präsident Wladimir Putin rief seinen amerikanischen Amtskollegen George W. Bush als einer der Ersten an, um ihm sein Mitgefühl auszudrücken. Er beschwor dabei eine gemeinsame Antiterrorfront. Das Verhältnis zur Nato, zwei Jahre zuvor noch auf einem Tiefpunkt, erwärmte sich zusehends. Putin hatte eine scharfe Kehrtwende in den Beziehungen zum Westen vollzogen.

Er verstand angesichts der in Russland tristen Realitäten des Jahres 2001, dass die Finanzkraft des Westens gebraucht wurde, um eine leistungsfähige Wirtschaft einschließlich der Rüstungsindustrie aufzubauen. Nur so ließe sich der verlorene Einfluss wiedererlangen. »Nach der abrupten Wende sitzt Putin allerdings ziemlich allein im Kreml. Er entscheidet gegen die Stimmung im Land … Doch Putin braucht die Elite im Land, und auf sie ist kein Verlass. Ihre Vertreter wollen sich keineswegs auf die neue Außenpolitik umstellen. Sie verstellen sich lieber.«[214]

Generalstabschef Juri Balujewski, beileibe keine »Taube«, war ein klassisches Beispiel. Noch im Amt befindlich, lobte er anlässlich der Eröffnung der Nato-Vertretung in Moskau die Bildung des neuen Zwanziger-Rates als Schlusspunkt unter eine Epoche der Konfrontation. Jetzt, so der Generaloberst, würden partnerschaftliche Beziehungen hergestellt. »Russland und die Nato befinden sich in einer Struktur.« Überraschend sanft die Töne auch zur unausweichlichen Erweiterung der Nato. Jeder Staat entscheide selbst, »welchem Bündnis er beitreten will«, sagte ein sich tolerant gebender Balujewski. Selbst die Ankündigung der Ukraine, sich der Nato weiter anzunähern, ihr langfristig sogar beizutreten, fand plötzlich – im Jahr 2002 – Verständnis im Moskauer Generalstab. Die Ausweitung der Kontakte zwischen Kiew und Brüssel sei »logisch«, befand der russische Generaloberst.[215]

Die weiteren Entwicklungen legen indes den Verdacht nahe, dass das Bild aus taktischen Gründen »geschönt« worden war. Schon damals grummelt es im Hintergrund weiter. Leonid Iwaschow, Exgeneralstabschef und bekennender »Falke«, tönte: »Russland hat geopolitischen Selbstmord begangen.« Putins Unterstützung der Antiterrorkoalition zeige den »naiven Ehrgeiz der russischen Führung, ihr Image aufzubessern«.[216]

Iwaschow hatte damit einfach und direkt die Stimmung ausgedrückt, die in der Militärführung herrschte, aber weitgehend unter der Decke gehalten wurde. Putin versuchte derweil nach außen zu vermitteln, dass mit den Ost-West-Beziehungen alles zum Besten stünde. Bei einem Treffen im Kreml Anfang April 2002, zu dem er deutsche Journalisten vor einer Berlin-Visite geladen hatte, konnte ich das aus erster Hand erfahren. Nachdrücklich bekräftigte Putin die Hinwendung zum Westen, die eine unumkehrbare Grundsatzentscheidung gewesen sei. Dies sei nicht geschehen, um ihm, dem Westen, gefallen oder etwas von ihm erhalten zu wollen. »Wir bitten niemanden um etwas, ich verfolge diese Politik nur deshalb, weil ich glaube, dass dies voll und ganz den nationalen Interessen Russlands entspricht.« Diese Politik werde von den Militärs nicht nur mitgetragen, sie drängten ihn geradezu in diese Richtung, behauptete der Kremlchef.

Kurz darauf sprach ich mit dem ehemaligen sowjetischen Verteidigungsminister Igor Rodionow über Putins Äußerungen zur Haltung des russischen Militärs. Die Reaktion des Armeegenerals a. D. war knapp und eindeutig: »Das glaubt Putin doch selbst nicht!« Rodionow war zu der Zeit Duma-Abgeordneter in der kommunistischen Fraktion und immer noch bestens vernetzt mit den militärischen Eliten. In den Kreisen hat man nie aufgehört, Russlands »besondere Interessen« zu pflegen. Rodionow sprach vor allem von »Regionen, in die möglicherweise schon bald die Nato eindringen kann: Im Baltikum, in Kaliningrad, in der Ukraine, in allen ehemaligen

Unionsrepubliken hat Russland nationale Interessen, denn dort leben unsere Landsleute, die vor Diskriminierung geschützt werden müssen.« Das erinnerte mich an den »frühen« Putin Mitte der 1990er Jahre, von dem sich der heutige Kremlchef kaum unterscheidet, der vermeintliche russische Interessen inzwischen weltweit einzuklagen versucht.

Fünf Jahre nach dem kurzzeitigen »Honeymoon« mit den westlichen Staaten und der Nato legte der Mann im Kreml das Kostüm des verständigungsbereiten Politikers ab. Seine Rede auf der Münchner Sicherheitstagung 2007 wurde als »Paukenschlag« empfunden.[217]

Sie geriet zu einer Kampfansage an die USA, ohne dass er es explizit angesprochen hätte. »Eine monopolare Welt, das heißt: ein Machtzentrum, ein Kraftzentrum, ein Entscheidungszentrum. Dieses Modell ist für die Welt unannehmbar. Es ist vernichtend, am Ende auch für den Hegemon selbst«, meinte Putin hoffnungsvoll. Dabei zählte er auf, was ihm in erster Linie Verdruss bereitete. Die Osterweiterung der Nato sei eine »Provokation« und verletze abgegebene Garantien. Das geplante Raketenabwehrsystem werde zu einem »Katalysator des Wettrüstens«, warnte der Kremlchef das atemlos lauschende Auditorium.[218]

Der russische Präsident vergaß in seiner Rede allerdings, auch über die zahlreichen Versuche zu sprechen, die der Westen unternommen hatte, um Russland zum Bündnispartner zu machen. Man mag sie in manchen Fällen halbherzig nennen, aber mindestens ebenso halbherzig ging Moskau mit den Offerten um. Denn letztlich ging es den russischen Militär- und Geheimdiensteliten weniger um Kooperation, denn um Wiedererlangung verloren gegangener Räume. Das aber war weder mit der EU noch mit der Nato zu machen. Die dort obwaltenden Regeln betrachtete Moskau als Beeinträchtigung seiner Souveränität, während die westlichen Organisationen kein Interesse an einem Mitglied Russland hatten, das die in langen Jahren gewachsenen Regelwerke erst einmal seinen Bedürfnissen anpassen wollte. Daran scheiterte letztlich auch Russlands ursprünglich ins Auge gefasste Beteiligung am europäischen Antiraketensystem. Aus Moskauer Sicht ist die Nato ein geopolitischer Konkurrent und ein Faktor, der den russischen Einfluss in Europa und der Welt kraft seiner Existenz einschränkt. Es ist daher nicht wirklich entscheidend, wie sich die Allianz verhält.[219]

2007 in München fühlte sich Kremlchef Putin stark genug, endlich Klartext reden zu können. Dabei übertrug er sein autokratisches Verhalten im Inland nun auch auf die Außenbeziehungen, was sich nach diesem Auftritt noch weiter verstärken sollte. »Die in der russischen Innenpolitik zur Herrschaftssicherung angewandten Mittel werden auf die Außenpolitik übertragen. So findet die Niederknüppelung von kleinen Häuflein von mit dem System Putin ›nicht Einverstandenen‹ ihre Entsprechung in Strafmaßnahmen, die von Handels- und Wirtschaftssanktionen, Stopp des Post- und Bankenverkehrs und Ausweisung von Staatsbürgern bis hin zu von der Staatsmacht tolerierten Botschaftsblockaden reichen«, analysierte der Politikwissenschaftler Hannes Adomeit.[220]

Auch ist die Koinzidenz mit dem wirtschaftlichen Aufschwung, resultierend aus einem traumhaft hohen Ölpreis jener Jahre, unübersehbar. Ein Gefühl der Stärke beflügelte den russischen Herrscher.

## Im Rausch des Wachstums

»In Dollarnoten gewandete junge Leute, Zylinder in den amerikanischen Nationalfarben auf dem Kopf, versetzten die Passanten im Zentrum Moskaus dieser Tage in Erstaunen. Mitglieder der patriotischen, dem Kreml nahestehenden Jugendorganisation ›Naschi‹ (Die Unsrigen) forderten ihre Landsleute auf, den Dollar – bislang inoffizielle Erstwährung in Russland – endgültig ›nach Hause‹ zu schicken. Was ein richtiger Russe sei, der solle seine Ersparnisse in Rubeln anlegen, und die ›Baksy‹, die ›Frenkliny‹ oder die ›Grünen‹, wie der Dollar hierzulande genannt wird, gegen die nationale Währung eintauschen.«[221]

Diese atmosphärischen Eindrücke von der Stimmung in der russischen Hauptstadt schrieb ich im Oktober 2006 für eine Schweizer Zeitung. Ich fand den Artikel zehn Jahre später beim

Durchforsten meines Archivs und stellte fest, dass er nicht nur Glanz und Elend der russischen Realität zu der Zeit beschreibt, sondern ein Stück weit auch erklärt, wie es – trotz gegenteiliger Behauptungen in Moskau – zur Abkehr Russlands von der Politik der Integration in den Westen kam. Es waren innere Faktoren, die diese Neuorientierung bewirkten, die, wenn auch nicht zwangsläufig, so doch aus russischer Sicht folgerichtig zur Konfrontation und dem Krieg in der Ukraine führten.

Naschi folgten mit ihrer Aktion im Herbst 2006 einem Trend, der in Russland schon länger zu beobachten war: Der Rubel, einst der »hölzerne« genannt, gewann an Anziehungskraft in der Bevölkerung. Russische Bekannte fragten mich, den vermeintlichen Kenner der internationalen Währungssituation, ob sie ihre Ersparnisse besser in Dollar, Euro oder Rubel anlegen sollten. Das war neu, erstmals wurden auch Rubelanlagen ernsthaft erwogen.

Der Erdgas- und Ölboom, der Russland zeitweilig mit einer Flut von Dollars überschwemmte, veränderte das Land gründlich. Das neue Verhältnis zum einst belächelten Rubel gehörte zu diesen Veränderungen, die Politiker zu hochfliegenden Träumen animierten. »Der derzeitige Zustand der Wirtschaft in den USA – Herkunftsland der weltweit einzigen Reservewährung – stimmt bedenklich«, hatte Dmitri Medwedjew, damals erster Vizepremier und einer der Anwärter auf die Putin-Nachfolge, schon im Sommer 2006 kurz vor dem G8-Gipfel in St. Petersburg doziert. In dieser Situation komme der Rubel grundsätzlich als Welt-Reservewährung infrage.[222]

Die Moskauer, die sich einem Kaufrausch hingaben, stimmten ihm zu. Warnungen des einstigen Putin-Beraters Andrej Illarionow, der Rubel sei überbewertet und stranguliere die ohnehin schwachen Produzenten, wurden überhört. Aus den Jammer-Russen der neunziger Jahre waren Staatsbürger mit grenzenlosem Selbstwertgefühl geworden. In den Malls der Hauptstadt drängte sich der Mittelstand und befriedigte seine lange Zeit unterdrückten Konsumgelüste. »Wir sind wieder wer«, lautete die ungeschriebene Losung, die zugleich einen aufschäumenden Nationalismus nährte. »Russland den Russen« rief vorerst nur eine kleine, aber lautstarke Minderheit.

Zwar gab es noch immer 25 Millionen Russen, die unter der offiziellen Armutsgrenze lebten. Das waren vor allem diejenigen, die fern der Hauptstadt und abseits der Öl- und Gasfelder lebten. Doch dafür hatten die Hauptstädter noch nie einen Nerv. Ihnen ging es deutlich besser. Auch die Statistik – hier eine Momentaufnahme – verbreitete ein positives Bild, das, wie bei den meisten Statistiken, mit Vorsicht zu genießen ist. Dennoch: Die Einnahmen der Bevölkerung stiegen, im ersten Halbjahr 2006 um elf Prozent. Der Durchschnittsrusse verdiente im Juni 2006 laut statistischem Amt 10 975 Rubel (etwa 323 Euro), über 25 Prozent mehr als im gleichen Monat des Vorjahres.[223]

2015 war das Durchschnittseinkommen in Russland bereits auf 699 Euro gestiegen. Das hob die Stimmung im Lande merklich, wenngleich die Inflation hoch blieb. Sie lag zwischen 2006 und 2015 bei fünf bis 15 Prozent jährlich, erreichte 2016 immerhin 8,4 Prozent.[224] Gleichzeitig fand in Russland eine einschneidende Umverteilung des Eigentums statt. Der *Global Wealth Report* 2016 der Schweizer Bank Credit Suisse hat Russland als das Land identifiziert, in dem die Ungleichheit am gravierendsten ist. Die Tendenz zur Ungleichheit hat die Bank zwar als weltweites Phänomen ausgemacht, das sich seit 2008 deutlich verschärft hat. Doch nirgendwo ist die Disbalance zwischen Reich und Arm so groß wie im Herrschaftsbereich des Wladimir Putin, den seine Anhänger auch in Deutschland gern als Vorkämpfer gegen das Oligarchentum loben. Das Resultat dieses Kampfes: Statt der Jelzin-Oligarchen wird Russland heute von Putin-Freunden beherrscht und 74,5 Prozent des nationalen Reichtums liegen in den Händen von einem Prozent der reichsten Russen. Selbst in Indien und Thailand herrscht nicht so eine eklatante Ungleichheit. Dort besitzt ein Prozent der Reichsten »nur« 58,4 bzw. 58 Prozent des Reichtums. In den USA, die gemeinhin als Symbol für Ungleichheit gelten, liegt dieser Wert bei 42 Prozent.[225]

Der Strom der Petrodollars aus dem Rohstoffexport ließ auch die Staatseinnahmen zeitweilig kräftig anschwellen. Das einstige Schuldnerland Russland brachte im August (2006) locker 20 Milliarden auf und beglich damit die sowjetischen Altschulden. Die Tendenz der Einnahmen damals: weiter steigend. Das weckte zwangsläufig neue Begehrlichkeiten. Die einst schwindsüchtige Staatskasse wurde in den Augen vieler Russen wieder zum Objekt der Begierde, Posten im Staatsdienst waren begehrt. Denn dort hatte man Zugriff auf den neuen Reichtum. Die Korruption im Reiche Wladimir Putins blühte wie nie zuvor. Die Staatsbediensteten, zahlreicher als zur Zeit der viel größeren Sowjetunion, hielten unverfroren die Hand auf: Weit über 300 Milliarden Dollar zapften sie den Unternehmen jährlich in Form von Bestechungsgeldern ab.

In dieser Situation nahm auch die Schlacht um die lukrativsten Förderlizenzen und Unternehmensanteile einen immer härteren Charakter an. Ausländische Investoren, deren Finanzkraft man nun nicht mehr brauchte, wurden systematisch aus dem Rohstoffbereich gedrängt. Das erklärte die Angriffe des Rechnungshofs oder des Ministeriums für Naturressourcen auf Großunternehmen, die in Sibirien oder auf der Insel Sachalin investiert hatten, nur teilweise.

Tatsächlich handelte es sich hier bereits um die Auswirkungen eines Machtkampfes zwischen Einflussgruppen im Dunstkreis des Präsidenten. Sie kämpften vor dem Präsidentschaftswahlkampf 2008 besonders verbissen um die besten Stücke vom reichlich mit Petrodollars verzierten Kuchen. Solange sie sich noch im Innenhof der Macht befanden, versuchten sie, ihre Position zu konsolidieren und auszubauen. »Das, was beispielsweise auf Sachalin geschieht, wo BP und japanische Konzerne unter Druck stehen, hat ausschließlich innerrussische Gründe. Die außenpolitischen Folgen sind den Organisatoren egal«, sagte mir Fjodor Lukjanow, damals noch Chefredakteur der Zeitschrift *Russland in der globalen Politik* bei einem Gespräch 2008 in seiner Moskauer Redaktion.[226]

Das Geld, das dem Rohstoffexport entspringt, hat seiner Meinung nach auch sehr stark auf das politische Denken gewirkt. In Russland wachse das Gefühl, »dass wir die Meinung der anderen ignorieren können«. Moskau verfolge seine eigenen pragmatischen Interessen, »die der anderen kann man berücksichtigen, wenn es nützlich ist, andernfalls lässt man es«. Das betreffe alle: Amerika, Japan und in einem bestimmten

Grade auch Europa. »Erstmals seit 20 Jahren fühlt Russland sich völlig unabhängig«, konstatierte Lukjanow im Jahr 2008.

Unabhängig im russischen Verständnis bedeutet letztlich, dass man glaubt, auf ein partnerschaftliches Verhältnis mit westlichen Ländern verzichten zu können. Wer nach Gründen für Moskaus verändertes Verhältnis zum Ausland, sowohl dem »nahen« wie der Ukraine und Belarus, die immer wieder Erpressungsversuchen im Zusammenhang mit den Erdgaspreisen ausgesetzt sind, als auch dem »fernen« sucht, wird hier fündig. Alles Gerede, der Kreml fühle sich von der Nato in die Enge gedrängt, Russland werde nicht angemessen beachtet und behandelt auf der internationalen Bühne, verschleiert lediglich eine bittere Wahrheit: Die russische Führung um Präsident Wladimir Putin hat spätestens zwischen 2006 und 2008 aus der eigenen, innerrussischen Interessenlage der machthabenden Eliten heraus eine Wende im Verhältnis zum Westen eingeleitet.

Für Putins ehemaligen Wirtschaftsberater Andrej Illarionow besteht kein Zweifel daran, dass der Kremlchef seit 2006 einen langfristigen Plan zur Isolierung Russlands von der Außenwelt verfolgte, indem er die Wiederaufrüstung und die Konfrontation mit dem Westen vorantrieb. In einem Interview im Mai 2016 riet er dem Westen, die Kriege mit der Ukraine und Georgien nicht als zufällige Aktionen anzusehen, sondern sie vielmehr als Symptome einer wesentlich breiter angelegten Politik zu betrachten, die der Kremlchef seit einem Jahrzehnt verfolge. Putins Ziel in dieser Periode habe darin bestanden, die Bevölkerung und die Ökonomie »auf eine längere, viel globalere und viel ernsthaftere Konfrontation mit der Außenwelt« vorzubereiten, als viele angenommen hätten. Tatsächlich fällt es vielen westlichen Politikern bis heute schwer zu begreifen, dass der Mann im Kreml nicht so sehr von übelwollenden ausländischen Kräften getrieben, sondern von den eigenen langfristigen Plänen und Absichten der militärischen und Geheimdiensteliten beflügelt wurde und wird.[227]

Mit der Umsetzung des Konfrontationsplanes, so Illarionow, habe der Kreml begonnen, noch bevor er seine Truppen in die Ukraine entsandte und der Westen als Antwort Sanktionen verhängte. Deutliches Indiz dafür sei das Rüstungsprogramm aus dem Jahr 2010, innerhalb dessen der russische Staat 20 Trillionen Rubel bis zum Jahr 2020 ausgeben will. Der Ökonom verwies zudem auf einen Aspekt, der bislang in der Öffentlichkeit wenig Aufmerksamkeit gefunden hat, der aber ein deutlich besserer Indikator für die von Putin angestrebte Langzeitkonfrontation mit dem Westen sei: Während die russische Wirtschaft im Niedergang befindlich sei, wüchsen die Goldbestände. Im ersten Quartal 2016 haben die Goldankäufe Illarionow zufolge »alle Rekorde gebrochen«. Begonnen hätten die überdimensionalen Goldkäufe allerdings schon 2006. Illarionow schlussfolgert daraus: »Die strategische Planung für die Konfrontation mit der äußeren Welt begann schon vor einer Dekade.«[228]

## Politik entlang des Ölpreises

Bereits in den ersten beiden Amtszeiten Wladimir Putins (2000 – 2008) änderte sich das außenpolitische Konzept Russlands hin zu einer imperialen Denkweise, während ein deutscher Bundeskanzler Schröder seinem Duzfreund in Moskau bescheinigte, ein »lupenreiner Demokrat« zu sein, während deutsche Politiker dem russischen System regelmäßig, oft wohl auch wider besseren Wissens zubilligten, »auf einem guten Weg« zu sein. Derweil marschierte das russische Wahlvolk, orchestriert vom Kreml, in Richtung Imperium. Die »Silowiki«, die Herrschaftseliten der Militärs, Geheimdienstler und Rüstungsproduzenten, begrüßten und beförderten die Rückkehr zur einstigen Stärke. Als äußere Zeichen kam die Melodie der alten Sowjethymne, mit neuem Text versehen, per Präsidenten-Erlass wieder zu Ehren. Statt der unzerstörbaren Sowjetunion wurde jetzt der Ruhm des orthodoxen Russland besungen. Die russische Armee erhielt den roten Sowjetstern zurück.

Das zeitigte Erfolg im Sinne des Großmachtgefühls. Schon im Jahr 2000 hatten sich in einer Umfrage des renommierten Lewada-Zentrums 63 Prozent der Befragten dafür ausgesprochen, lieber auf Wohlstand zu verzichten, wenn sie dafür in einem großen Lande leben dürften, das respektiert und gefürchtet ist. Nur 24 Prozent wollten in jenem Jahr in einem Land leben, das »der modernen Welt und ihren Einflüssen aufgeschlossen gegenübersteht«. 2008 war der Anteil der Freunde eines großen, starken Russland auf 68 Prozent gestiegen, während nur noch 18 Prozent eine Öffnung des Landes befürworteten.[229]

Diese Zahlen sind auch Ausdruck der Absage an eine demokratische Entwicklung in Russland selbst, zu der sich der Herr im Kreml ursprünglich mehrfach bekannt hatte. Damit wuchs die Kluft zu den Partnern im Westen, und zwar als Folge von Moskauer Entscheidungen, die den Interessen der dort herrschenden Eliten entsprachen. Sie hielten jetzt die Zeit für gekommen, die Rolle in der Welt zu übernehmen, die die Sowjetunion einst verspielt hatte, und verloren gegangenes Terrain zurückzugewinnen. Der Kreml, dessen Ökonomie extrem abhängig von den Gewinnen aus dem Gas- und Ölexport ist, änderte seine Politik, als steigende Erdöl- und Erdgaspreise ihm die Kassen füllten.

Das hat Tradition, erst in der Sowjetunion, jetzt in Russland. Der Politiker der oppositionellen, an liberalen Werten orientierten Jabloko-Partei Grigori Jawlinski, der 2018 noch einmal als Präsidentschaftskandidat antreten will, hat den Zusammenhang von Politik und Einnahmen aus dem Gas- und Ölexport über einen längeren Zeitraum untersucht. Der Ökonom gewann dabei eine interessante und für das Verständnis der Realität in Russland wichtige Erkenntnis: »Je niedriger die Preise, je weniger Valuta aus dem Verkauf von Rohstoffen erzielt werden, desto friedliebender ist die Politik der sowjetischen/russischen Führung. Sowie die Preise für Erdöl steigen, gibt es für Überheblichkeit und Selbstverliebtheit keine Grenzen. Sowohl die Außen- als auch die Innenpolitik wird aggressiv und abenteuerlich.«[230]

Die Politik der UdSSR und Russlands, so Jawlinski, habe sich »absolut synchron« mit dem Preisniveau geändert. So habe sich die Sowjetunion zu Beginn der 1970er Jahre, als die Preise im Keller waren, von der Konfrontation entfernt und die Entspannungspolitik ausgerufen. In der zweiten Hälfte dieses Jahrzehnts stieg der Ölpreis, an den der Erdgaspreis gebunden ist, kräftig und erreichte zwischen 1980 und 1984 Spitzenwerte.

Die Entspannungspolitik wurde beendet und die Daumen-schrauben wurden angezogen. Sowjetische Truppen marschie-ren 1979 in Afghanistan ein, 1983 wurde ein Passierflugzeug der Koreanischen Fluggesellschaft KAL über Sachalin abge-schossen, 269 Menschen starben.

Mitte der 1980er Jahre fielen die Preise wieder heftig, diese Tendenz hielt auch während der Perestroika an. Die Sowjet-union brach zusammen. Mit Beginn der »Ära Jelzin« 1991 fie-len die Preise noch weiter und erreichten fast das Niedrigniveau der 1970er Jahre. Die Folge: »Russland verfolgt eine freundliche Politik gegenüber dem Westen, es erhält Kredite, dank derer die Krise und die Instabilität überwunden werden.«[231]

An der Schwelle zum neuen Jahrtausend gelangt Wladimir Putin an die Macht. Der Erdölpreis beginnt zu steigen. In der ersten Hälfte des Jahrzehnts verläuft dieser Prozess noch ge-mäßigt, »und Putin ist noch vorsichtig«. Die nächsten Spitzen-werte werden in der Mitte und zum Ende des ersten Jahrzehnts erreicht. Das hohe Preisniveau bleibt stabil bis ins Jahr 2014. Jawlinski sieht Russland etwa ab 2005 in einer ähnlichen Situa-tion wie die Sowjetunion zu Beginn der 1980er Jahre. Dann, in der zweiten Hälfte der »Nuller-Jahre«, schoss der Preis für das Öl deutlich über die Spitzenwerte zu Beginn der 1980er Jahre hinaus. Die Folge: »Es beginnen politische und militärpoliti-sche Abenteuer, ein antieuropäischer politischer Kurs und der Krieg in der Ukraine.«[232]

# Putins »russische Welt« und ihre »historische Mission«

Wo der Teufel nicht selbst hinwill, schickt
er einen Pfaffen oder ein altes Weib.
*Russische Volksweisheit*

Russland hat nach dem stillen Verschwinden der Sowjetunion lange nach seiner Bestimmung gesucht. Das bisher existierende Imperium, ob geliebt oder gehasst, war verschwunden. Die kommunistische Ideologie, an die nur noch wenige geglaubt hatten, die aber immerhin als Klammer, als Zielvorgabe für eine bessere Welt angerufen werden konnte, gab es nicht mehr.

Boris Jelzin, der einstige Parteifunktionär und erste Präsident der Russischen Föderation, warf sich einem weitgehend unkontrollierten Wirtschaftsliberalismus in die Arme, vergaß dabei aber auch die eigene Familie nicht. Für sein Volk suchte er per Preisausschreiben die »russische Idee«. Er wollte dem Land eine Identität vermitteln, die nichts mehr zu tun haben sollte mit dem gerade entschwundenen Sowjetimperium. Diese Suche verlief zunächst im Sande.

Sein Nachfolger Wladimir Putin, den Jelzin am Silvestertag des Jahres 1999 zum amtierenden Präsidenten und damit zu seinem Nachfolger machte, bekannte sich erst einmal zur Demokratie in Russland. Er setzte zunächst ein Zeichen der Kontinuität. Das kam gut an im Westen, den Russland zu diesem Zeitpunkt vor allem als Wirtschaftskraft brauchte, die dem Land auf die Beine helfen sollte. Der zeitweilige Schulterschluss mit Washington, Brüssel und Berlin zu Beginn der 2000er Jahre hatte vor allem diesen Hintergrund.

Das sollte sich bald ändern. Im Jahr 2007 tauchte im postsowjetischen Russland – zunächst als kulturell-ideologisch geprägte Stiftung – Wladimir Putins »Russki Mir« (Russische Welt) auf.[233] In dieser Zeit begann Russland gerade die schlimmsten Folgen seiner wirtschaftlichen Talfahrt in den

1990er Jahren infolge eines nun in die Höhe schießenden Erdölpreises zu überwinden. So schnell, wie das Selbstbewusstsein der russischen Führung nur wenige Jahre zuvor in den Keller gestürzt war, so schnell erholte es sich und fühlte sich nun bereit, große Veränderungen in der Welt zu bewirken.

Der Vorsitzende der Stiftung »Russki Mir«, Wjatscheslaw Nikonow, bekennt sich inzwischen wieder stolz zu seinem Großvater Wjatscheslaw Molotow, der als Außenminister Stalins den berüchtigten Molotow-Ribbentrop-Pakt unterzeichnet hatte. Der Enkel befindet sich auch damit ganz auf der Linie der patriotischen Staatsideologie. Während meiner Korrespondentenzeit in Moskau traf ich ihn ein paar Mal, damals war er noch als Politologe unterwegs, und er wusste ganz genau, dass ich eigentlich von dem internationalen Finanzmogul Soros bezahlt werde, wahlweise auch vom »deutschen Großkapital«. Mit derlei Sachkunde ausgestattet, saß er ein paar Jahre für die Kremlpartei Geeintes Russland in der Duma.

Als Oberhaupt der finanziell außerordentlich potenten Stiftung »Russische Welt« beschreibt Nikonow Russland als eine starke Nation, die auf bedeutende – übrigens auch unbestrittene – historische Errungenschaften zurückblicken könne. Die russische Geschichte gerät ihm, kurzzeitig die Opferrolle vergessend, zu einer fortwährenden Expansion – von der sibirischen Landnahme über die Kolonisierung Amerikas (gemeint ist Alaska) bis zur Eroberung des Kosmos.[234]

Diese Russland zugeschriebene Rolle als weltweit agierendem Kulturbringer korreliert, was Wunder, mit den Vorstellungen des Kremlchefs. Auf einem Treffen mit Kulturschaffenden bot Putin den Anwesenden schon 2006 eine erste Definition seiner »russischen Welt« an, die der imperialen Ideologie des 19. Jahrhunderts entstammt: »Die russische Welt kann und muss alle vereinen, denen das russische Wort und die russische Kultur teuer sind, wo immer sie auch wohnen, in Russland oder außerhalb. Verwenden Sie diesen Ausdruck so oft wie möglich – Russische Welt.«[235]

Nach der Annexion der Krim 2014 verschärfte Putin in einer im Kreml gehaltenen »Brandrede« seine Vorstellungen von einer russischen Weltordnung: Überall dort, wo Russen und russischsprachige Menschen lebten, fühle Russland sich berechtigt und verpflichtet einzugreifen.[236]

Diese »alt-neue Kombination von ›Volk und Boden‹, von Territorium und Ethnos«, warnte Professor Karl Schlögel, habe schon einmal »eine verheerende Explosivkraft entfaltet«. Er erinnerte daran, dass man so etwas von deutschen Freikorps in der Zwischenkriegszeit gehört habe: »Wo wir sind ist Deutschland.« Jetzt, unter russischen Vorzeichen, bleibe es jedem selbst überlassen, welche Wirkung das haben könne. Immerhin lebten in Deutschland »mehr als drei Millionen Menschen russischer Sprache und Hunderttausende mit russischen Pässen«.[237]

Walentina Matwijenko, seit 2011 Vorsitzende des Föderationsrates, des Oberhauses des russischen Parlaments, und damit die Nummer drei in der russischen Machtrangfolge, hat schon mal Zahlen und Räume benannt, innerhalb derer sich die »ausländische russische Welt« bewegt. Diese Welt vereinigt Matwijenko zufolge Dutzende von Millionen Menschen in über 100 Ländern. Folglich müsse die russische Welt »zu einem globalen Faktor werden, mit dem man auf nationaler und internationaler Ebene rechnet«. Das gehe nicht ab »ohne die Verstärkung der Arbeit zum Schutze der Rechte der Landsleute im Ausland«, erklärte sie und bereitete so die ideelle Grundlage für einen neuen russischen Interventionismus.[238]

Eine Liste von Ländern, in denen Moskau seine Landsleute zu schützen habe, lieferte sie bei ihrem Auftritt auf der okkupierten Krim gleich mit. Russland könne insbesondere die »Drangsalierung« russischer Menschen in den ehemaligen Sowjetrepubliken nicht einfach so hinnehmen. »In einer Reihe von Staaten« breite sich »Russophobie« aus, würden Versuche unternommen, »ihre Bürger von der großen russischen Kultur zu isolieren«. Matwijenko erinnerte in dem Zusammenhang bedeutungsschwer daran, dass außerhalb Russlands besonders viele Russen in der Ukraine, in Belarus, Moldowa und den baltischen Ländern lebten. Die angesprochenen Länder begriffen das durchaus als Drohung.[239]

Das Konzept von der »russischen Welt« stützt sich auf mehrere ideelle Säulen und nimmt dabei Anleihen aus dem Zarentum auf. Sergej Uwarow, der erzreaktionäre Minister für

Volksaufklärung von Zar Nikolai I., prägte 1833 die bekannte russische nationale Doktrin von der »Dreieinigkeit« von Orthodoxie, Autokratie und Volkstümlichkeit.[240]

Dabei begreift man im heutigen Russland die »Autokratie« als die auf Putin zugeschnittene Herrschaft eines starken Führers, um den sich die Russen scharen sollen. Die zarische »Volkstümlichkeit« hat im Lande Putins die Metamorphose zu einer Art des völkischen Nationalismus durchlaufen. Ergänzt wird das Gesamtkonstrukt durch das »Eurasiertum«, das weniger eine Abkehr vom Westen ist, als vielmehr zur Begründung einer »historischen Mission« zur Befreiung des Westens dient, der angeblich die konservativen Werte der russischen Welt zu seiner Genesung braucht.

## Eurasien als Wirtschaftsstandort

Mit der Gründung der Eurasischen Wirtschaftsunion (EAES) im Mai 2014 – Start war der 1. Januar 2015 – erfüllte sich Kremlchef Putin einen langgehegten Wunsch. In mehreren Regierungserklärungen hatte er die Schaffung der Wirtschaftsunion als strategisches Ziel seines Wirkens als Präsident ausgegeben. Damit sollte ein Gegengewicht zur Europäischen Union im Westen geschaffen werden. Allerdings offenbarten sich eklatante Geburtsmängel, als der Vertrag über die Unionsbildung von Weißrussland (Belarus), Kasachstan und Russland unterzeichnet wurde: Es fehlte die Ukraine mit ihren 45 Millionen Verbrauchern, die ursprünglich als wichtiger strategischer Partner ihren Platz in dem Wirtschaftsbund einnehmen sollte.

Doch die Putin-Clique befand, es sei wichtiger, sich die Krim einzuverleiben und in der Ostukraine einen kaum noch verdeckt zu nennenden Krieg zu führen. Damit ist die Ukraine, ohne die Moskau vorgab nicht leben zu können, für Russland auf sehr lange Sicht verloren. Gleichzeitig hat Kremlchef Wladimir Putin sein eigenes Lieblingsprojekt torpediert, ehe es überhaupt richtig starten konnte.

Das dürfte zweifellos andere interessierte Länder abgehalten haben, sich allzu eng an eine Führungsmacht zu ketten, die mit ihren Nachbarn nach Gutdünken umspringt und inzwischen wegen ihrer militärischen Abenteuer in wirtschaftlich turbulentes Fahrwasser geraten ist. Vorläufig haben sich lediglich Armenien und Kirgisien noch dazu durchringen können, dem Verein beizutreten.

Der leidet, ohne die ökonomisch vergleichsweise starke Ukraine, unter erheblichen Ungleichgewichten. Moskaus Wirtschaft mit einem Bruttoinlandsprodukt (BIP) von zwei Billionen Dollar ist rund acht Mal so groß wie die Kasachstans. Weißrussland bringt lediglich vier Prozent der russischen Wirtschaft in das Bündnis ein. Armenien und Kirgisien sind die Armenhäuser der eurasischen Wirtschaftsunion. Die als EU-Gegengewicht konzipierte Organisation hinkt und ist schwach auf der Brust. Sein BIP liegt bei 2,5 Billionen Dollar, das der EU bei mehr als 17 Billionen.[241]

Die EAES stellt letztlich so etwas wie einen Klub »Russland +« dar. In Russland sind 80 Prozent der Gesamtbevölkerung aller fünf Mitgliedsstaaten beheimatet, 84 Prozent des Territoriums gehört Russland, das 84,3 Prozent des BIP erzeugt.[242]

Die neue Wirtschaftsunion, die allen postsowjetischen Staaten und auch allen anderen Ländern offensteht, nährt bei einem Teil der Russen das Misstrauen, ihr Land könnte zur »Melkkuh« der neuen Wirtschaftsunion werden, indem Gelder aus dem russischen Budget zur Unterstützung der armen Mitglieder abfließen. Doch auch die Eliten in den nach 1991 unabhängig gewordenen Staaten schauen ihrerseits misstrauisch auf das Projekt. Sie machen sich keine Illusionen darüber, dass Russland in erster Linie seine eigenen geopolitischen Ambitionen zu realisieren gedenkt.

Ursprünglich hatte die russische Seite auch politische und sicherheitspolitische Aspekte in das Vertragswerk aufnehmen wollen. Vor allem Nursultan Nasarbajew, der kasachische Autokrat, wehrte sich dagegen. Die »Politisierung« der Wirtschaftsunion käme nicht infrage, erklärte er seinen Amtskollegen auf einer Tagung des höchsten eurasischen Wirtschaftsrates Ende 2013. Da stand Russlands Angriff auf die Ukraine noch bevor. Der Kasache drängte bei der Gelegenheit darauf, dass die damals noch in der Gründungsphase befindliche Union ausschließlich Wirtschaftsfragen vorbehalten bleiben solle. Themen wie »Grenzsicherung, Migrationspolitik, das Verteidigungs- und Sicherheitssystem, aber auch Fragen des Gesundheitswesens, der Bildung, Kultur, der juristischen Unterstützung in zivilen, administrativen und Kriminalfällen gehören nicht zur ökonomischen Integration …«. Nasarbajews Sorge, dass über die Wirtschaftsunion Einfluss auf die Lage im Innern seines Landes genommen werden könnte, wird hier deutlich sichtbar. Auch wollte er sich für seinen »souveränen Staat« freie Hand sichern für die Zusammenarbeit auch mit anderen Staaten und internationalen Organisationen. Die Union, gemeint war natürlich Moskau, »sollte uns in dieser Hinsicht nicht stören«.[243]

Zwei Jahre nach dem offiziellen Start der EAES am 1. 1. 2015 sind wichtige Versprechungen, die Moskau den Mitgliedern im Vorfeld gemacht hatte, um sie zum Mitmachen zu bewegen, nicht erfüllt worden, teils, weil von falschen Voraussetzungen ausgegangen wurde. So erwies sich die Annahme, die Mitglieder der Wirtschaftsunion könnten durch ihre zentrale Lage in Asien wirtschaftliche Vorteile durch den Transitverkehr erzielen, als Luftnummer.

Hatten Putins Verkehrsstrategen, allen voran der inzwischen abgedankte Chef der russischen Eisenbahnen, Wladimir Jakunin, nicht bemerkt, was sich tat? Dass nämlich die größte Reederei Chinas, die China Ocean Shipping Company (Cosco), in den vergangenen Jahren – beginnend 2009 mit der Pacht des halben Hafens von Piräus – systematisch ein dichtes Netz an Hafenbeteiligungen im gesamten Mittelmeerraum zusammengekauft hat. »Unternehmen der Volksrepublik halten Anteile an den italienischen Häfen in Genua und Neapel, in Ägypten haben sie sich in Alexandria und Said eingekauft, in Israel gehören ihnen Anlagen in Haifa und Ashdod, genauso wie im türkischen Kumport und im algerischen Cherchell.«[244]

Computerhersteller, die in China produzieren – Hewlett-Packard, ZTE, Huawei, Sony – nutzen inzwischen den griechischen Hafen Piräus als Umschlagplatz für Europa. Innerhalb einer Woche können so Waren von der chinesischen Ostküste via Suezkanal Europa erreichen. Sollte die Eurasische Wirtschaftsunion irgendwann ein modernes Schienensystem durch Mittelasien zu bauen in der Lage sein (mit chinesischer Hilfe), dürften die Hauptwarenströme längst auf den Meereswasserstraßen unterwegs sein.

Auch die Hoffnungen auf eine engere Integration und damit eine Ausweitung des Handels erfüllten sich nach Inkrafttreten der Zollunion im Jahr 2010 bisher nicht. Der Anteil der EAES-Staaten am russischen Warenaustausch stagnierte über Jahre hinweg unverändert bei knapp acht Prozent.[245]

Die dritte Fehlkalkulation schließlich: Moskau überzeugte im Jahr 2010 seine Partner in Belarus und Kasachstan davon, dass es im Rahmen einer gemeinsamen Organisation leichter sein werde, sich mit den großen internationalen Wirtschaftsorganisationen auf der Basis vorteilhafter Bedingungen zu einigen. Ganz allgemein lockte die russische Führung mit dem Versprechen, gemeinsam werde es einfacher, sich ins internationale Wirtschaftsleben zu integrieren. Nachdem die Putin-Truppe in jüngster Zeit durch eigenes Verschulden – Stichwort Ukraine-Krieg, verbunden mit russischen Importverboten aus dem EU-Raum – die Wirtschaftsverbindungen mit dem Westen stark ramponiert hat, sehen sich die eurasischen Partner nun als Geiseln einer Politik, die sie nicht zu verantworten haben, die sie aber auch nicht beeinflussen können.

## Eurasien als ideologisches Konstrukt

Eurasien als ideologisches Konstrukt spielte in den offiziellen Gründungsdokumenten der Wirtschaftsunion keine Rolle. Die wenigen Mitglieder hätten da – siehe Nasarbajews tiefe Abneigung, über die Ökonomie hinauszugehen – nicht mitgespielt. Es würde auch zu kurz greifen, die eurasische Idee lediglich als geistigen Überbau für den eurasischen Wirtschaftsverbund oder die in der Zukunft von Moskau anvisierte politische Union anzusehen. Vielmehr ist der »Eurasianismus« ein philosophisch-politisches Konzept, das im Wesentlichen von dem im Wiener Exil lebenden russischen Sprachwissenschaftler Nikolai

Trubezkoj (1890 – 1938) entwickelt wurde. Im Unterschied zu konservativen, im deutschen Exil lebenden russischen Philosophen wie Berdjajew und Iljin, die den Sowjetstaat ablehnten, fand er bei Trubezkoj seinen Platz. Dessen eurasischer Ideologie zufolge war Russland ein auserwählter Kontinent, der sich im Kampf mit dem Westen um die Weltherrschaft befindet. Und nur ein autoritärer Staat könne diesen Kampf bestehen.[246]

Nach dem Zerfall der Sowjetunion fanden diese Gedanken vor allem durch Alexander Dugin wieder Eingang in den russischen Diskurs, wurden aber beispielsweise in Deutschland völlig unterschätzt. Osteuropa- und Russlandexperten wie Prof. Klaus Segbers rieten ihren Studenten in den 1990er Jahren davon ab, sich mit der Person Dugins und seinem Einfluss auf das Geistesleben in Russland zu beschäftigen. Dugin sei unwichtig, ein Auslaufmodell. So ersparte man sich in der Euphorie der Jelzin-Zeit und der vermeintlichen demokratischen Entwicklung die Auseinandersetzung mit Erscheinungen, die unangenehm waren und dem »Zeitgeist« zu widersprechen schienen. Welch ein Irrtum!

Alexander Dugin mit seinen Thesen der 1990er Jahre – totaler Staat, Expansion ohne Grenzen –, der in seiner neuen Version der eurasischen Ideologie ausgerechnet Carl Schmitt, den führenden Juristen der Nazis, zu seinem Kronzeugen machte, wurde zum Stichwortgeber des Putin-Regimes. Er ist gelegentlich wohl auch Emissär in geheimer Mission, wie sein Besuch in der Türkei kurz vor der russisch-türkischen Versöhnung im August 2016 nahelegt.

Dugin ist heute, obwohl er seinen Universitätsposten verloren hat, in den russischen Medien so präsent wie nie zuvor. Mehrfach in der Woche tritt er in einem staatlichen oder halbstaatlichen Fernsehen auf und erklärt dem Auditorium seine Sicht auf die Welt. In seinem TV-Kanal *Zargrad* verbreitet er die »Direktiven Dugins« – ein Sammelsurium nationalpatriotisch-eurasischer Einfälle. Seine 2001 gegründete internationale eurasische Bewegung steht unter der Losung »Eurasianismus zuerst, dann alles andere …«.

In seinem »Isborsker Club«, der von dem üblen, wortgewaltigen Demagogen Alexander Prochanow geleitet wird, haben sich bekannte Militärs, Historiker, Journalisten und Politiker extrem konservativer Ausrichtung versammelt, die sich an der theoretischen Ausgestaltung des Eurasiertums und der russischen Welt abarbeiten.

Dugin hatte bereits in den 1990er Jahren Sympathien für Italiens Faschismus und deutsche Nazis geäußert. In seinem Artikel »Faschismus – grenzenlos und rot« sagte Dugin das Aufkommen eines »authentischen, realen, radikalen, revolutionären und konsequenten, eines faschistischen Faschismus« für Russland vorher. Dabei sei es Dugin zufolge »völlig unberechtigt, den Faschismus eine ›extrem rechte‹ Ideologie zu nennen. Dieses Phänomen wird viel besser charakterisiert durch die paradoxe Formel ›Konservative Revolution‹ – also jenen Begriff, mit dem Dugin sowohl seine eigene Ideologie als auch die Programmatik seiner eurasischen Bewegung fasst«, wie Andreas Umland meint.[247]

Weitgehend unbeachtet von der russischen Öffentlichkeit und völlig ignoriert von den sogenannten »Putin-Verstehern« in Deutschland hat eine kleine Gruppe russischer Intellektueller versucht, sich dieser Entwicklung entgegenzustellen. In einer Erklärung konstatierte der »Runde Tisch 12. Dezember«, »dass im Lande der Übergang zu einem totalitären Regime faschistischen ... Typs stattfindet. Das geschieht nach dem Willen einer kleinen Gruppe von Leuten, die ihre Machtposition ausnutzen, die sie weder rechtmäßig, noch nach dem Gesetz erhielten, darauf rechnend, dass sie ihre Macht bewahren können, indem sie dem Land einen aggressiven Chauvinismus und eine imperiale Aggression aufzwangen, um die Gesellschaft von den realen Problemen abzulenken.«[248]

Das alles geschehe »unter Duldung des übergroßen Teils der politischen Elite, die mit den Vorgängen unzufrieden ist, aber durch die eigene Furcht paralysiert wurde. Ein großer Teil der Bürger ist durch eine massive Propaganda benebelt, die einen hysterischen Enthusiasmus für den verlogenen Patriotismus befördert und die die nicht geschlossene Wunde, geschlagen durch den Zerfall des sowjetischen Imperiums, ausnutzt. Wenn wir diese Mischung aus Angst und Gleichgültigkeit beibehalten, dann ist unser Land zum Untergang verurteilt ...«[249]

Eine Warnung, die bislang ungehört verhallte. Putins Macht-eliten sehen offenkundig im Eurasiertum Dugins ein probates Mittel für die Umsetzung ihrer Vorstellungen. Das Eurasiertum korreliert mit den Wünschen des Kremlchefs, sich für erlittene »Erniedrigungen« zu revanchieren und sich dabei ein ideolo-gisch-philosophisches Mäntelchen umzuhängen, das gewisser-maßen eine höhere, vorherbestimmte Aufgabe impliziert, die es zu erfüllen gelte.

Eurasien und damit Russland sei mit einer »historischen Mission« beauftragt, predigt Dugin, die letztlich in der Ausei-nandersetzung mit dem Westen zum Erfolg führen soll. »Die Russen verstanden den Sinn ihrer Existenz in der Geschichte als Erfüllung einer einzigartigen Mission. Sie ist nur uns anver-traut, aber sie muss alle anderen berühren … Wir übernahmen die universale Verantwortung für das Schicksal der Welt, für die schwierige Sache der Rettung des Geistes, der die Vollstän-digkeit und die Vollendung sucht.«[250]

Dugin beruft sich auf die geopolitische Theorie von den Ländern des Festlandes und des Meeres, die von den Grün-dervätern der angloamerikanischen Geopolitik, dem Amerika-ner Alfred Thayer Mahan (1840 – 1914) und dem Briten Halford Mackinder (1861 – 1947) geprägt wurde. Sie gelten als Klassiker ihres Fachs. Dugin arbeitet sich schon deshalb mit Freuden an ihnen ab, lässt sich doch aus deren geopolitischen Ansätzen die besondere Bedeutung Russlands in der Welt herausfiltern.[251]

Er malt das Bild eines unausweichlichen, naturgegebenen Antagonismus zwischen zwei Wertesystemen, dem des »Fest-landes« und dem des »Meeres«. Dem Festland schreibt er die Werte zu, die im Einklang mit denen der »russischen Welt« als »Herzland Eurasiens« stehen: »Tradition, Glaube (für Russen die Orthodoxie), Imperium, Volk, das Sakrale, Geschichte, Fa-milie, Ethik.« Die Welt des Meeres bedeutet für Dugin »Moder-nisierung, Handel, Technik, liberale Demokratie, Kapitalismus, Parlamentarismus, Individualismus, Materialismus, Gender-Politik«.[252]

Russland als »Kern der Zivilisation des Festlandes« sei des-halb dazu verurteilt, den jahrhundertelangen Kampf mit der angelsächsischen Welt zu führen. Dessen Kern sei früher das

Britische Empire gewesen, heute seien das die USA. »Auf diese Weise sind die Eurasier die Gegner der westlichen Hegemonie, Gegner der amerikanischen Expansion, Opponenten der liberalen Werte und Parteigänger der sich selbst genügenden russischen Zivilisation, Religion und Tradition.«[253] Sie seien gleichzeitig aber auch Gegner der russischen »Sapadniki« (Westler) und Modernisierer, in erster Linie der Liberalen.

Damit spricht Dugin seinem Präsidenten aus dem Herzen. Der beklagte schon im Dezember 2013 zum 20. Jahrestag der russischen Verfassung, dass sich der Westen von den traditionellen Werten abgewendet habe und so Stabilität und Frieden in der Gesellschaft gefährde. In vielen Ländern würden »Gut und Böse« als gleichberechtigt nebeneinandergestellt. Die Zerstörung von Familienwerten – gemeint waren gleichgeschlechtliche Ehen und der Umgang mit Homosexualität generell – hätten negative Folgen für die Gesellschaft. In dieser Situation habe Russland »eine historische Verantwortung«, die jahrtausendealten Grundlagen menschlichen Zusammenlebens in der Welt zu verteidigen. »Natürlich ist das eine konservative Position«, betonte Putin. Doch könne so Chaos verhindert werden. »In vielen Ländern werden heute die Normen von Moral und Sittlichkeit umgekrempelt, nationale Traditionen und die Unterschiede zwischen den Nationen und Kulturen verwaschen«, barmte der Kremlchef, gab sich aber zuversichtlich: »Wir wissen, dass es in der Welt immer mehr Menschen gibt, die unsere Position beim Schutz traditioneller Werte unterstützen.«[254]

Die Speerspitze des duginschen Eurasiertums, bei dem der Kremlchef je nach Lage der Dinge Anleihen aufnimmt, ist zunächst gegen Europa gerichtet. Die heutigen Strukturen des Kontinents werden ausschließlich dem langen Arm der Amerikaner zugeschrieben, was, so die Überzeugung in Moskau, den Kontinent langfristig zum Untergang verurteilt. Die aktuellen, schweren Probleme der Europäischen Union werden denn auch – mal verhohlen, mal unverhohlen – mit Freude und Genugtuung gesehen. Bestätigten sie doch das Gefühl der Überlegenheit über ein schwaches, zerstrittenes Europa – das man aber großmütig zu retten bereit ist. »Die Entkolonialisierung von Deutschland ist eines der Projekte der eurasischen

Strategie«, sagt Alexander Dugin. »Europa ist für uns ein Synonym für Deutschland und Frankreich, Spanien, Italien, also die kontinentalen Länder. Deutschland ist das Land, das uns als Partner am nächsten steht. Dafür muss es aber ein anderes Deutschland sein, ein deutsches Deutschland, ein europäisches Deutschland, kein amerikanisches Deutschland, kein Marionettendeutschland, kein besetztes Deutschland. In Wirklichkeit braucht Europa einen nationalen Befreiungskampf gegen die amerikanische Hegemonie.«[255]

Ein Kommentator der Moskauer Zeitung *Iswestija,* die zum Verlagsimperium des Putin-Freundes Kowaltschuk gehört, interpretiert das aus der Sicht des Kremls und macht dabei deutlich, wie eng beieinander Dugins schwülstig-faschistische Mystik und die Denkweise der Kremlapologeten oft sind: »Die russische Welt, über die der Präsident am Ende seines Fernsehinterviews[256] gesprochen hat, ist eine Gemeinschaft von Menschen unterschiedlicher ethnischer Abstammung, die Russisch sprechen … in der Lage, dem heutigen Europa etwas zu geben, was ihm offensichtlich fehlt. Es geht um den Mut, sich einem äußeren und kulturellen Diktat nicht zu unterwerfen … Putin feiert die triumphale Rückkehr unseres Staates in die europäische Zivilisation, nicht als ungebetener Gast, sondern in gewissem Sinn als ihr kommender Befreier.«[257]

Der Philosoph Dugin hat da inzwischen noch weitergehende Vorstellungen ausgebrütet. Ihm zufolge sei Europa schwach, es könne sich selbst nicht gegen verderbliche Einflüsse wie Homosexualität wehren. »Wir bieten den Europäern, die untereinander zerstritten sind, Schutz.«

Dugin schwebt eine Art byzantinischer Staat vor, in dem Russland mit einem Zaren an der Spitze das Protektorat über den europäischen Kontinent ausübt. Großmütig will er den einzelnen Ländern »ein hohes Maß an Autonomie« zugestehen. Dugin wollte seinen Vorschlag als Beitrag in der Debatte über die »russische Idee« verstanden wissen, die immer noch nicht gefunden sei. Dabei sei alles so einfach: »Lasst uns Europa erobern, eingliedern und anschließen!«[258]

Diese »Befreiungs«-Idee aus dem Jahr 2013 klang doch sehr nach »Absurdistan«. Ich hatte sie zunächst lediglich wegen der

Chronistenpflicht aufgehoben. Ein Interview, das der Kremlberater Sergej Karaganow im Herbst 2016 einem deutschen Nachrichtenmagazin gab, belehrte mich eines Besseren. Karaganow, Ehrenvorsitzender des Rates für Außen- und Sicherheitspolitik, erklärte: »Wir wollen eine weitere Destabilisierung der Welt verhindern. Und wir wollen den Status einer Großmacht. Wir können darauf leider nicht verzichten – dieser Status ist in den vergangenen 300 Jahren zum Teil unseres Erbguts geworden. Wir möchten das Zentrum eines großen Eurasien sein, einer Zone von Frieden und Zusammenarbeit. Zu diesem Eurasien wird auch der Subkontinent Europa gehören.«[259]

Damit hatte das russische Establishment Dugins Vorstellungen von der Neuordnung Europas, wenn auch leicht modifiziert, als Handlungsmaxime aufgegriffen.

## Ein Volk, ein Anführer

Alexander Dugin, lupenreiner Verfechter eines russischen Faschismus, sieht seine eurasischen Träume seit der Inthronisierung Wladimir Putins als Präsident wahr werden. Deshalb werde »der Patriot Putin« von den Eurasiern unterstützt. Denn: »Putin schreitet selbstgewiss zur Schaffung der Eurasischen Union, er fürchtet sich nicht, den Westen und seine Liberalen offen herauszufordern, mit voller Stimme beruft er sich auf den Glauben, die Traditionen, die konservativen Grundlagen der Gesellschaft.«[260]

In einer erstaunlichen Zuspitzung versuchte Wjatscheslaw Wolodin, damals stellvertretender Leiter der Kremladministration, heute Duma-Sprecher, den ausländischen Gästen des Waldai-Clubs nahezubringen, welche Bedeutung der Chef des Kreml tatsächlich hat. Er verpackte die Botschaft an die internationalen Beobachter und Russlandexperten, die regelmäßig zu den Club-Treffen geladen werden, in der ambitionierten Formel »es gibt kein Russland ohne Putin«. Und fügte hinzu, »jeder Angriff auf Putin ist ein Angriff auf Russland«. Die Umfrageergebnisse würden diese Sicht stützen. 85 Prozent der Russen unterstützten Putins politischen Kurs. 66 Prozent sehen keinen anderen Präsidentschaftskandidaten für die Wahl 2018. Ohne Putin gebe es das heutige Russland nicht, so Wolodin.[261]

In Wolodins plakativ klingender These von »ein Volk – ein Leader« erkannten unabhängige russische Journalisten sehr schnell deutliche Parallelen zum Dritten Reich. Damals hatte der später als Kriegsverbrecher verurteilte Rudolf Hess getextet: »Die Partei ist Hitler! Hitler aber ist Deutschland wie Deutschland Hitler ist!«[262]

Putin mag auch deshalb später den Versuch unternommen haben, diese zweifelhafte Formulierung zurückzuweisen. Wolodins Behauptung, »Kein Putin, kein Russland«, sei falsch, sagte er. Dennoch sei es »natürlich«, wenn »ein Staatsoberhaupt, die Person Nummer eins in einer Nation, immer mit dem Land verbunden wird … Und nicht nur in Russland.« Wirkung auf seine russischen Landsleute dürfte dieser taktische halbe Rückzug kaum haben. Es ist so ähnlich, wie mit steilen AfD-Thesen in Deutschland, die, scheinbar übereifrig aufgestellt, dementiert werden, aber in den Köpfen bleiben. Was ja die Absicht war.[263]

Zumal dem Kreml nahestehende Institutionen das argumentative Futter dazu liefern und immer neue Belege für die einzigartige Rolle ihres Präsidenten beibringen. So ist der Generaldirektor des Internationalen Instituts für politische Expertise, Jewgeni Mintschenko, der tiefen Überzeugung, dass das gesamte politische System in Russland auf Putin basiere. Er habe keine Gegenspieler. Nachdem er das Feld von allem, was auch nur den Anschein des Oppositionellen hatte, geräumt hat, muss man allerdings hinzufügen.

Für Waleri Fjodorow, Chef des Meinungsforschungsinstituts WZIOM, ist die hohe Popularität Putins auf die Ereignisse in der Ukraine zurückzuführen. Die Angliederung der Krim habe Putins politisches Schicksal stark beeinflusst. »Putin ist Teil der Geschichte geworden«, so Fjodorow.[264]

Das gedenkt er auch zu bleiben, notfalls auch unabhängig von seinem Präsidentenamt. Unmittelbar nach Beginn seiner dritten Amtszeit 2012 ließ er sich für diesen Zweck einen »Notlandeplatz« in Form einer Organisation vorbereiten, deren Anführer er wurde: Die Allrussische Nationale Front Sa Rossiju

(Für Russland, ONF), in der Parteien, gesellschaftliche Organisationen, Gewerkschaften und Unternehmerverbände zusammengefasst sind. Anklänge an seine DDR-Erfahrungen, wo aus künstlich geschaffenen Parteien und anderen Organisationen bis hin zum Kulturbund ebenfalls eine Nationale Front gebildet worden war, die von Honeckers SED-Politbüro und damit von ihm selbst beherrscht wurde, sind unübersehbar. Auf dem Gründungskongress der ONF im Juni 2013 wurde Wladimir Putin per Akklamation zum »Leader« gewählt.[265]

Von der ONF war nach ihrer Gründung nicht mehr viel zu vernehmen, wenn man mal von Show-Veranstaltungen in größeren Abständen absieht. Aber die Organisation existiert, Putin kann sich ihrer als »nationaler Anführer« jederzeit bedienen, wenn es ihm sinnvoll erscheint.

Inzwischen versucht sich der Präsident schon mal als tiefsinniger Ideengeber für sein Staatsvolk. In einer mehrstündigen Frage-und-Antwort-Show im russischen Staatsfernsehen im April 2014 ließ er sich die Frage stellen, was denn für ihn »der russische Mensch, das russische Volk« bedeute. Putins Antwort: »Unser Volk, unser Land hat wie ein Staubsauger Vertreter verschiedener Ethnien, Nationen, Nationalitäten aufgesaugt. Übrigens wurde auf dieser Grundlage nicht nur unser allgemeiner kultureller Code geschaffen, sondern auch der aus gesprochen mächtige genetische Code, weil seit Jahrhunderten und sogar Jahrtausenden der Austausch von Genen stattfindet, gemischte Ehen. Und dieser unser genetischer Code ist höchstwahrscheinlich einer unserer wesentlichen Konkurrenzvorteile in der modernen Welt. Er ist flexibel, er ist stabil. Wir spüren das nicht, aber er wird wohl existieren.«[266]

Wusste der Präsident, dass er sich damit im rassistischen Obskurantismus verheddert hatte? Rassismus ist laut einer UNESCO-Definition aus dem Jahre 1995 »der Glaube, dass menschliche Populationen sich in genetisch bedingten Merkmalen von sozialem Wert unterscheiden, so dass bestimmte Gruppen gegenüber anderen höherwertig oder minderwertig sind«.[267]

Wenn er es gewusst haben sollte, hat es ihn jedenfalls nicht weiter gekümmert. Schließlich hatte er sich der genetischen

Überlegenheit seiner Landsleute über den Rest der Welt schon mehrfach gewidmet. So auf einer Kundgebung kurz vor der Präsidentenwahl im März 2012. »Die Schlacht um Russland geht weiter, und wir werden siegen«, versprach er seinen jubelnden Anhängern, die ohne viel Worte verstanden, dass »der Westen« zum Sprung ansetzt. Dringend forderte er die Kundgebungsteilnehmer auf, nicht Richtung Ausland zu schauen und das Land nicht zu verraten. Eine indirekte Anspielung auf die Anti-Putin-Demonstrationen (»Russland ohne Putin«) im Winter 2011 / 2012, die der herrschenden Clique wie ein Schock in die Knochen gefahren waren. Die Antwort waren extrem harte Urteile für Demonstrationsteilnehmer und markige Sprüche auf der anschließend erlaubten, vom Apparat durchorganisierten Demonstration. »Wir werden nicht zulassen, dass uns jemand von außen seinen Willen aufdrängt«, sagte er. Und: »Wir sind ein Siegervolk, das haben wir in den Genen.«[268] Die angebliche genetische Überlegenheit der Russen über andere Völker ist eine der Obsessionen, die den Mann im Kreml beherrscht, der sich dadurch selbst noch einmal erhöht fühlen kann.

Charakteristisch für diese russische Führungsfigur ist ihre Fähigkeit, das gestern Gesagte zügig wieder zu vergessen und im Bedarfsfall das völlige Gegenteil davon zu erklären. Es muss ihm eine besondere Befriedigung bereitet haben, US-Präsident Barack Obama – den er und seine »Silowiki« für lächerlich und schwach hielten, während sie gleichzeitig über einen bevorstehenden Angriff der Amerikaner auf Russland faselten – zu belehren. Obama hatte zuvor die amerikanische Nation als etwas Außergewöhnliches bezeichnet. Putin wusste es besser. »Sehr gefährlich ist es, die Menschen dafür zu begeistern, dass sie sich für etwas Exklusives halten, aus welcher Motivation auch immer. Wenn wir Gott um seinen Segen bitten, sollten wir nicht vergessen, dass Gott uns gleich erschaffen hat«, erinnerte der russische Präsident seinen US-Amtskollegen in einem Artikel für die *New York Times*, der zeitlich zwischen den beiden Genetik-Äußerungen des Kremlchefs erschienen war.[269]

Der *Times*-Artikel, den nur wenige Russen zu Gesicht bekamen, war offensichtlich für die ausländische Tribüne gedacht.

Das heimatliche Theater versorgte der Kremlchef dann wieder mit eurasischen Dumpfheiten des 19. und 20. Jahrhunderts, die seinem Volk heute den Weg in die Zukunft beleuchten sollen. »Mir scheint, der russische Mensch, oder, um es breiter zu fassen, der Mensch der russischen Welt, denkt vor allem daran, dass es eine Art höhere moralische Bestimmung des Menschen gibt, eine Art höheres moralisches Prinzip. Deshalb ist der russische Mensch, der Mensch der russischen Welt, nicht so sehr auf sich selbst gerichtet, sondern nach außen hin geöffnet.« In der angeblich individualisierten westlichen Welt sei der persönliche Erfolg das Maß der Dinge, das werde von der Gesellschaft anerkannt. »Das reicht uns nicht.« In der russischen Welt würden selbst die Reichen sich nicht mit den von ihnen erworbenen Millionen und Milliarden zufriedengeben. Sie würden sich über den persönlichen Erfolg hinaus der Gesellschaft zuwenden, wie Putin im April 2015 verkündete. Er glaube, dass »nur unser Volk das bekannte Sprichwort hervorbringen konnte: ›Auf der Welt ist auch der Tod schön.‹« In diesem Sprichwort drücke sich die Bereitschaft der Russen aus, den Tod zu erleiden »für die Seinen, für sein Volk und, in der modernen Sprache ausgedrückt, für das Vaterland«.[270]

Diese Worte fielen nach der Besetzung der ukrainischen Krim und nach der Entfesselung eines Krieges in der Ostukraine. Etliche der sogenannten oder tatsächlichen russischen »Freiwilligen«, die in den Kämpfen in der Ostukraine ihr Leben verloren, mögen sich seinem Appell an die überlegene Volksgemeinschaft, für die zu sterben es eine Freude sei, angeschlossen haben.

Dugin, der schon mal dazu auffordert, Ukrainer zu »töten, töten, töten«, liefert dazu die faschistoide Untermalung. »Unser russisches Volk war sich immer seiner Einheit und seiner Bestimmung bewusst«, dozierte er. »Das Wesen der Zugehörigkeit zum russischen Volk besteht in einem nicht fassbaren Vorhandensein eines besonderen Geistes. Er ist es, der den Russen zum Russen macht. Es ist ein besonderer Strom: Er berührt die Nerven, geht ins Blut … Wir sind keine Masse, wir sind keine Klasse, wir sind nicht einmal ein Staat, wir sind das Volk. Das russische Volk. Genau das ist die erste und letzte Antwort für uns selbst und für alle anderen. Außerhalb des Volkes gibt es kein Dasein.«[271]

Er rief seine Landsleute auf, zu ihrem russischen »Ich« zurückzukehren. Mit ihm müsse man sich versöhnen, es in sich öffnen, es »reinigen mit einem Strom unseres russischen Blutes«. Es gelte die Welt in einem Moment zu retten, da sie von neuen Abenteuerlichkeiten bedroht werde, vergleichbar dem Turmbau zu Babel oder dem moralischen Verfall, dem die Sintflut folgte. »Aber selbst wenn die reinigende Flut unausweichlich sein sollte, müssen wir wissen, was nach der Sintflut bleibt – wir.«[272]

## Die Orthodoxie – eine Säule der »russischen Welt«

Es erfordert schon eine große Überwindung, um in der heiligen Quelle von Talesch zu baden. Sie entspringt rund 70 Kilometer südlich von Moskau in einem kleinen, malerischen Tal. In zwei hölzernen, nach Männern und Frauen getrennten Badehäusern, durch die das frische, eiskalte Quellwasser fließt, nehmen die Gläubigen ihre rituellen Waschungen vor. Dazu legen sie lange Badegewänder an, tauchen dreimal unter, wobei sie sich jedes Mal bekreuzigen. Und heftig nach Luft schnappen. Besonders an den Wochenenden ist der Andrang groß.

Die wiederentdeckte Religiosität, die für viele eher ein religiös verbrämtes Brauchtum ist, hat eine ganz spezifische russische Ausprägung bekommen. Kenntnisse über den Inhalt des Christentums sind auch 25 Jahre nach dem Ende der Sowjetunion schwach entwickelt. Dabei geht es nicht ohne Paradoxa ab: 66 Prozent der Russen betrachten sich zwar als orthodoxe Christen, aber nur 32 Prozent glauben an Gott.

An Feiertagen zündet man in den Kirchen Kerzen an, die Teilnahme am Gottesdienst fällt dagegen meist aus. Bekreuzigungen werden routiniert und automatisiert vorgenommen. In der Familie eines Freundes beispielsweise geht niemand zur Kirche, aber Enkel Arseni trägt natürlich sein Kreuzchen. Er ist Russe, da macht man das so.

Nationalität und Orthodoxie werden weitgehend als Einheit betrachtet, so, wie die russisch-orthodoxe Kirche das in früheren Jahrhunderten geformt hat. Deutsche Prinzessinnen, deutsche Wissenschaftler und Handwerker beispielsweise, die nach Russland kamen und den orthodoxen Glauben annahmen, erhielten russische Namen und waren damit automatisch Russen, die zur russischen Welt gehörten.

Was dem einfachen Russen als nationale Folklore oder als Form der spirituellen Erbauung erscheint, die er in seinem Leben nicht missen möchte, spielt als religiöses Herrschaftsinstrument eine wichtige Rolle in der neu geordneten »russischen Welt« von Kremlchef Putin. Die russisch-orthodoxe Kirche ist unter der Regentschaft von Patriarch Kirill in den vergangenen Jahren zu einer verlässlichen Stütze bei der nationalistischen Umgestaltung des Landes geworden.

Seit Januar 2009 steht Patriarch Kirill, bürgerlicher Name Wladimir Gundjajew, an der Spitze der russisch-orthodoxen Kirche. Er war der Wunschkandidat des Kreml. Dort wusste man, dass die Wiedervereinigung der russisch-orthodoxen Kirche mit der seit 1926 getrennt agierenden orthodoxen Auslandskirche zwar in die Amtszeit von Alexi fiel, im Wesentlichen aber das Werk des für die internationalen Beziehungen zustandigen Kirill war. Die russische Führung begrüßte die Versöhnung, erweiterten sich doch die Möglichkeiten, über die Kirche Russlands Einfluss in der Welt auszubauen.

Unversöhnlich dagegen ist die Haltung der russischen Orthodoxie gegenüber dem Katholizismus bis heute. Die westlich-lateinische und die östlich-orthodoxe Kirche gelten seit dem 16. Juli 1054 als getrennt. Ein historisch zu nennendes Treffen auf Kuba hat daran nichts geändert. Mit Papst Franziskus und dem Moskauer Patriarchen Kirill trafen sich im Februar 2016 die Oberhäupter der römisch-katholischen und der russisch-orthodoxen Kirche erstmalig seit der Spaltung vor fast 1000 Jahren. In einer auf Russisch und Italienisch abgefassten Erklärung betonten sie nach einem rund zweieinhalbstündigen Gespräch, dass Katholiken und Orthodoxe nicht Konkurrenten, sondern Geschwister seien. Gemeinsam fordern der Papst und der Patriarch die Achtung der Religionsfreiheit und warnten

vor dem Verlust christlicher Wurzeln Europas. Überdies betonten die beiden Kirchenoberhäupter die Bedeutung der Familie
und die gemeinsamen Sorgen angesichts von Säkularisierung
und mangelndem Schutz des Lebens.[273]

Damit endeten freilich die Gemeinsamkeiten. Viel mehr
hatten sich die beiden Kirchenoberen nicht zu sagen. Aus orthodoxer Sicht auch völlig logisch, betrachtet man sich doch
ohnehin als die einzig wahre christliche Religion und die rö-
misch-katholische Kirche lediglich als Abweichlerin. Für Fjodor Dostojewski, den großen erzkonservativen slawophilen
Schriftsteller, war der Katholizismus im 19. Jahrhundert sogar
schlimmer als der Atheismus.

Bereits ein Jahr vor dem Treffen des Patriarchen mit dem
Papst hatte die russische Kirche jegliche Beziehungen zu reli-
giösen Organisationen abgebrochen, die Homo-Ehen unterstützen, gleichgeschlechtliche Ehen in Kirchen schließen oder
Homosexuellen erlauben, Priester zu werden. Papst Franziskus
ist in seiner Kirche ebenfalls mit derartigen Fragen konfrontiert, die Haltung der römischen Katholiken dabei wird von der
russischen Orthodoxie als viel zu nachgiebig empfunden.

Die Spaltung wird deshalb nach Ansicht von Kirill auch in
absehbarer Zeit nicht überwunden werden. Eine Wiedervereinigung der russisch-orthodoxen und römisch-katholischen
Kirche wäre vielmehr »ein Wunder Gottes, wenn wir es eines
Tages erleben könnten«, sagte er nach dem historischen Treffen in Kuba. Er steht damit in einer Ablehnungsfront mit seinem Präsidenten, der dem Westen vorgeworfen hat, moralische
Werte verraten zu haben.[274]

Schon im November 2001 schrieb mir Alexi II. in einem
schriftlich gegebenen Interview, dass die Beziehungen zwischen
der russischen Orthodoxie und der römisch-katholischen Kirche gegenwärtig »die wahrscheinlich schwierigste Periode seit
dem zweiten vatikanischen Konzil« (11. Oktober 1962 bis zum
8. Dezember 1965) durchlebten. Er erinnerte daran, dass auf
diesem Konzil der Beschluss gefasst worden war, die orthodoxe
Kirche als »Schwesterkirche« zu betrachten. »Ein fruchtbarer,
fürwahr brüderlicher Dialog im Bereich des Gottesdienstes
und in anderen Sphären entwickelte sich bis zum Ende der 80er

und zum Beginn der 90er Jahre. Doch nach dem Zerfall der UdSSR verkomplizierten sich unsere Beziehungen ernsthaft.«

Das hatte eine innere Logik. Zwar wurde die orthodoxe Kirche in der Sowjetunion unterdrückt, spielte aber auch die ihr von der Partei zugestandene Rolle in den internationalen Kirchenbeziehungen. Gleichzeitig bewahrte der Eiserne Vorhang die Orthodoxie vor verderblich empfundenen äußeren Einflüssen, wie sie dann nach dem Zerfall der Sowjetunion über die Kirche hereinbrachen. Patriarch Alexi beklagte in dem Interview »die Unterstützung des Vatikans für die Unierten in der Westukraine, wo als Folge direkter Gewalt drei Bistümer der ukrainischen orthodoxen Kirche des Moskauer Patriarchats beseitigt wurden und bis heute das untrennbare Recht der Orthodoxen auf die Freiheit der Glaubensausübung geschmälert ist«.[275] Das andere Problem, das Spannungen in den Dialog trage, bestehe »in der proselytischen Politik katholischer Strukturen, die auf dem kanonischen Gebiet der russisch-orthodoxen Kirche agieren. Der Aufruf zum Katholizismus ergeht in den Ländern der Gemeinschaft Unabhängiger Staaten so, als wäre auf ihren Territorien das Wort Christi nie verkündet worden, als hätten die hier lebenden Menschen keine jahrhundertealte orthodoxe Tradition. Mit einem derartigen Vorgehen können wir uns natürlich niemals einverstanden erklären«, schrieb mir Alexi II. damals.

Sein späterer Nachfolger, Kirill, im Jahr 2006 noch »Außenminister« der russischen Orthodoxie, hob die Auseinandersetzung schon damals auf eine prinzipielle Ebene. Von der Universalität der Menschenrechte, wie sie in UN-Konventionen und Erklärungen des Europarats – Russland ist dort überall Mitglied – postuliert werden, hielt Kirill nichts. Die »westliche Konzeption liberaler Werte« ist ungeeignet für Russland, erklärte der damalige Leiter der Abteilung für Außenbeziehungen des Moskauer Patriarchats, Metropolit von Smolensk und Kaliningrad, Kirill, im April 2006 anlässlich der in Moskau stattfindenden 10. Internationalen Volkssynode (WRNS).

»Wir müssen der Tatsache ins Auge sehen: Die westlichen Werte von Freiheit und Menschenrechten eignen sich einfach nicht für Russland. Das Gerede von der Menschenwürde ist doch nichts anderes als das Propagieren des Individualismus. Der aber führt zum demografischen Verfall, zum asozialen und unmoralischen Verhalten. Er befördert den Egoismus und Individualismus, der dem russischen Volk fremd ist. Schlimmer noch: Hinter der Konzeption von den Menschenrechten verbergen sich Lüge, Unwahrheit, generell Ideen, die nicht nur dem Christentum, sondern allgemein den traditionellen Moralvorstellungen über den Menschen widersprechen.«[276]

Damit hatte Kirill sich und die russisch-orthodoxe Kirche eingebracht in den schon damals von der russischen Führung geführten »Abwehrkampf« gegen westliche Einflüsse. In diese Zeit fallen zugleich erste Überlegungen für die Gestaltung der Konzeption der »russischen Welt«. Die Gläubigen hatten nun auch von kirchlicher Seite ein Stützkorsett eingezogen bekommen, das ihnen helfen sollte, den »Verlockungen« des Abendlandes zu widerstehen.

## Menschenrechte sind Ketzerei

Zehn Jahre später kam Kirill auf das Menschenrechtsthema zurück und entdeckte nun: Wer die Menschenrechte über den orthodoxen Glauben stellt, begeht Ketzerei. Auf der ganzen Welt, so erklärte er nach einer Liturgie in der Moskauer Christus-Erlöser-Kathedrale, triumphiere die »Ketzerei der Verneigung vor dem Menschen«. Das sei eine Form der Häresie, eine »neue Verehrung von Idolen, die Gott aus dem menschlichen Leben drängt«. Das habe es im globalen Maßstab bisher noch nie gegeben, sagte das zutiefst beunruhigte Oberhaupt der russisch-orthodoxen Kirche. »Die Revolution der Vertreibung Gottes aus dem menschlichen Leben, aus dem Leben der Gesellschaft«, so der Patriarch, »begann in der Neuzeit, als der Mensch und seine Rechte zu universellen Kriterien der Wahrheit wurden.«[277]

Anfangs verbreitete sich diese neue Weltsicht in Westeuropa und Amerika, dann drang sie in Russland ein. Und jetzt, »mit immer neuen Kräften, bereits im Maßstab des ganzen Planeten, entwickelt sich diese Idee eines Lebens ohne Gott«, beklagte das russische Kirchenoberhaupt. »Wir sehen, wie in vielen aufblühenden Ländern Anstrengungen unternommen werden, durch das Recht jede beliebige Wahl des Menschen zu unterstützen, darunter selbst die sündhaftesten, die dem Wort Gottes zuwiderlaufen, dem Verständnis von Heiligtum, dem Verständnis von Gott.« Er warnte vor den »apokalyptischen Folgen« einer solchen Weltanschauung und forderte, »wir müssen die Orthodoxie schützen«.[278]

Als besonders verwerflich gilt Kirill das »sehr gefährliche Phänomen« des Feminismus. Feministische Organisationen würden eine Pseudofreiheit der Frauen außerhalb der Ehe und der Familie proklamieren, warnte er in einem Gespräch mit einer orthodoxen Frauengruppe. Dabei sei es an dem Manne, »den Blick nach außen zu wenden, zu arbeiten und Geld zu verdienen. Während die Frau immer nach innen fokussiert war, auf ihre Kinder, ihr Heim. Wenn diese außerordentlich bedeutende Rolle der Frau zerstört wird, wird in der Konsequenz alles zerstört – die Familie, und wenn man so will, das Heimatland.«[279]

Schlimmer noch ist für die Orthodoxie die Legalisierung von gleichgeschlechtlichen Ehen in zahlreichen westlichen Ländern. Auch das sei ein Zeichen für eine »heraufziehende Apokalypse«, sagte Patriarch Kirill während einer Predigt in der Kasaner Kathedrale auf dem Moskauer Roten Platz. Indem derartige Ehen legalisiert werden, rechtfertigten die Regierungen in den westlichen Ländern »die Entscheidung für die Sünde«. Der Weltuntergang droht auch hier. Zumindest »im heiligen Russland« müsse alles getan werden, dass so ein Gesetz niemals eingeführt werde, denn »das würde bedeuten, dass die Menschen sich auf dem Wege der Selbstzerstörung befinden«.[280]

Mit derlei Grundsatzerklärungen gibt das Oberhaupt der russischen Orthodoxie der politischen Führung deutlich zu verstehen, dass die Kirche ihren Part beim Aufbau von Wladimir Putins »russischer Welt« zu spielen bereit ist. Das gilt besonders für ein Memorandum der russischen Volkssynode von 2015. Das Papier fügt sich in seinen demagogischen, komplexbeladenen und wirklichkeitsfremden Aussagen sehr gut ein in den russischen Propagandakrieg gegen den Westen. In der Erklärung wird die »Russophobie« als eine »der gefährlichsten Formen der Xenophobie« verurteilt. »Russophob« seien Menschen, die sich für die westliche Zivilisation entschieden hätten und die sich als Teil einer Avantgarde einer »fortgeschrittenen« Gesellschaft in einer feindlichen Umgebung »zurückgebliebener Eingeborener« betrachteten. Und die sich angeblich der sie umgebenden »Biomasse« überlegen fühlten, wird unterstellt.[281]

Die »Russophobie« nimmt nach Meinung der orthodoxen Kirche manchmal sogar die Form des Genozids an. »Das findet heute im Donbass statt.« Ausdruck der ideologischen Russophobie sei »die Aggression von Nazi-Deutschland und seiner Verbündeten im Jahr 1941«, aber auch die Ausdehnung der Nato nach Osten und die Versuche zur internationalen Isolierung Russlands. Russophobie erkennen die Autoren des Memorandums auch in der »Aggression« westlicher Medien. Die gefährlichste Spielart der Russophobie sei indes die »systemisch, doktrinär« ausgestaltete Russophobie, die »den Hintergrund bildet für militärische, politische und ökonomische Entscheidungen der herrschenden Kreise der weltweit mächtigsten und einflussreichsten westlichen Zivilisationen, zu denen die USA, Kanada und Westeuropa gehören«.[282]

# Russland erhebt sich von den Knien

> Ihr habt gedacht, wir seien in die Knie gegangen.
> Dabei haben wir uns nur die Stiefel geschnürt.
>
> *Geflügeltes Wort russischer Patrioten*

»Der russische Bär kehrt zurück!« Der TV-Sender *Swesda* (Der Stern), mit dem die russischen Militärs täglich ihre Weltsicht unters Volk bringen, schlug im Herbst 2016 klischeehafte Jubeltöne an. Die Wiederbelebung der Militärstützpunkte auf Kuba und Vietnam werde erwogen, berichtete der Sender unter Berufung auf das Verteidigungsministerium in Moskau. Russland hatte die Stützpunkte 2002 aus ökonomischen Gründen in einer Honeymoon-Phase in den Beziehungen zu den USA aufgegeben. Jetzt verband *Swesda*-TV diese Mitteilung mit einem in Russland inzwischen unvermeidlichen Seitenhieb auf die Vereinigten Staaten. In den neunziger Jahren, als »amerikanische Generäle ruhig Zigarren rauchen, Whiskey trinken und in ihren Lagezentren die Beine auf den Tisch legen konnten«, hätten sie irrtümlich geglaubt, »den Dritten Weltkrieg zu ihren Gunsten beendet zu haben«. In jener Zeit hätten sie dem russischen Bären keine Aufmerksamkeit geschenkt, was »ein Fehler« gewesen sei.[283]

Das klingt sonderbar vor dem Hintergrund der insbesondere von Vertretern des russischen militärisch-industriellen Komplexes, aber auch von staatstragenden Politikern permanent vorgetragenen Klagen über den »aggressiven Westen«, von dem man ein Vierteljahrhundert lang nur belogen und betrogen worden sei. Worin sollte der Fehler bestanden haben, von dem *Swesda* mit höhnischem Unterton sprach? Hatte die Weltmacht USA das verabsäumt, was Moskau den Amerikanern seit Jahrzehnten vorwirft: den Versuch, Russland zu zerschlagen?

Tatsächlich hatte der Westen das postsowjetische Russland – in der Hoffnung auf Partnerschaft – in der schwierigsten Phase seiner Existenz in den 1990er Jahren mit materiellen Hilfen und

Krediten über Wasser gehalten. So erhielt Russland nach dem Staatsbankrott 1998 vom IWF einen Kredit von 25 Milliarden Dollar, ohne den das Land praktisch in die Katastrophe gestürzt wäre. Das befähigte den Bären, um im Bild des russischen Militär-TVs zu bleiben, nach einer Zeit der Rekonvaleszenz dazu, seine Tatzen auf fremde Gebiete zu setzen. Den ersten militärischen Angriff auf einen ausländischen Staat startete Moskau im August 2008 im Kaukasus, zehn Jahre nach dem von westlichen Geldgebern abgewendeten Beinahe-Zusammenbruch der russischen Wirtschaft und nach der Rückführung eines Viertels des sowjetischen Atomwaffenpotenzials aus der Ukraine.

## Der Georgien-Krieg

Die Entwicklung in Georgien wurde für Moskau insbesondere nach der sogenannten Rosenrevolution im November 2003 und der Machtergreifung durch den amerikafreundlichen Präsidenten Michail Saakaschwili zu einem wachsenden Ärgernis. Das kleine Land im Südkaukasus, von Moskau stets als ein gefügiges Urlaubsziel und als Weinlieferant angesehen, wandte sich dem Westen zu und drängte in die EU und in die Nato. Eine Majestätsbeleidigung aus russischer Sicht, auch wenn die russischen Präsidenten Jelzin und Putin zahlreiche europäische und bilaterale Verträge über die Souveränität europäischer Staaten und ihr Recht, sich ihre eigenen Bündnispartner zu suchen, unterschrieben hatten.

Für Moskau galt das nicht für das »nahe Ausland«, ein Begriff, unter dem der Kreml bekanntlich die ehemaligen Sowjetrepubliken zusammengefasst hatte. Georgien wurde mit Boykottmaßnahmen überzogen. Georgische Weine und Mineralwässer, wichtige Exportgüter, wurden von Russland nicht mehr abgenommen, Direktflüge zwischen Moskau und Tbilissi gestrichen. Gleichzeitig stärkte Russland den Separatisten in Abchasien, am Schwarzen Meer gelegen, und Südossetien im Norden an der Grenze zu Russland den Rücken, schürte die dort immer wieder auftretenden Spannungen, die sich alljährlich in den Sommermonaten in wilden Schießereien entluden.

Betroffen waren vor allem die georgischen Enklaven in Südossetien. Russische »Friedenskräfte«, die vereinbarungsgemäß
in den Regionen eigentlich für Ruhe sorgen sollten, taten offenkundig genau das Gegenteil. Moskau gab derweil freigiebig
russische Pässe an Südosseten und Abchasen aus und machte
sie so zu russischen Staatsbürgern.

Die Situation eskalierte im Jahr 2008. Zunächst deuteten
die politischen Zeichen noch auf Entspannung hin. Russland
stimmte im UNO-Sicherheitsrat mit den anderen Mitgliedern
für die territoriale Integrität Georgiens. Womit die Zugehörigkeit Abchasiens und Südossetiens zu Georgien noch einmal bestätigt wurde. Die Nato ihrerseits hielt sich auf ihrem Gipfeltreffen im April in Bukarest mit Zusagen an Georgien und an die
Ukraine zurück. Die USA hatten ursprünglich den Membership
Action Plan (MAP) für beide Länder vorgesehen. Die sogenannte Road Map dient der stufenweisen Entwicklung von An-
wärterstaaten bis zu ihrer Nato-Mitgliedschaftsfähigkeit. Insbesondere Deutschland und Frankreich widersetzten sich auf
dem Gipfeltreffen diesem Plan in der irrigen Annahme, damit
ein Signal der Entspannung aussenden und Moskaus Besorg-
nisse beschwichtigen zu können.[284]

Das Gegenteil war der Fall. Die Putin-Truppe sah in diesem
Zurückweichen ein Zeichen der Schwäche und forcierte die
Spannungen im Südkaukasus. Es gelang ihr, Saakaschwili zu
der unüberlegten Aktion zu provozieren, vor der ihn die westlichen Verbündeten immer wieder gewarnt hatten. Doch der
Georgier hielt den Moment, an dem alle Welt die Augen auf die
Olympischen Spiele in Peking gerichtet hatte, für günstig. Er
ließ seine Truppen vorrücken, um das abtrünnige Südossetien,
das wohlgemerkt nicht zu Russland, sondern völkerrechtlich
zu Georgien gehört, wieder in den georgischen Staatsverband
zurückzuholen. Dabei mag ihn der Gedanke beflügelt haben,
dass sein Widersacher Putin es schließlich mit Tschetschenien
genauso gemacht hatte.

Darauf hatte man in Moskau offensichtlich nur gewartet. Die
Verbände der 58. Armee, die im russischen Nordossetien stationiert war, wurden schleunigst nach Südossetien in Georgien
in Marsch gesetzt. Sie stießen am frühen Morgen des 8. August

2008 vom Norden durch den Roki-Tunnel vor auf Zchinwali. Dort vertrieben sie nach kurzen, heftigen Gefechten die georgischen Truppen und drangen zügig ins georgische Kernland vor. Sie beschossen Städte wie Gori und Kaspi, legten eine von den Amerikanern errichtete Militärbasis in Senaki im Süden Georgiens mit Luftangriffen in Schutt und Asche und zerstörten den Hafen von Poti weitgehend. Die russischen Panzer stoppten erst 40 Kilometer vor Tbilissi.

Die Europäische Union, in der zu dem Zeitpunkt Frankreich die Präsidentschaft innehatte, setzte sich in Moskau für eine schnelle Beendigung der Kämpfe ein. Der französische Staatspräsident Nicolas Sarkozy und Russlands Präsident Dmitri Medwedjew, der in einer Interimsphase den Posten bis zur Rückkehr Putins verwalten durfte, einigten sich auf einen Sechs-Punkte-Plan als Grundlage für einen Waffenstillstand und den Rückzug der russischen Truppen aus Georgien.

Das russische Militär hielt derweil georgische Städte und Dörfer besetzt, es baute Checkpoints, um strategisch wichtige Straßen zu kontrollieren. Es war das erste Mal seit Gründung der Russischen Föderation 1991, dass Moskau Krieg gegen ein Mitgliedsland der UNO führte und es teilweise okkupierte. Diese Besetzung sollte gut zwei Monate dauern.

In dem 13 Monate später veröffentlichten Bericht der vom Europäischen Rat eingesetzten Unabhängigen Untersuchungskommission zum Konflikt in Georgien (IIFFMCG – CEIIG) wird festgestellt, dass der »Einsatz von Gewalt durch Georgien in Südossetien, beginnend mit dem Beschuss Zchinwalis in der Nacht vom 7. auf 8. August« unter den Maßgaben des internationalen Rechts nicht gerechtfertigt gewesen sei.

Auch wurde der Behauptung Saakaschwilis widersprochen, dass dem georgischen Angriff auf Südossetien eine »groß angelegte russische Invasion« in Südossetien vorangegangen sei. Die Leiterin der Kommission, die Schweizer Diplomatin Heidi Tagliavini, stellte fest: »Es gab keinen laufenden militärischen Angriff Russlands vor dem Beginn der georgischen Operation.« Zugleich wird in dem Dokument, das der damalige russische EU-Botschafter Wladimir Tschischow als »im Großen und Ganzen objektiv« eingeschätzt hatte, auch Russland kritisiert. Zwar habe das russische Militär in der ersten Phase des Konflikts grundsätzlich legal gehandelt. Doch dann seien die russischen Aktionen weit über die vernünftigen Grenzen der Selbstverteidigung hinausgegangen. Der Vorstoß auf georgisches Kerngebiet schließlich sei illegal gewesen. »Es muss gesagt werden, dass die russische Militäraktion außerhalb Südossetiens im Wesentlichen ein Verstoß gegen internationales Recht war«, heißt es in dem Bericht.[285]

Das änderte nichts daran, dass Saakaschwili gravierende Fehler begangen hat, von denen der schwerste, verbrecherisch zu nennende, der Beschuss von Zchinwali mit schweren Waffen war. Russlands Führung, die die Großstadt Grosny in zwei Tschetschenien-Kriegen bombardieren und mit Artillerie und Raketen weit schlimmer zerstören ließ als es in der südossetischen Stadt der Fall war, und die Zehntausende Menschenleben auf dem Gewissen hat, war damals vom Ausland zu Recht scharf kritisiert worden. Dieser Maßstab muss auch an den georgischen Präsidenten angelegt werden, egal, ob in Zchinwali 1600 Menschen den Tod fanden, wie Südosseten und Russen behaupten, oder ob es – wie Menschenrechtsorganisationen herausfanden – deutlich weniger Opfer waren.[286]

Abchasien und Südossetien indes, die von Russland ungeachtet der nur wenige Monate alten UN-Resolution Ende August 2008 als unabhängige Staaten anerkannt wurden, blieben bis heute getrennt vom georgischen Staatsverband. Moskau hatte begonnen, die Grenzen in Europa neu zu ziehen.

Das warf ganz selbstverständlich die Frage auf, ob die kommenden Konfliktherde möglicherweise die Ukraine und vor allem die Krim mit dem Sitz der russischen Schwarzmeerflotte in Sewastopol sein könnten. Der damalige Moskauer ARD-Korrespondent Thomas Roth stellte sie kurz nach dem Krieg in einem Interview mit Putin. Der gab sich entrüstet: »Die Krim ist kein strittiges Gebiet. Dort gab es keinen ethnischen Konflikt, im Gegensatz zu Südossetien und Georgien. Und Russland hat vor langer Zeit die Grenzen der heutigen Ukraine anerkannt. Wir haben im Grunde unsere Gespräche über die Grenzen beendet. Es geht um Demarkationsfragen, aber das sind schon technische Dinge. Die Frage über irgendwelche ähnlichen Ziele

Russlands gegenüber der Ukraine riecht für mich sehr nach einer Provokation«, wies er im August 2008 den ARD-Korrespondenten zurecht. Sechs Jahre später waren diese Worte des russischen Präsidenten keine Kopeke mehr wert.[287]

## Der Maidan in Kiew 2004

Die Ereignisse in Kiew Ende des Jahres 2013 und zu Beginn von 2014, die von Moskau zum Vorwand für die Aggression gegen die Ukraine missbraucht wurden, können kaum verstanden werden, ohne auf die orangene Revolution von 2004 zurückzublicken. Russlands politische und militärische Eliten, letztere mit dem Blick auf ihren traditionsreichen Flottenstützpunkt Sewastopol, betrachteten die Ukraine seit jeher als Bestandteil Russlands. Diese Denkweise änderte sich auch dann nicht, als das Land 1991 zu einem unabhängigen Staat und zum Gründungsmitglied der GUS wurde. Anfangs schien keine Gefahr des Abfalls zu drohen. Nach der Unabhängigkeit hatten sich in Kiew zunächst ehemalige Parteikader mit guten Beziehungen zu Moskau an den Hebeln der Macht abgelöst, obwohl auch sie mit einer Westanbindung liebäugelten. Doch im Herbst 2004 drohte erstmals eine grundsätzliche Wende. Mit Wiktor Juschtschenko hatte ein europäisch orientierter ukrainischer Politiker die Chance, Präsident des Landes zu werden.

Der Kreml setzte dagegen auf die korrupte Clique um Wiktor Janukowitsch, da Präsident Leonid Kutschma laut Verfassung nicht mehr kandidieren durfte, und schickte seine »Kohorten« in die Schlacht. Nie zuvor hatte es im einstigen sowjetischen Raum eine derart massive Einmischung in die Angelegenheit einer der ehemaligen Sowjetrepubliken gegeben. Politologen und Polittechnologen – Experten für Wahlmanipulationen außerhalb der Legalität – strömten in Massen nach Kiew und in die ukrainischen Industriezentren. Außerdem waren ein Sonderkommando der russischen Geheimdienste und eine Beratergruppe der Präsidialadministration dort im Einsatz.[288]

Moskau, das sich durch die wachsenden Einnahmen durch den Gas- und Ölexport wirtschaftlich im Aufwind fühlte, ließ sich sein massives Eingreifen einiges kosten. »Russland führte Vergünstigungen für Arbeitsemigranten aus der Ukraine ein. Die durften 90 Tage lang ohne Anmeldung arbeiten, während selbst Bürger Russlands, die von einer Stadt in die andere umzogen, sich binnen drei Tagen anzumelden hatten. Russland senkte die Preise für Energieträger und strich für in die Ukraine exportierte Brennstoffe die Umsatzsteuer – ein Geschenk, das 800 Millionen US-Dollar wert war.«[289]

Das zeitigte zunächst Wirkung im Sinne der Moskauer Pläne. Putin galt in der Phase lange Zeit als der populärste Politiker in der Ukraine. Alles schien auf einen Erfolg für seinen Günstling Janukowitsch hinauszulaufen, der sich alle zwei Monate mit Putin traf, der völlig ungeniert darüber sprach, wie er den Ukrainer zu unterstützen gedachte.

Dieser Übereifer, dieses ungehemmte Hineinregieren in das Nachbarland führte zu einem Stimmungsumschwung. Das Fass zum Überlaufen brachte eine Parade in Kiew zum 60. Jahrestag der Befreiung Kiews von den Hitlertruppen. Sie wurde extra ein paar Tage vorgezogen, um kurz vor der Präsidentschaftswahl noch einmal einen Höhepunkt zu kreieren: Janukowitsch, Putin und der scheidende Präsident Kutschma präsentierten sich auf der Tribüne, auf der zu allem Überfluss auch noch der damalige Chef der Kremladministration Dmitri Medwedjew saß. Der Präsident Russlands griff damit persönlich in den Wahlkampf eines anderen Staates ein.[290]

Das Ergebnis war für Moskau ernüchternd. Juschtschenko führte nach dem ersten Wahlgang, hatte aber die erforderliche absolute Mehrheit nicht erreicht. Nach dem zweiten Wahlgang erklärte die Wahlkommission Janukowitsch zum Sieger, aber die Ukrainer glaubten den Zahlen nicht. Sie setzten, unterstützt von der Obersten Rada, dem Parlament, und dem Verfassungsgericht eine Wiederholung des zweiten Durchgangs im Dezember durch, die Juschtschenko deutlich gewann. Die euphorische Stimmung, die ich damals im Zentrum von Kiew auf dem Maidan erleben konnte, werde ich nie vergessen. »Jetzt sind wir Europäer«, jubelte die Menge in der Hoffnung, dass sich die Verhältnisse im Lande nun endlich, wenn auch langsam, zum Besseren wandeln würden.

Kremlchef Putin hatte allerdings noch vor dem erneuten Urnengang im Dezember 2004 überraschend sanfte Töne angeschlagen. Völlig unerwartet erklärte er am 10. Dezember 2004 in Moskau, er habe keine Einwände gegen eine Annäherung der Ukraine an die Europäische Union. Während er die Expansion der Nato weiterhin ablehne, habe er die Ausdehnung der Europäischen Union »immer« als »positiven Prozess« gesehen, sagte er dem spanischen Ministerpräsidenten José Luis Rodríguez Zapatero bei dessen Besuch im Kreml. Russland glaube, dass der Aufbau eines gemeinsamen Wirtschaftsraumes mit der Europäischen Union im Interesse beider Seiten sei und die ökonomischen Bindungen »harmonisieren« werde. Diese Projekte stünden nicht im Widerspruch zur eventuellen Aufnahme neuer Mitglieder in die EU, das treffe auch auf die Ukraine zu. Sollte die Ukraine sich der EU anschließen, »wäre das ein positiver Faktor, der im Gegensatz zur Nato-Expansion hilfreich sein werde bei der Stärkung des Systems der internationalen Beziehungen«.[291] Der Passus, in dem Putin einen EU-Beitritt der Ukraine als »positiv« bezeichnete, war dem Kreml offenbar so wichtig, dass er noch in der Nacht in einer Extrameldung wiederholt wurde.[292]

Wenige Jahre später, nach der strategischen Umorientierung Moskaus hin zur Eurasischen Wirtschaftsunion und den zunehmenden, von Petrodollars genährten Allmachtsfantasien wurde aus dem »positiven Faktor« einer EU-Mitgliedschaft der Ukraine ein »Angriff auf die Interessen Russlands«. Das zunächst auch von Janukowitsch, der inzwischen Juschtschenko im Präsidentenamt beerbt hatte, angestrebte Assoziationsabkommen mit der Europäischen Union geriet nun aus Moskauer Sicht in die Nähe einer Kriegserklärung.

## Der Maidan 2013 / 2014

Ende November 2013 wurde der Maidan, der Unabhängigkeitsplatz in Kiew, erneut zum Schauplatz heftiger Auseinandersetzungen. Der Anlass: Nach langen vorbereitenden Verhandlungen über ein Assoziationsabkommen zwischen der Ukraine und der Europäischen Union machte Präsident Wiktor Janukowitsch eine jähe Wende und unterzeichnete den seit langem fertig vorliegenden Vertrag unter dem Druck Moskaus nicht.

Zehntausende Menschen versammelten sich daraufhin auf dem Maidan. Sie wollten das Abkommen mit der Europäischen Union. Die Proteste verliefen zunächst friedlich, im Dezember stieg die Teilnehmerzahl an den Sonntagskundgebungen auf rund 100 000. Es kam zu ersten Ausschreitungen. Spezialeinheiten der Polizei trieben Demonstranten mit Tränengas und Blendgranaten auseinander, eine Zeltstadt entstand im Zentrum der ukrainischen Hauptstadt. Die russische Propaganda war flink mit der Anschuldigung zur Hand, ukrainische »Faschisten« würden ihr Unwesen in Kiew treiben. Zwar waren an den Demonstrationen in Kiew auch rechtsextreme Kräfte wie der »Rechte Sektor« und die Organisation »Swoboda« beteiligt, doch sie waren zahlenmäßig schwach, wenn auch militant.

Doch die Proteste in Kiew, die schließlich in der Absetzung von Präsident Janukowitsch und in der Wahl von Poroschenko zum neuen Präsidenten gipfelten, speisten sich mehrheitlich aus ganz anderen Quellen. So setzten sich die Demonstranten für eine prodemokratische, proeuropäische Ausrichtung der ukrainischen Politik ein, während sie sich gleichzeitig gegen die herrschende korrupte Oligarchie wandten, die in der Ukraine teilweise mafiaähnliche Strukturen aufweist. Der Widerstand gegen diese Verhältnisse war ein Gebot der demokratischen und rechtsstaatlichen Hygiene.[293]

In dem Zusammenhang spielte das Assoziierungsabkommen mit der EU eine besondere Rolle. Die demokratisch gesinnten Ukrainer verbanden mit diesem Papier die Hoffnung auf eine, wenn auch langsame, grundsätzliche Veränderung in ihrem Lande. Dadurch erhielt das Abkommen, wie es die EU ähnlich mit zahlreichen anderen Staaten abgeschlossen hat und dass sie mit der Ukraine lange Zeit gar nicht unterzeichnen wollte, eine weit über die Substanz hinausgehende ideelle Bedeutung. Auch deshalb, weil Moskau – und nicht Brüssel – die ukrainische Führung unter Janukowitsch in eine Entscheidungssituation gedrängt hatte: Entweder geht die Ukraine mit ihrem großen slawischen Bruder zusammen, oder sie wirft sich in die Arme des Westens, mit allen damit verbundenen negativen Folgen, wie es drohend aus Moskau hieß.

In Kiew und in weiten Teilen des Landes, den sowjetnostalgischen Osten ausgenommen, wollte sich die Bevölkerung dem russischen Druck nicht beugen. Der Kiewer Schriftsteller Olexander Irwanez ist sich sicher: »Die Menschen verstehen, dass Europa als Konzept in erster Linie für die Achtung von Recht und Gesetz steht.« Daran habe es in der Ukraine seit der Unabhängigkeit 1991, besonders aber in den letzten vier Jahren der Janukowitsch-Regentschaft,[294] erheblich gemangelt. »Jeder halbwegs klar denkende Mensch« habe den Abschluss des Assoziierungsabkommens zwischen der EU und der Ukraine verbunden mit der Hoffnung, dass »endlich das europäische Rechtssystem eingeführt würde – mit gleichen Regeln für Arme und Reiche, für hohe Amtsinhaber und einfache Bürger. Deshalb wurde die Nachricht über Janukowitschs Entschluss, das Assoziierungsabkommen nicht zu unterzeichnen, zum Zündfunken für den Maidan.«[295]

Irwanez' Schriftstellerkollege Juri Andruchowytsch brachte die Ereignisse auf eine einfache, greifbare Formel: »Wenn wir uns für Europa einsetzen, geht es dabei auch um unsere Souveränität. Um die Menschenrechte und um die Freiheit. Das sind nicht nur schöne und naive Worte, das ist die nackte Wahrheit, die bleibt.«[296]

Aus Moskau versuchte Kremlchef Putin Einfluss auf die Ereignisse in Kiew zu nehmen. Am 17. Dezember gewährte er Janukowitsch einen Kredit über 15 Milliarden US-Dollar (10,9 Milliarden Euro) sowie um ein Drittel günstigere Gaspreise. Die Ukraine war zu dem Zeitpunkt hoch verschuldet und stand vor dem Bankrott. Die Opposition gründete die landesweite Organisation »Maidan« zur Verteidigung der Unabhängigkeit der Ukraine.

Im Januar 2014 stiegen die Spannungen, der Oppositionspolitiker und frühere Innenminister Juri Luzenko wurde bei Zusammenstößen zwischen Demonstranten und der Polizei schwer verletzt. Das ukrainische Parlament verschärfte das Demonstrationsrecht, nahm die Entscheidung aber später wieder zurück.

Als der moskaufreundliche Regierungschef Nikolai Asarow am 28. Januar seinen Rücktritt einreichte, legte Putin tags darauf den im Dezember zugesagten Kredit auf Eis. Nach Wochen angespannter Ruhe schlugen die Proteste am 18. Februar in schwere Gewalt um: Bei Straßenschlachten kamen mindestens 18 Menschen ums Leben. Zwei Tage später geriet die Lage außer Kontrolle. Sicherheitskräfte schossen auf Demonstranten, fast 80 Menschen starben. In einer späteren Untersuchung wurde die Spezialeinheit »Berkut« dafür verantwortlich gemacht.

Am 21. Februar 2014 unterzeichneten Präsident Viktor Janukowitsch und drei zentrale Oppositionsführer ein von den Außenministern Deutschlands, Frankreichs und Polens vermitteltes Abkommen. Es sah vorgezogene Präsidentenwahlen bis zum Dezember 2014, eine Verfassungsreform und die Bildung einer Übergangsregierung innerhalb von zehn Tagen vor. Doch die Massen auf dem Maidan stellten sich quer, akzeptierten das Papier nicht.

Jetzt reagierte das Parlament, in dem die Vertreter von Janukowitschs Partei der Regionen die Mehrheit hatten, sehr zügig. Die inhaftierte Julia Timoschenko wurde freigelassen, Janukowitsch seines Amtes enthoben. Für den 25. Mai wurden Neuwahlen angesetzt. Der gefeuerte Präsident Janukowitsch verschwand in den Osten des Landes. Alexander Turtschinow, ein Vertrauter Timoschenkos, wurde zum Parlamentspräsidenten gewählt. Der Polizei- und Sicherheitsapparat stellte sich offiziell auf die Seite der Opposition. Der pro-europäische Politiker Arseni Jazenjuk wurde vom Maidan-Rat als Chef der Übergangsregierung nominiert.

Putin, der die Ereignisse als einen von den Amerikanern initiierten »Putsch« bezeichnete, ordnete eine gewaltige Militärübung an der Grenze zur Ukraine an. Von seinem Parlament ließ er sich vorab schon mal die Erlaubnis zu einem Einsatz der Armee im Ausland geben.

Die ukrainische Präsidentenwahl im Mai entschied der »Schokoladenkönig« Petro Poroschenko mit 54,70 Prozent im ersten Wahlgang für sich, die Rechtsextremen wurden deutlich marginalisiert. Ihre militanten Vertreter, Dmytro Jarosch und

Oleh Tjahnybok, kamen zusammen nicht einmal auf zwei Prozent der abgegebenen Stimmen. Bis heute bezeichnet die russische Propaganda das Kabinett in Kiew als »faschistische Junta«.

## Die Krim-Okkupation

Kann es etwas Rührenderes geben als ein Mädchen mit einem Blumenstrauß im Arm, eine kleine Katze, die um ihre Beine streicht, und einen edlen russischen Soldaten in hochmoderner Ausrüstung, der liebe- und würdevoll auf die kleine Bewunderin blickt? Diese Szene, das in Bronze gegossene Denkmal für die »höflichen Menschen«, wurde gut zwei Jahre nach der russischen Okkupation der Krim anlässlich des russischen Nationalfeiertags am 12. Juni 2016 in Simferopol aufgestellt.

Als die Hüllen des Denkmals gefallen waren, schien den Verantwortlichen die graubraune Bronze – immerhin ein Zeichen dafür, dass man lange zu bleiben gedenkt auf der zur Ukraine gehörenden Halbinsel – offenbar zu farblos. Auf später aufgenommenen Fotos hatte das Bronzemädchen neben den leblosen plötzlich auch echte, rot schimmernde Blüten im Arm. Und das Kätzchen eine rote Schleife um den Hals. Die reiche russische Märchen- und Sagenwelt war um ein neues Versatzstück reicher.

Das so geschönte Denkmal verkörpere »die Kraft, die Ruhe, die Selbstgewissheit und die Höflichkeit unseres russischen Soldaten«, gab Präsident Putins Vertreter auf der Krim, Oleg Belawenzew, die Interpretation vor. Damit bestätigte er das, was der Kremlchef zuerst geleugnet, dann aber in seiner TV-Fragestunde im April 2014 bereits zugegeben hatte: Voraussetzung für die Eroberung der Krim – Putin benutzte die Formel von der »Heimkehr in den Heimathafen« – war der Einsatz von russischen »Spezialeinsatzkräften und regulären Streitkräften«.[297]

Der Kreml hatte zunächst nur von »grünen Männchen« gesprochen, als im Februar 2014 gut ausgerüstetes Militär ohne Hoheitsabzeichen auf der Krim auftauchte und de facto die Macht übernahm. Den Befehl dazu hatte Putin am 23. Februar gegeben, als in Sotschi noch die Olympischen Winterspiele gefeiert wurden. Der Präsident, nach diesen Einheiten befragt, erklärte sie zu »Selbstverteidigungskräften der russischsprachigen Bevölkerung der Krim«. Uniformen und Ausrüstungen könne man schließlich in jedem gut sortierten Geschäft kaufen. Sie hätten die Bevölkerung der Krim vor »faschistischen Kräften aus Kiew« schützen müssen, die nach den Ereignissen auf dem Maidan und dem Sturz von Präsident Janukowitsch die Halbinsel bedroht hätten. Was eine der zahlreichen Unwahrheiten war, mit der sich der Kremlchef während des andauernden Krieges in der Ukraine immer wieder hervortat.

Tatsächlich war am 27. Februar 2014 ein Vorauskommando des Geheimdienstes des russischen Generalstabs GRU (Glawnoje raswedowatjelnoje uprawlenije – Hauptverwaltung Aufklärung) auf dem Flughafen von Simferopol unter Vortäuschung einer Notsituation gelandet. Die Geheimdienstler übernahmen die Kontrolle des Luftraumes am Ort, weitere Militärmaschinen mit hochgerüsteten Spezialeinsatzkräften erreichten die Halbinsel. Sie besetzten die strategisch wichtigen Plätze, vor allem blockierten sie die ukrainischen Truppen in ihren Stützpunkten.

Insgesamt 9000 Militärangehörige wurden so vor dem obskuren Referendum zusätzlich auf die Krim verlegt, räumte der russische Vertreter bei der EU, Wladimir Tschischow, gegenüber der Deutschen Welle ein. Das sei aber alles legal gewesen, weil Russland laut dem russisch-ukrainischen Vertrag von 1997 das Recht zur Nutzung des Flottenstützpunktes Sewastopol hatte und auf der Krim insgesamt 25 000 Mann stationieren durfte. 16 000 seien zu dem Zeitpunkt bereits auf der Krim gewesen, mit den zusätzlichen Truppen sei die Obergrenze nicht verletzt worden. Diese Verstärkung sei nötig geworden, um »die Sicherheit der Bürger bei der Durchführung des Referendums und der politischen Willensäußerung der Einwohner der Halbinsel« zu gewährleisten.[298]

Noch immer unter der falschen Flagge der »Selbstverteidigungskräfte«, bereiteten sie so den Weg für eine Farce der ganz besonderen Art: In einem pseudoparlamentarischen Verfahren wurde die Krim von der Ukraine abgespalten und der Russischen Föderation zugeschlagen. Erst im April gab Putin zu, was er bis dahin geleugnet hatte: Russisches Militär hatte seine Hand im Spiel.

Das weckte Erinnerungen an die Okkupation der baltischen Staaten 1940 durch Stalins Truppen. Bei Abstimmungen in den Parlamenten wachten damals bewaffnete Rotarmisten über die »korrekte« Stimmabgabe.

In Simferopol, der Hauptstadt der Krim, sicherten die »grünen Männchen«, die später zu »höflichen Leuten« mutieren sollten, die »freie Willensäußerung« in ähnlicher Weise. Sie besetzten das Parlamentsgebäude und eröffneten den russlandtreuen Kräften, vorzugsweise aus der kriminellen Szene, die Möglichkeit für ihr abgekartetes Spiel. Sie sorgten dafür, dass nur die Abgeordneten eingelassen wurden, die Sergej Aksjonow eingeladen hatte. Der von Moskau gestützte Abenteurer, Spitzname »Gobel«, war zuvor in einem mehr als undurchsichtigen Verfahren hinter verschlossenen Türen, abgeschirmt durch russisches Militär, zum Parlamentschef gekürt worden.

Das Militär ohne Hoheitsabzeichen sorgte dann dafür, dass die Abgeordneten der Krimtataren, deren ablehnende Haltung gegenüber einem Unabhängigkeitsreferendum bekannt war, draußen bleiben mussten. Ebenso wurde Anatoli Mogiljow, dem von Janukowitsch eingesetzten Ministerpräsidenten der Krimregion und gleichzeitig Vertreter der auf der Halbinsel bis dahin herrschenden Partei der Regionen (sie hatte zu dem Zeitpunkt 80 der 100 Parlamentssitze inne), der Zutritt verwehrt. Auch er galt nicht als Befürworter einer Abtrennung von der Ukraine.

Damit war die von Moskau inszenierte Ausgangslage geschaffen: Unter dem Vorsitz von Sergej Aksjonow, dessen Partei bei der Parlamentswahl 2010 ganze vier Prozent erreicht hatte, fand die »historische« Sitzung in »bereinigter« Zusammensetzung statt. Gestützt auf russische Bajonette, hatte die Minderheit um Aksjonow gegen die Mogiljow-Mehrheit geputscht.

Eine Pressesprecherin des sogenannten Parlaments behauptete anschließend, von 64 anwesenden Abgeordneten hätten 61 für das Referendum über die Unabhängigkeit der Krim gestimmt. Das entsprach offenbar nicht der Wahrheit. Nach Recherchen der norwegischen Zeitung *Aftenposten* waren überhaupt nur 36 Abgeordnete anwesend, zu wenig, um das Quorum von 51 Mitgliedern für die Beschlussfähigkeit zu erfüllen. Zudem wurden Stimmen von Parlamentsmitgliedern gezählt, die nach eigenen Angaben nicht anwesend waren. Mindestens zehn der Stimmen wurden mit Hilfe der aus dem Safe des Parlaments entwendeten Duplikate der Stimmkarten abgegeben. Manche Abgeordnete, deren Stimmen registriert wurden, waren ihren eigenen Angaben zufolge zu der Zeit nicht einmal in Simferopol gewesen.[299]

Später kamen auch Mitglieder des Menschenrechtsrates des russischen Präsidenten nach einem Besuch auf der Krim zu der nicht überraschenden Erkenntnis, dass die offiziell vorgelegten Zahlen für das nachfolgende Referendum falsch waren. Die Organisatoren hatten eine Wahlbeteiligung von 83 Prozent der Krimbewohner angegeben, 97 Prozent von ihnen sollen sich für den Beitritt ausgesprochen haben. Tatsächlich kam die Abordnung des Menschenrechtsrates am Ort zu dem Schluss, dass es lediglich eine Beteiligung von 30 bis 50 Prozent gegeben habe. Davon hätten sich zwischen 50 und 60 Prozent für den Anschluss an Russland ausgesprochen.[300]

Das interessierte weder die Separatisten auf der Krim noch ihre Schutzherren in Moskau. Rechtsstaatlichkeit nur leidlich vortäuschend, wurde der »Anschluss« mit dem Tempo eines Hochgeschwindigkeitszuges abgespult. Bereits am 11. März 2014, noch vor dem Referendum, gab das Krim-»Parlament« eine Unabhängigkeitserklärung ab. Am 16. März fand dann das Referendum über die Unabhängigkeit statt. In der extrem kurzen Vorbereitungsphase hatten Gegner dieses Prozesses keinerlei Chance, ihre Positionen öffentlich sichtbar zu machen. Sie wurden stattdessen als »Abgesandte der Faschisten in Kiew« verfolgt und eingesperrt. Die Krimtataren drückten ihren Protest dadurch aus, dass sie der Abstimmung weitgehend fernblieben. Inzwischen ist ihr Parlament, die Medschlis, als »separatistische Organisation« verboten worden.

Auf den Wahlzetteln standen zwei Optionen. Die Wähler konnten sich zwischen der »Wiedervereinigung der Krim mit Russland mit den Rechten eines Subjekts der Russischen Föderation« und der »Wiederherstellung der Gültigkeit der Verfassung der Republik Krim von 1992 und für einen Status der Krim als Teil der Ukraine« entscheiden. Die Möglichkeit, den Status quo beizubehalten, also unter der aktuellen Verfassung Teil der Ukraine zu bleiben, war nicht im Angebot.[301]

Bereits am Tag nach dem Referendum, also am 17. März, verkündete die Abstimmungskommission, die fest in den Händen von Aksjonow war, es gäbe bei einer Wahlbeteiligung von rund 82 Prozent eine Zustimmung von 96,77 Prozent der Wählerstimmen für einen Beitritt zu Russland. Am 18. März empfing Präsident Putin seine Krim-Vasallen im Kreml und unterzeichnete mit ihnen einen Beitrittsvertrag. Dabei erhielt die Stadt Sewastopol als Stützpunkt der russischen Schwarzmeerflotte einen eigenen Status als »Subjekt der Föderation«.

In einer von Halbwahrheiten und Geschichtsumdeutungen gespickten Rede verstieg Putin sich im Kreml dann noch zu einem Vergleich der besonderen Art. »Die Europäer, namentlich die Deutschen, werden mich gewiss verstehen. Ich möchte daran erinnern, dass einige Nationen, die Verbündete Deutschlands waren und noch immer sind, die Idee einer Wiedervereinigung keineswegs unterstützt haben. Wir haben den ehrlichen Wunsch der Deutschen nach nationaler Einheit unmissverständlich unterstützt. Ich erwarte von den Deutschen, dass sie das Streben der Russen nach Wiederherstellung der nationalen Einheit ebenfalls unterstützen.«[302]

Diese Parallele wurde von der Bundesregierung umgehend zurückgewiesen. Ironie des russischen Politikeralltags: Wenig später verlangte der russische Parlamentspräsident Naryschkin, man solle die deutsche Wiedervereinigung für ungültig erklären, weil ihr kein Referendum vorausgegangen sei. Die Volkskammerwahl vom 18. März 1990, in der die Parteien, die für die deutsche Wiedervereinigung eintraten, eine deutliche Mehrheit gefunden hatten, existierte für Naryschkin, den Putin-Vertrauten, offensichtlich nicht. Naryschkin ist inzwischen wieder dahin zurückgekehrt, woher er einst kam: Er wurde Chef der russischen Auslandsspionageorganisation SWR (Sluschba Wneschej Raswedki).

Putin, im Versuch, die Okkupation der ukrainischen Krim durch Russland zu rechtfertigen, streute die verschiedensten

Begründungen für die Aggression. Mal erklärte er die Krim zu »urrussischem Territorium«, weil die Zarin Katharina II. die Halbinsel 1783 den dort lebenden Tataren abgenommen hatte. Bei anderer Gelegenheit verglich er die Krim in ihrer Bedeutung für die russische Orthodoxie mit dem Tempelberg in Jerusalem, dem Heiligtum der Juden. Angeblich soll sich Großfürst Wladimir dort taufen lassen haben, was nicht stimmt.

Sehr gern zieht er auch Parallelen zum Kosovo, die keine sind. Die einstige autonome Region im Bestande Jugoslawiens hatte sich 2008 gegen den Willen Belgrads unter Zustimmung des Westens für unabhängig erklärt. Davor war die Kosovo-Frage acht Jahre lang UN-Thema gewesen. Erst als Belgrad jede UN-Autonomielösung ablehnte und Moskau sich aus dem Prozess verabschiedete, sprach sich die UN-Vollversammlung für die Unabhängigkeit des Kosovo aus.

Putin hätte die Probleme der Krim und der Ostukraine ebenfalls in den Vereinten Nationen vortragen können. Er entschied sich stattdessen dafür, nach dem Recht des Stärkeren zu handeln. Das UN-Prinzip, Grenzen nur mit Zustimmung der Weltorganisation und der betroffenen Staaten zu ändern, gilt in Moskau nicht mehr. Damit sieht sich Europa, insbesondere Russlands europäische Nachbarn, mit einer großen Gefahr konfrontiert.

## Der Krieg in der Ostukraine

Die Ereignisse in Kiew zur Jahreswende 2013/2014 wurden in der Westukraine freudig begrüßt. Sah man doch jetzt die Kräfte an der Macht in der Hauptstadt, die man in Lwiw, Tschernowzy und anderen Regionen bereits seit langem unterstützt hatte. Im Osten der Ukraine, wo traditionell eine eher sowjetnostalgische Stimmung herrschte und man sich Russland näher fühlte, ohne freilich den Anschluss zu suchen, war die Gemengelage unübersichtlich. Unterschiedlichste Gruppierungen glaubten, den Moment der Verwirrung für sich nutzen zu können. Regionale Oligarchen, Gangstergruppen und vereinzelt auch Anhänger des Maidan machten mobil.

Die Schwäche der Zentralgewalt in Kiew eröffnete plötzlich die Möglichkeit, sich von den korrupten Eliten in den Regionen zu befreien oder seine eigenen Interessen zu verwirklichen. Wer allerdings im Donbass begann, Verwaltungsgebäude und Polizeistationen zu besetzen, ist bis heute strittig.

Diese Strohfeuer wären allerdings nach und nach erloschen, hätte Moskau nicht eingegriffen. Putins Clique sah in der Entwicklung in der Ostukraine die Möglichkeit, mit zunächst verdeckten Operationen gegen die Führung in Kiew vorzugehen. Die Niederlage vom Maidan 2004 brannte noch in der Seele, die tiefe Verärgerung, dass sich das ukrainische »Brudervolk« als undankbar erwiesen und sich von Russland abgewendet hatte, ebenfalls. Und schließlich durfte keinesfalls der Präzedenzfall zugelassen werden, dass in Russlands Nachbarstaat ein korruptes Regime einfach davongejagt werden kann. Das autokratisch-kriminelle System Putin könnte in Gefahr geraten.

Die Kremlstrategen in Moskau sahen jetzt die Möglichkeit, angesichts der mit sich selbst beschäftigten Regierung in Kiew nach der Krim-Annexion auch noch in der Ostukraine vorzugehen. »Plocho leschit« – es liegt herum – heißt es in der russischen Gaunersprache, wenn ein scheinbar herrenloser Gegenstand auftaucht und ein Dieb ihn sich aneignet.

Der Südosten der Ukraine schien dem Kreml so ein herrenloses Gebiet, dass man sich ohne größeres Risiko glaubte einverleiben zu können. Zunächst verdeckt, dann immer offener begann die Aggression gegen das Nachbarland, begleitet von Putins propagandistischen Nebelvorhängen. Noch im April 2015 bestritt er die Anwesenheit russischer Soldaten in der Ukraine. »Ich sage es geradeheraus: Es gibt keine russischen Truppen in der Ukraine.«[303]

Wenige Monate später vollzog er auf seiner Jahrespressekonferenz ungerührt eine erste Kehrtwendung: »Ich habe nie gesagt, dass es dort keine Leute gibt, die dort bestimmte Aufgaben lösen, auch im militärischen Bereich.« Das heiße nicht, dass es dort reguläre russische Truppen gebe.[304]

Da waren Angehörige russischer Spezialeinheiten, als »Touristen« getarnte reguläre Militäreinheiten, Kosaken, arbeitslose Exsoldaten und Abenteurer aus Russland und dem Ausland längst in Marsch gesetzt worden. Einer der ersten Organisatoren des Kampfes gegen die Kiewer Regierung, Igor Girkin, Kampfname »Strelok« (Schütze), ein ehemaliger Oberst des russischen Militärgeheimdienstes GRU, wird sich später rühmen, ohne ihn und sein Eingreifen wäre der Kampf in der Ostukraine in sich zusammengefallen. Das wusste Moskau zu verhindern. Neben einem ständigen Zustrom von Kämpfern aller Couleur überquerten massenhaft schwere Waffen die russisch-ukrainische Grenze, die nicht mehr von der Regierung in Kiew kontrolliert wurde. Im Mai wurden die »souveränen Volksrepubliken« Donezk und Luhansk ausgerufen, die allerdings weitgehend von Moskau kontrolliert wurden. Gehackte E-Mails an den Putin-Berater Wladislaw Surkow, zuständig für die Ukraine, beweisen: Die Personalauswahl für die »Regierungs«-Posten in den territorialen Gebilden lag beim Kreml. Die Vorschläge dafür kamen vom russischen Milliardär Konstantin Malofejew, der seine Ressourcen gerne für den Angriff auf Russlands Nachbarn einsetzte.[305]

Die ukrainische Armee war zu dem Zeitpunkt in einem desolaten Zustand. Kampffähig waren vor allem Freiwilligenverbände, durchsetzt mit rechtsextremen Kräften wie dem »Rechten Sektor«. Sie verhinderten unter anderem den Durchbruch der moskaugesteuerten Einheiten im Süden nach Mariupol, was einen direkten Zugang zur gerade eroberten Krim bedeutet hätte.[306]

Als die ukrainischen Einheiten sich wieder gefangen hatten und zwischen Mai und Juli 2014 fast zwei Drittel der umkämpften 36 Bezirke zurückerobert hatten, wurde der »lange Arm Moskaus« endgültig offensichtlich. Im August wurde reguläres russisches Militär in die Ukraine geschickt, nach Ansicht von Militärexperten bis zu 4000 Mann.

In einer massiven Gegenoffensive wurde die ukrainische Armee, die die Kontrolle über den Donbass fast schon wiedererlangt hatte, zurückgedrängt, teils eingekesselt und von Panzern und Artillerie zusammengeschossen. Der Abschuss des Passagierflugzeuges MN17, einer Boeing 777-200 der Malaysian Airlines im Sommer 2014 über der Ostukraine, markierte einen blutigen Höhepunkt im verdeckten Krieg. Die Maschine war auf dem Wege von Amsterdam nach Kuala Lumpur. Alle 298 Passagiere, darunter 80 Kinder, starben.

Der Schock über die Untat, die sofort eine wilde Schlammschlacht in den Medien, vor allem den elektronischen, ausbrechen ließ, traf die Welt ins Mark. Diese Tragödie war nicht auf technisches Versagen zurückzuführen, sie war Resultat eines bewaffneten, von der russischen Führung in die Ukraine getragenen Konfliktes. Denn das bleibt, bei allen Fragen nach den Details, die grundlegende Tatsache: Ohne die russische Aggression gegen die Ukraine kein Flugzeugabschuss.

Die internationale Untersuchungskommission hält es inzwischen für erwiesen, dass das Passagierflugzeug von einem russischen Luftabwehrsystem vom Typ Buk-M1 abgeschossen wurde, das zuvor aus Russland in die Ostukraine geschafft worden war und anschließend wieder zurückgebracht wurde. In Moskau hält man dieses Ergebnis für »politisch motiviert« und verweigert gleichzeitig die Zustimmung zu einem UN-Untersuchungstribunal.

Derweil versuchten die westeuropäischen Staaten, in Verhandlungen zumindest zu einem Waffenstillstand zu gelangen und eine Friedenslösung auszuhandeln. Die beiden Abkommen von Minsk, bis heute nicht einmal ansatzweise umgesetzt, wurden zu Meilensteinen des Unvermögens. Wiederholt vereinbarte Waffenruhen wurden nicht eingehalten.

Und wenn die Waffen mal schweigen, nutzen Moskaus Stellvertreterkrieger das aus, um Landgewinne in kleinen Schritten zu erzielen. Seit dem ersten Waffenstillstand vom September 2014 haben Russland und seine Vasallen vor Ort ihr Territorium in der Ostukraine um etwa 5000 Quadratkilometer ausgeweitet, geht aus Protokollen von OSZE-Beobachtern hervor. Das entspricht etwa der Fläche des Saarlandes und Luxemburgs.[307]

Die zaghaften Vorhaltungen, die der deutsche Außenminister Walter Steinmeier seinem russischen Kollegen Sergej Lawrow in dem Zusammenhang machte, stießen auf Granit. Der Russe behauptete stets, Moskau habe keinen Einfluss auf die »Selbstverteidigungskräfte« im Donbass. Der Westen täte stattdessen gut daran, Kiew im Zaume zu halten. Steinmeier wirkte hilflos und trat der Demagogie des russischen Außenministers nicht energisch entgegen.

Die Forderung, beide Seiten sollten sich zurückhalten – wobei Lawrow Russland irgendwo außerhalb des Krieges ansiedelte –, verfälscht die Wahrheit. Daran beteiligt ist auch ein peinlicher Aufruf 60 prominenter deutscher Politiker, Künstler und Unternehmer, in dem in scheinbarer »Äquidistanz« die Rolle Russlands als Angreifer verwischt wurde. Er wurde unter anderem vom ehemaligen Bundespräsidenten Roman Herzog, der Bundestagsvizepräsidentin a. D. Antje Vollmer, dem Filmregisseur Wim Wenders und Ex-Bundeskanzler Gerhard Schröder unterschrieben.[308]

Osteuropaexpertinnen und -experten aus Wissenschaft, Politik und Medien konterten mit dem Gegenpapier »Friedenssicherung statt Expansionsbelohnung« und stellten klar: »Es gibt in diesem Krieg einen eindeutigen Aggressor, und es gibt ein klar identifizierbares Opfer. So wie die Defekte anderer einst okkupierter Staaten nicht den verbrecherischen Charakter ihrer Besetzungen relativieren, können die Unzulänglichkeiten des ukrainischen politischen Systems nicht gegen die russische Annexion der Krim und notdürftig verschleierte Intervention in der Ostukraine aufgerechnet werden. Wenn sich Moskau von der EU und / oder Nato bedroht fühlt, sollte es diesen Streit mit Brüssel austragen. Die Ukraine ist weder Mitglied dieser Organisationen, noch führt sie Beitrittsverhandlungen mit ihnen. Nichtsdestoweniger führt Russland mit Hinweis auf eine angebliche Gefahr aus dem Westen einen bereits tausende Todesopfer, Verstümmelte, Traumatisierte und Vertriebene fordernden ›hybriden Krieg‹ im Donezbecken.« Zu den Unterzeichnern gehören Hannes Adomeit, ehemals Stiftung Wissenschaft und Politik, Vera Ammer, Memorial Deutschland, Klaus Bednarz, ehemals ARD-Büro Moskau, Wolfgang Eichwede, ehemals Universität Bremen, Karl Schlögel, ehemals Europa-Universität Viadrina, Frankfurt / Oder.[309]

Die Minsker Abkommen, die diesen Krieg beenden sollen, sind indes zum Scheitern verurteilt, solange die eine kriegführende Partei, nämlich Russland, unwidersprochen behaupten kann, sie sei kein Konfliktteilnehmer. Und solange die ukrainische Regierung die Grenze nicht wieder unter ihre Kontrolle bekommt – sprich: es keinen Waffen- und Truppennachschub aus Russland mehr gibt –, sind alle Forderungen nach regionalen Wahlen in den umkämpften ukrainischen Regionen unsinnig. Wahlen unter russischen Geschützrohren wären eine Farce.

Russische Waffen gibt es in der Ostukraine reichlich, rechnete der ukrainische Präsident Petro Poroschenko der Öffentlichkeit vor: »Nach Erkenntnissen des ukrainischen Geheimdienstes sind im Donbass mehr als 700 russische Panzer, mehr als 1250 Artilleriesysteme, mehr als 1000 Mannschaftstransportwagen und mehr als 300 Raketenwerfer. Die prorussischen Kämpfer im Donbass haben buchstäblich mehr Panzer und mehr Raketenwerfer als die deutsche Bundeswehr.« Angesichts dessen forderte er seine Partner dazu auf, endlich die Naivität hinsichtlich der wahren Absichten Russlands abzulegen. Die Moskauer Führung habe keine Lust, ihre Aggression zu beenden, »wenn wir sie nicht gemeinsam stoppen«.[310]

## Der Syrien-Coup

Der nächste Militärschlag, dieses Mal im Nahen Osten, erfolgte ebenso unerwartet und schnell wie die bisherigen Waffengänge. Putin überraschte seine westlichen Kontrahenten kalt, als er am 30. September 2015 seine Luftwaffe in den Konflikt in Syrien eingreifen ließ.

Der syrische Herrscher Baschar al Assad galt seit Jahren als enger Verbündeter Moskaus in der Nahostregion. Versuche, Assad auf dem Verhandlungswege unter Einbeziehung syrischer Oppositionsgruppen aus dem Amt zu hebeln oder zumindest Wahlen mit dem Ziel seiner Amtsenthebung abhalten zu lassen, scheiterten nicht nur an der Zerstrittenheit der syrischen Opposition, sondern immer wieder auch an der Haltung Moskaus. Es wollte seinen einzigen Verbündeten in Nahost, der den Russen zwei Stützpunkte – in Latakia und in der Hafenstadt Tartus – sicherte, auf keinen Fall fallenlassen. Russland wollte seine Rolle im Nahen Osten wieder aufwerten.

Die Amerikaner, so hofft man in Moskau, müssten das wiedererstarkte Russland an den Verhandlungstisch lassen und damit seine Ebenbürtigkeit anerkennen.

Der Auslöser des Bürgerkrieges in Syrien war ein vergleichsweise geringfügiger Vorfall in der syrischen Provinzstadt Daraa im Süden des Landes. Ein Zehnjähriger sprühte Anfang 2011 ein paar Sprüche an die Mauer seiner Schule. Sprüche, die er selbst nicht einmal so richtig verstand, die das Regime indes als Angriff auf den Herrscher in Damaskus, auf Baschar al-Assad, auffasste. Die Kinder wurden verhaftet, gefoltert, die Eltern durften nicht zu ihnen. Die Proteste begannen zunächst friedlich, mit Versammlungen in Moscheen. Doch das Regime in Damaskus ließ Panzer auffahren, der Widerstand der Eltern nahm eine blutige Wende. Gnadenlos wurden in dieser Phase unbewaffnete Demonstranten niedergemetzelt. Die islamistischen Verbände im Norden glaubten ihre Stunde gekommen und gingen in die Offensive. Oppositionelle Gruppen bewaffneten sich. Teile der Assad-Armee bildeten die Freie Syrische Armee, die sich gegen den Oberbefehlshaber wandte. Die libanesische Hisbollah und iranische Milizen griffen in die Kämpfe ein. Die USA, belastet durch den von Präsident George W. Bush mit Hilfe einer Lüge angezettelten Krieg gegen den Irak, unterstützten die oppositionellen Kräfte zunächst nicht. Reguläre Truppen setzten keinen Fuß auf syrisches Gebiet, die Angriffe der US-Luftwaffe gegen den IS wurden von der Türkei aus geflogen. Erst im Herbst 2013 begann Washington mit Waffenlieferungen. Mit Monaten Verspätung hätten die Amerikaner nun nicht-tödliche Waffen sowie einige tödliche Waffen an den oppositionellen syrischen Obersten Militärrat (SMC) geschickt, sagte der Sprecher der Nationalen Syrischen Koalition, Saleh, dem *Handelsblatt* vom 10. 9. 2013 zufolge. Auch die Kurden im Norden Syriens erhielten verstärkt US-Hilfe. Derweil war die Türkei bestrebt, ihren kurdischen Erzfeind in die Schranken zu weisen, wobei sie auch mit dem IS kooperierte. Konfuser kann eine Gemengelage kaum sein. Das Geflecht aus verschiedenen Konflikten und Machtinteressen wurde im Verlauf des Krieges immer dichter und unübersichtlicher.

Putin griff in Syrien ein, als Assads Lage immer aussichtsloser wurde. Nach einem fünfjährigen Krieg gegen die eigene Bevölkerung, Hunderttausenden Toten und vielen Millionen Flüchtlingen stand er kurz vor dem Zusammenbruch seiner Herrschaft. Die Terrororganisation Islamischer Staat (IS), vor allem aber gemäßigtere Gruppen der Opposition wie die Freie Syrische Armee hatten ihm schwer zugesetzt. In dieser Situation handelte Moskau, schickte seine Luftwaffe mit der Begründung nach Syrien, gegen den internationalen Terrorismus kämpfen zu wollen. Bei 10 000 Einsätzen wurden in den ersten acht Monaten 30 000 Ziele bekämpft. Vom Kaspischen Meer und aus dem Mittelmeer starteten Marschflugkörper von russischen Kreuzern und U-Booten, mit doppeltem Effekt. Sie bekämpften Ziele in Syrien und demonstrierten der Welt die Schlagkraft der russischen Militärtechnik. Schließlich flogen sogar strategische Bomber vom Typ Tu-22 Angriffe, angeblich ausschließlich auf Stellungen der Terrororganisation Islamischer Staat, tatsächlich aber verstärkt gegen oppositionelle Gruppierungen.

Ein Coup gelang der russischen Luftwaffe, als die syrische Stadt Palmyra nach längeren Bombardements im Juni 2016 zusammen mit Assads Bodentruppen vom IS befreit wurde. Anschließend wurde daraus eine süßliche PR-Aktion. Waleri Gergijew, Russlands berühmter Dirigent und Putin-Freund, dirigierte ein Konzert des Mariinski-Orchesters in den Trümmern der »befreiten« Stadt. Der Cellist Sergej Roldugin, Putin-Intimus und Inhaber von umstrittenen Offshore-Firmen, war ebenfalls dabei. Sechs Wochen nach der Befreiung der antiken Stadt aus den Händen der Terrormiliz sei der Auftritt ein »ein Zeichen der Hoffnung«, so der russische Präsident Wladimir Putin in einer Videobotschaft aus Moskau.[311]

Die syrische Beobachtungsstelle für Menschenrechte, die Informationen über die Opfer von Militäroperationen in Syrien zusammenstellt, berichtete indes wiederholt, dass immer wieder Zivilisten Opfer der russischen Luftwaffe wurden. In einer Bilanz nach einem Jahr russischer Angriffe teilte die Beobachtungsstelle mit, dass dabei 10 000 Menschen, darunter 3800 Zivilisten, ums Leben gekommen seien.[312]

Kremlsprecher Dmitri Peskow wies diese Zahlen als »unzuverlässig« zurück. Das Hauptziel der russischen Militärintervention in Syrien bestehe darin, die Syrer und die syrische Armee im Kampf gegen den Terrorismus zu unterstützen. Man habe die Übernahme der Macht durch Islamistengruppen in Damaskus mit verhindern können. Im Klartext: Wir haben dem Diktator Assad die Macht erhalten.[313]

Für dieses Ziel nahm man in Moskau auch einen Konflikt mit der Türkei in Kauf. Nachdem die Türken ein russisches Kampfflugzeug abgeschossen hatten, brach Putin zunächst alle Beziehungen zum Erdoğan-Regime ab. Mit harten Sanktionen, die der Kreml im Falle der EU und der USA als »völkerrechtswidrig« bezeichnet, wurde die Türkei wieder auf Russland-Kurs gebracht.

Doch inzwischen, im Sommer 2016, ging es längst um die Eroberung von Aleppo. Für dieses Ziel schreckte das russische Militär auch vor Kriegsverbrechen nicht zurück. Mit brutalen Angriffen, bei denen die Luftwaffe bei Flächenbombardements völkerrechtlich geächtete bunkerbrechende und Fassbomben einsetzte, wurde der Ostteil der syrischen Großstadt Aleppo, wo rund 250 000 Menschen lebten, sich aber auch ein paar hundert Assad-Gegner wie die Al-Nusra-Front verschanzt haben, in eine Trümmerwüste verwandelt. Die Zahl der zivilen Opfer, darunter viele Kinder, stieg täglich. Die ärztliche Versorgung brach nahezu zusammen, da immer wieder auch Krankenhäuser ins Fadenkreuz der russischen und syrischen Bomber gerieten.

Der scheidende UN-Generalsekretär Ban Ki Moon fand eindringliche Worte. »Stellen Sie sich ein Schlachthaus vor. Das hier ist schlimmer«, sagte er vor dem UN-Sicherheitsrat in New York. »Diejenigen, die immer zerstörerische Waffen verwenden, wissen genau, was sie tun. Sie wissen, dass sie Kriegsverbrechen begehen«, urteilte Ban. Angriffe auf Krankenhäuser seien »ein Krieg gegen die medizinischen Kräfte in Syrien«. Das internationale Recht regele aber klar, dass medizinische Einrichtungen, Transporte und medizinisches Personal von Angriffen ausgenommen werden müssten.[314]

Auf russischer Seite verhallten derlei Appelle ungehört. Mehr noch, Moskau torpedierte eine UN-Resolution, die im Oktober 2016 nach einem monatelangen Vernichtungskrieg wenigstens eine Feuerpause, ein Flugverbot über Aleppo, um die Luftangriffe zu beenden, und eine Überwachung der Situation durch UN-Beobachter forderte. Moskau missfiel das Flugverbot. UN-Vertreter Tschurkin, zu dem Zeitpunkt turnusmäßig Vorsitzender des Sicherheitsrates, legte sein Veto ein.[315]

Verwundern konnte die russische Haltung eigentlich nur diejenigen, die in den zurückliegenden Jahren die Augen vor der inneren Entwicklung in Russland verschlossen haben. Die tschetschenische Hauptstadt Grosny sah im Jahr 2001 nicht viel anders aus als Aleppo heute. Grünen-Chef Cem Özdemir fand dazu klare Worte: »In Syrien wiederholt sich, was wir in Tschetschenien erlebt haben. Putin will Aleppo, ebenso wie Grosny damals, notfalls flachbombardieren, die Bewohner töten oder vertreiben, einen Siegfrieden durchsetzen, und jemanden installieren, der dort als Marionette regiert. Diese Botschaft richtet sich auch klar an den Westen und an Washington, dessen Handlungsunfähigkeit demonstriert werden soll.«[316]

Die USA hatten das unerwartete Eingreifen der russischen Luftwaffe auf Seiten des Putin-Alliierten Assad zunächst hinnehmen müssen, zumal der Kremlchef vorgab, sich am gemeinsamen Kampf gegen den Terrorismus beteiligen zu wollen. Streckenweise gab es sogar Absprachen und einen Informationsaustausch über Einsätze. Auch verhandelten beide Seiten über Möglichkeiten, die Kampfhandlungen zumindest zeitweilig auszusetzen. Damit, so kommentierten die Gazetten weltweit, sei Russland als Weltmacht zurückgekehrt und spreche mit den USA auf Augenhöhe. Dabei hatte sich an den wirtschaftlichen und militärischen Fähigkeiten Moskaus, die sehr deutlich hinter denen der Vereinigten Staaten liegen, kaum etwas geändert.

Für den Großmachtpolitiker Putin war diese neue Beachtung, die ihm nun zuteil wurde, nicht genug. Er wollte die Spielregeln in Nahost selbst bestimmen. Er brüskierte die westlichen Länder mit seinem Veto im UN-Sicherheitsrat, er stieß die Amerikaner in Syrien vor den Kopf, indem er auf die Kritik wegen seiner unmenschlichen Flächenbombardements von Großstädten nicht reagierte und unverhohlen das Assad-Regime am Leben erhalten wollte. Schließlich setzten die USA die Gespräche mit Russland über Syrien aus. Man habe alles dafür getan, mit der russischen Regierung eine Übereinkunft zu treffen, um die Gewalt in dem Bürgerkriegsland zu beenden, sagte ein Sprecher des US-Außenministeriums. Russland sei aber seinen Verpflichtungen nicht nachgekommen. »Die Geduld aller mit Russland ist am Ende«, sagte ein Sprecher des Weißen Hauses.[317]

Später forderte Außenminister John Kerry Ermittlungen gegen Russland wegen möglicher Kriegsverbrechen und war sich darin mit seinem französischen Amtskollegen Jean-Marc Ayrault einig.

Eindruck machte das in Moskau nicht. Stattdessen unterzeichnete die russische Führung ein Abkommen mit Damaskus, das es Russland erlaubt, seine Truppen dauerhaft in Syrien zu stationieren. Gleichzeitig kündigte es das Abkommen mit den USA zur Beseitigung waffenfähigen Plutoniums auf. Es folgte ein ganzer Forderungskatalog, der mit dem Plutonium-Vertrag und der Krise in Syrien nichts zu tun hatte. Darin verlangt Moskau die Aufhebung aller Sanktionen und die Zahlung einer Wiedergutmachung für den entstandenen Schaden. Dann könne das Abkommen wieder in Kraft treten. Auch solle Washington den sogenannten Magnitzki Act zurücknehmen. Das Gesetz aus dem Jahr 2012 verbietet hochrangigen russischen Politikern, die sich gegen Menschenrechte vergangen haben, die Einreise in die USA. Und schließlich soll Washington seine militärische Präsenz in den mittel- und osteuropäischen Nato-Ländern reduzieren.[318] Moskau verhandelte nicht mehr, Moskau stellte Forderungen. Mit der Wahl von Donald Trump zum neuen US-Präsidenten keimte leise Hoffnung auf, dass da noch etwas geht.

Zunächst übernahm Moskau in Syrien die Initiative, ohne allerdings einen durchdachten strategischen Plan zu haben, der den Interessen der Menschen in dem umkämpften Land entsprochen hätte. Nachdem der Widerstand im völlig zerstörten, zerbombten Ost-Aleppo gebrochen war, organisierten Russland und die Türkei zusammen mit dem Assad-Regime den Abzug der Überlebenden. Rebellen und Zivilisten verließen die Trümmerstadt. Beide Akteure vermittelten auch eine

Waffenruhe, die Ende Dezember 2016 von der UNO unterstützt wurde und von der nur Terrororganisationen wie der IS ausgeschlossen waren. Für den Beginn des Jahres 2017 waren dann Friedensgespräche in Astana in Kasachstan vorgesehen, an denen weder die USA noch andere westliche Länder teilnahmen.

Dabei war der Krieg längst nicht vorbei, er ging auch nach der Eroberung von Aleppo weiter. Doch nach dem Fall der Stadt griff ein Prinzip, das schon den Amerikanern bei ihrer Irak-Okkupation übel aufgestoßen war: Wer es zerstört, dem gehört es, der muss die Verantwortung tragen. Das wollte Moskau nicht. Es suchte nach einer Exit-Strategie, um, unter Beibehaltung seiner Stützpunkte, nicht in ein jahrelanges militärisches Abenteuer im Nahen Osten verwickelt zu werden.

Die angestrebte Friedensordnung könnte allerdings auf eine Teilung Syriens in Einflusssphären hinauslaufen, berichtete Reuters unter Berufung auf »verschiedene Quellen«, unter anderem auf Andrej Kortunow vom russischen Rat für Außen- und Verteidigungspolitik. In einem Konstrukt, das von Russland, der Türkei und dem Iran befürwortet werde, könnte Assad vorläufig im Amt bleiben. Er würde vor allem die Regionen der alawitischen Minderheit an der Mittelmeerküste beherrschen, in denen auch die russischen Stützpunkte liegen, die Moskau keinesfalls aufgeben will. Ankara erhielte ein Einflussgebiet im Norden, das die Kurden von der Türkei fern hielte. Teheran dagegen könnte einen Landkorridor bekommen, der den Iran mit Libanon verbindet, was ein wichtiger Schritt in Richtung auf ein großschiitisches Reich wäre.[319]

Dieses Konstrukt birgt den Keim künftiger Konflikte in sich. Ein Teil des syrischen Widerstandes hat sich zum Jahresbeginn 2017 daher wieder aus dem von Moskau initiierten Prozess verabschiedet, bevor der überhaupt begonnen hat.

# Der hybride Krieg. Wie der Kreml den Westen destabilisiert

Wer die Gewalt zu seiner Methode macht,
muss die Lüge zu seinem Prinzip erwählen.
*Alexander Solschenizyn*

Generaloberst Waleri Gerassimow war gerade erst drei Monate Chef des russischen Generalstabes, als er im Januar 2013 der russischen Generalität in einem Vortrag in der Militärakademie seine Vorstellungen von der neuen militärischen Welt eröffnete. Kriege im 21. Jahrhundert verliefen nicht nach der üblichen Schablone, die Grenzen zwischen Krieg und Frieden lösten sich auf, dozierte der General. Er bezog sich dabei auf die sogenannten »Blumen-Revolutionen« in Nordafrika und dem Nahen Osten. Dort habe sich gezeigt, »dass sich völlig erfolgreiche Staaten innerhalb weniger Monate oder sogar Tage in eine Arena heftiger bewaffneter Kämpfe verwandeln können, zum Opfer ausländischer Interventionen werden«.[320]

Diese Konflikte »neuen Typs«, wie er es nannte, seien in ihren Wirkungen einem wirklichen Krieg vergleichbar. Dabei hätten sich die »Regeln des Krieges« substanziell verändert. »Die Rolle der nichtmilitärischen Mittel zur Erreichung politischer und strategischer Ziele wuchs, die in einer Reihe von Fällen die Macht der Waffen hinsichtlich ihrer Effektivität deutlich übertrafen.«

Der Generaloberst schärfte seinen hochrangigen Zuhörern nachdrücklich ein, welcher Methoden sie sich, neben dem üblichen Kriegshandwerk wie in Syrien, künftig widmen sollen. Er legte ihnen den »breit gestreuten Einsatz von Desinformation, von politischen, ökonomischen, humanitären und anderen nichtmilitärischen Maßnahmen, die in Verbindung mit dem Protestpotenzial der Bevölkerung zum Einsatz kommen«, ans Herz. Das müsse vervollständigt werden »durch militärische Maßnahmen verdeckten Charakters, darunter die Realisierung von Maßnahmen des Informationskampfes und Aktivitäten von Spezialeinsatzkräften. Zur offenen Anwendung von Gewalt, teilweise unter dem Anschein einer friedenschaffenden Tätigkeit und der Krisenregulierung wird in einer bestimmten Etappe nur dann übergegangen, um den endgültigen Erfolg im Konflikt zu erreichen.« Er empfahl in dem Zusammenhang, die »vaterländischen Erfahrungen« nicht zu vergessen: Partisaneneinheiten während des Großen Vaterländischen Krieges, irreguläre Formationen in Afghanistan und im Nordkaukasus.[321]

Die Beschreibung der neuen Formen der »hybriden« Kriegsführung im 21. Jahrhundert, manche Autoren ziehen den Begriff der »nichtlinearen Kriegsführung« vor, ist inzwischen als »Gerassimow-Doktrin« in den allgemeinen Sprachgebrauch der Militärs eingegangen. Der russische Generalstabschef hatte sich bei seinem Vortrag eines rhetorischen Tricks aus der Sowjetzeit bedient. Er analysierte vorgeblich Entwicklungen in der arabischen Welt mit den entsprechenden Schuldzuweisungen, um aus dieser »Lektion« verdeckt eigene Pläne und Absichten abzuleiten. »Die – fälschliche – Darstellung des Arabischen Frühlings als das Ergebnis verdeckter westlicher Operationen gibt Gerassimow die Freiheit, das auszusprechen, was er denkt: Wie kann Russland Staaten untergraben und zerstören, ohne direkte, offene und groß angelegte militärische Intervention«, kommentierte der Politologe Mark Galeotti die Rede.[322]

Bescheiden hatte Gerassimow in seinem Vortrag im Januar 2013 darauf verwiesen, dass die russischen Streitkräfte zwar das traditionelle Kriegshandwerk recht gut verstünden, dass sich aber »unser Wissen über asymmetrische Formen und Methoden nur an der Oberfläche« befindet. Die Militärwissenschaften seien gefordert.

Die müssen, glaubt man dem Generalstabschef, blitzschnell gehandelt haben. Schon ein Jahr später bewiesen das russische Militär und die Geheimdienste auf der Krim und in der Ostukraine eine erstaunliche Virtuosität im Umgang mit dieser für sie angeblich völlig neuen Form der Kriegsführung. Tatsache ist allerdings, dass Moskau schon in sowjetischen Zeiten auf dieser Klaviatur zu spielen verstand. So geht beispielsweise der von Russland geführte Informationskrieg auf die 1970er Jahre zurück. Militärische Aktionen wie der Einmarsch in die

Tschechoslowakei 1968 oder 1979 in Afghanistan bekamen ein, wenngleich fadenscheiniges, Mäntelchen des Völkerrechts umgehängt, indem Moskau behauptete, eingeladen worden zu sein.

Inzwischen wurden die Methoden weiter verfeinert. Vor allem verdeckte Aktionen, bei denen die Urheber und Verantwortlichen im Dunkeln bleiben, finden zunehmend und massiv Anwendung. Klassische Beispiele sind Russlands Aktionen auf der Krim und in der Ostukraine, von denen Moskau lange Zeit behauptete, daran nicht beteiligt zu sein. Der verdeckte Krieg im Cyberspace, die durch das Internet möglich gewordene massenhafte Verbreitung von Desinformation und Manipulation, gehört ebenfalls zu. Wissenschaftler halten es für fraglich, »inwiefern dies allerdings einen neuen Kriegsbegriff erforderlich macht«.[323]

Die Sprach-Realität hat diese zweifelnde Frage längst beantwortet. In der Öffentlichkeit ist der Begriff vom »hybriden Krieg« mit all seinen Aspekten längst zu einer nicht mehr zu ersetzenden Wortfügung geworden.

## Informationskrieg: Das Land der Trolle

Nein, damit ist nicht Island mit seinen Trollen gemeint. Die Trolle, um die es hier geht, sind keine verschrobenen Märchenfiguren, sondern ganz reale Menschen, die von russischen Meinungsfabriken aus im Internet die Welt mit ihren Desinformationen überschwemmen.

Meine ersten Erfahrungen mit solchen Trollen machte ich zu Beginn der 2000er Jahre als Korrespondent in Moskau. Damals existierte der Begriff der Trolle noch nicht. In den Kommentarfunktionen, die damals noch in aller Naivität unter den Artikeln offen für jeden waren, konnten Leser ihre Meinungen kundtun. Meine Putin-kritischen Artikel stießen auf Widerspruch, was mich indes nicht weiter bekümmerte. Ich war überzeugt von dem, was ich tat, auch wenn aus meiner Heimatchefredaktion hin und wieder Signale kamen, ich möge mich doch mit dem »Putin-Bashing« zurückhalten.[324] Dem Rausschmiss war ich nahe, als Roger Köppel für gut zwei Jahre Chefredakteur der *Welt* in Berlin wurde. Er bewunderte den Emporkömmling Putin, ein Gefühl, das ich nun so gar nicht teilen konnte. Zweimal rief er mich in Moskau an und verwarnte mich: »Solche Artikel will ich in meinem Blatt nicht lesen«, blaffte er ins Telefon. Als Journalist mit DDR-Hintergrund hatte ich nicht die Absicht, mich ein zweites Mal in meinem Leben zum Schmock machen zu lassen. Ich ignorierte die Anrufe und hatte Glück. Köppel verließ die *Welt*-Redaktion in Richtung Schweiz, wo er als Herausgeber der *Weltwoche* und Abgeordneter der ausländerfeindlichen rechtspopulistischen Schweizerischen Volkspartei der glühende Putin-Fan geblieben ist, der er seinerzeit war.

Es war also nicht verwunderlich, dass auch Leser Anstoß an meiner Berichterstattung in Moskau nahmen. Doch nach und nach fiel mir auf, dass ich nicht nur zunehmend rüder beschimpft wurde, sondern dass es in der Wortwahl verdächtige Ähnlichkeiten gab. Aus einigen Repliken ging eindeutig hervor, dass sie, obwohl in gutem Deutsch verfasst, russischen Ursprungs waren. Bestimmte wörtlich aus dem Russischen übernommene Wendungen und die für die russische Sprache typische Satzstellung belegten das. Andere, nicht weniger hämische Kommentare verrieten die »Schreibe« der alten SED-Kader. Allen gemeinsam war, dass sie sich in der Regel nur in allgemeinen Verwünschungen ergingen, ohne auf konkrete Inhalte einzugehen. Sie waren offenkundig vorgefertigt. Verblüffend war für mich damals, dass zwischen der Veröffentlichung meiner Artikel im Internet und den Reaktionen sogenannter »Leser« oft nur drei, vier Minuten lagen. Technisch ist das leicht zu bewerkstelligen, Google bietet beispielsweise eine Alarmfunktion, die auf bestimmte Stichworte reagiert. Es musste also Leute geben, die ein sehr spezielles Interesse an meinen Artikeln über Russland hatten und die sich blitzschnell einschalteten, um den Tenor der Debatte vorzugeben. Ähnliche Erfahrungen machten übrigens auch andere deutsche Korrespondenten in Moskau.

Damals war es nur der Beginn des Troll-Unwesens. Heute haben wir es mit einer aktiv betriebenen Desinformationsmaschinerie zu tun, in der »Trolle« Lügen und Fehlinformationen am Fließband verbreiten. In St. Petersburg beispielsweise sitzen in einem Bürogebäude 400 bis 500 meist junge Leute, die auf Anweisung und gegen ein gutes Honorar täglich Hunderte von Kommentaren auf Webseiten platzieren. Sie mischen sich in Foren und Chatrooms ein, erzählen erfundene Geschichten, verbreiten schlichtweg Lügen, berichtete die russische Journalistin Ljudmilla Sawtschuk, die zwei Monate lang verdeckt in der Troll-Fabrik recherchierte.[325]

Die meisten der dort tätigen jungen Leute verfügten über ein sehr begrenztes Wissen, »ihre einzige Motivation ist das Geld«, erkannte die Journalistin sehr schnell. Als sie beispielsweise nach der Ermordung des Oppositionspolitikers Boris Nemzow negative Dinge über ihn schreiben sollten, taten sie es und fragten erst dann, wer dieser Nemzow eigentlich sei, berichtete Sawtschuk. Der britischen BBC zufolge sollen die Trolle aus St. Petersburg auch hinter einem Video stecken, in dem ein vermeintlich amerikanischer Soldat auf den Koran schießt.[326]

Als Bundeskanzlerin Angela Merkel 2015 ihr Profil auf dem Foto-Portal Instagram veröffentlichte, gab es einer Regierungssprecherin zufolge zum Start des Kanals »innerhalb weniger Stunden einige hundert Kommentare in kyrillischer Schrift«. Darin wurde der ukrainische Präsident Poroschenko als »Faschist« verunglimpft und der Kanzlerin eine Freundschaft zu den »Faschisten« unterstellt.[327]

In mindestens drei Fällen hat eine Armada an dubiosen Twitter- und Facebook-Accounts versucht, in den USA für Unruhe zu sorgen. Neben einer erfundenen Gasexplosion in Louisiana sind Meldungen über einen angeblichen Ausbruch von Ebola in der US-amerikanischen Stadt Atlanta und Berichte über vermeintliche Polizeigewalt gegen eine schwarze, unbewaffnete Frau dokumentiert. Auch hier führen die Spuren zur Troll-Fabrik nach St. Petersburg, zu einer Spezialeinheit der sogenannten Agentur für Internet-Forschungen, die die Troll-Fabrik unterhält.[328]

Der Organisator und Geldgeber hinter dieser Firma wiederum ist der Gastronomie-Unternehmer Jewgeni Prigoschin, auch »Koch des Kremls« genannt. Prigoschin unterhält eine Restaurantkette in St. Petersburg, besitzt ein Restaurant im

»Weißen Haus«, dem Sitz der russischen Regierung, und ist für das Catering im Kreml zuständig. Er gilt als Freund von Präsident Putin. Beide lernten sich zu Beginn der 1990er Jahre in St. Petersburg kennen. Prigoschin war im hochkriminellen Glücksspiel-Geschäft tätig, das von Putin als Vizebürgermeister kontrolliert wurde. Dem russischen Online-Portal *The Insider* fiel 2014 gehacktes Material über die Tätigkeit der Prigoschin-Agentur in die Hände, aus dem hervorging, wie zügig sich das Unternehmen zur Meinungsmache entwickelte. Innerhalb von fünf Monaten (Dezember 2013 bis April 2014) wuchs das Budget von 25 auf 33 Millionen Rubel. Waren im Januar 2014 dort noch 207 Mitarbeiter angestellt, so wuchs ihre Zahl bis April auf 313. Die Kosten trägt Prigoschin, der sich damit offenbar für die guten Verdienstmöglichkeiten im Dunstkreis des Kreml erkenntlich zeigt.[329]

Die steigenden Ausgaben für Moskaus Desinformations-krieg, das überbordende Troll-Unwesen ist nach Ansicht der Journalistin Sawtschuk eine Reaktion auf die Unmöglichkeit, im Internet Zensur auszuüben. Da es durch die russischen Machthaber nicht mehr zu kontrollieren ist, werden so viele falsche Informationen gestreut, bis die Menschen nicht mehr wüssten, »wer gut und wer böse ist«. Der britische Autor Peter Pomerantsev, der zehn Jahre in Moskau gelebt hat und in russi-schen Medienunternehmen tätig war, fand dafür mit dem Titel seines Buches eine griffige Formel: »Nichts ist wahr und alles ist möglich«.[330]

Das klingt lustiger, als es in der Realität ist. Brutaler Rufmord gehört zum Alltagsgeschäft der russischen Trolle. Das musste beispielsweise die Finnin Jessikka Aro leidvoll erfahren.

Die Investigativ-Journalistin der finnischen Rundfunkge-sellschaft *Yle* wollte einen Artikel verfassen, der auf einer Um-frage basierte. Sie bat die Finnen, ihr bei der Suche nach Trollen zu helfen, ihr mitzuteilen, wie Trolle agieren, wie sie arbeiten, wie es mit ihrem Einfluss auf die finnische Öffentlichkeit stehe. Neben 200 Antworten bekam sie eine üble Schmutzkampagne. Führend dabei war der »offizielle Vertreter« des russischen Instituts für Strategische Studien in den Nordischen Ländern, eine Kreml-Gründung zur Beeinflussung der öffentlichen Meinung dort. Aus der Ecke kam der Vorwurf, sie arbeite für die Geheimdienste der USA und Estlands. Angeblich sammle sie illegal Daten über Putin-Unterstützer in Finnland. Trolle wurden aktiviert, die sie als Drogenhändlerin (ein Amphetamin-Fall vor zwölf Jahren) und Informantin der USA verleumdeten. Ihre Freunde und Kollegen wurden »gestalkt«, sie selbst erhielt bedrohliche Botschaften über das Telefon und im Internet. Sie wurde in den sozialen Medien verfolgt, ihre Chefs erhielten Forderungen, man möge sie entlassen. Schließlich machte ihr eine anonyme »Stimme« das Angebot, man werde die Hass-Kampagne beenden, wenn sie sich entschuldige und verspreche, nicht mehr über Russland zu schreiben. Das war Erpressung reinsten Wassers.[331]

Olga Wieber, eine Ukrainerin, die mit ihrer Familie in einem badischen Dorf in Deutschland lebt, dachte sich nichts Arges, als sie bei Facebook ihr Porträt präsentierte, aus Solidarität mit der von Russland überfallenen Ukraine blau-gelb geschminkt. Wenig später strahlte das russische Staatsfernsehen einen Lügen-Report aus, der die Frau bis ins Mark traf. Der Staatssender behauptete, sie sei eine russische Ärztin aus Deutschland, die mit Organen gefallener ukrainischer Soldaten Geschäfte mache. Als »Beweise« wurden ihr Facebook-Foto und erfundene Chats mit ukrainischen Bataillonskommandeuren angeführt. Eine Welle von Hass-Kommentaren schwappte durchs Internet. Sie wurde als »faschistische Schlampe« beschimpft, die an einen Panzer gebunden und zerrissen werden sollte. »Dabei ist Olga Wieber nicht einmal Ärztin, sondern Mathematikerin«, schrieb Alia Begisheva in einem Zeitungsartikel. Die Autorin war Anfang der 1990er Jahre Schülerin des Gatten von Olga Wieber, der damals an der Deutschen Schule Moskau Mathematik unterrichtete.[332]

Dies sind nur zwei von Tausenden Beispielen, in denen die russischen Trolle zugeschlagen haben. Das geschieht so massenhaft, dass es nahezu unmöglich ist, alle abstrusen Desinformationen kurzfristig zu entlarven. Kaum wendet man sich der einen Lüge zu, tauchen fünf andere auf dem Markt auf. Dabei interessiert es die Urheber wenig, dass die von ihnen verbreiteten Inhalte nachweislich falsch sind und sich oft auch noch widersprechen. Entscheidend ist, dass Verwirrung gestiftet wird, dass es unmöglich wird, Wahrheit und Lüge auseinanderzuhalten: Schwarz ist Weiß, Krieg ist Frieden, Aggression ist Verteidigung – wer weiß das noch so genau? Es sei sicher falsch, was im russischen Fernsehen im Fall Lisa verbreitet werde, sagte eine in Deutschland lebende Russlanddeutsche in der ARD. Aber, fügte sie hinzu, »ich möchte es glauben«.

Seit März 2015 versucht die Europäische Union, dagegenzuhalten. Der Europäische Rat rief eine StratCom Task Force ins Leben, die dem russischen Informationskrieg gegen europäische Institutionen und Werte entgegenwirken soll. Seit September 2015 sind ganze neun hauptamtliche Kommunikationsexperten damit beschäftigt, Desinformationen zu entlarven und EU-Aktivitäten und Projekte transparent zu machen. Das kleine Team, das sich auf Zuarbeiten von EU-Institutionen und Mitgliedsstaaten stützt, veröffentlicht zwei wöchentlich erscheinende Newsletter in Englisch und Russisch: Die *Disinformation Review* und den *Disinformation Digest*.[333]

## »Nascha« Lisa

Die Wellen der Erregung schlugen hoch im Januar 2016 in Deutschland. Voller Empörung gingen vorwiegend Russlanddeutsche auf die Straße. Sie forderten mit ihren oft in Serie hergestellten Transparenten »Schützt unsere Kinder und Frauen«, warnten: »Heute mein Kind, morgen Dein Kind« oder behaupteten: »Wir leben in einem Land, wo die Monster frei sind«.

Der Fall Lisa und eine im Hintergrund wirkende Regie hatten Teile der Russlanddeutschen, von denen es rund drei Millionen in Deutschland gibt, elektrisiert.

Lisa, eine 13-jährige Schülerin aus Berlin-Marzahn, war 30 Stunden lang verschwunden, die russlanddeutschen Eltern gaben eine Vermisstenanzeige auf. Sofort wurden in den sozialen Netzen die wildesten Spekulationen verbreitet, die in dem Vorwurf gipfelten, Lisa sei auf dem Heimweg von der Schule von Asylbewerbern abgefangen, verschleppt und vergewaltigt worden. Und die Behörden versuchten, das aus Gründen der »politischen Korrektheit«[334] zu vertuschen.

Tatsache war, dass die Polizei schon nach wenigen Stunden mitteilen konnte, dass es keine Entführung und auch keine Vergewaltigung gegeben hatte. Es war vielmehr die Geschichte eines Mädchens, das Probleme in der Schule hatte und sich aus Angst vor den Eltern über Nacht bei einem Freund versteckt hatte. Das wurde von den Organisatoren der Empörungswelle – die blitzschnelle Verbreitung immer neuer »Einzelheiten« und Absprachen zu Demonstrationen an den unterschiedlichsten Orten in Deutschland deuteten auf deren Existenz hin – als weitere Belege für das bewusste Verschweigen unangenehmer Tatsachen gewertet.

Die rechtsextreme NPD, die nationalistisch-völkische AfD und Pegida-Anhänger machten ebenfalls mobil und stärkten den russlanddeutschen Aktivisten den Rücken. Reflexartig zeigten sie auf die Asylsuchenden in Deutschland und versuchten, ihren pathologischen Ausländerhass zu versprühen. In den 1990er Jahren zählten auch die Russlanddeutschen zu ihrer »Zielgruppe«. Heute verbündet man sich. Einige – zahlenmäßig schwache – russlanddeutsche Organisationen fühlen sich in der Umgebung der extremen Rechten sehr wohl. Das trifft auf die Splittergruppe »Internationaler Konvent der Russlanddeutschen« des Heinrich Groth ebenso zu wie auf die Partei »Einheit«, angeführt von Dmitri Rempel.[335]

Der russische Außenminister Sergej Lawrow hielt in dieser Situation die Stunde für gekommen, sich in die deutsche Innenpolitik einzumischen. Er verlangte »Aufklärung« von den deutschen Behörden, denen er Vertuschungsversuche vorwarf. Die Nachricht über das Verschwinden »unserer Lisa« sei lange verheimlicht worden. Zu lange, wie Lawrow befand, der aus der doppelten Staatsbürgerschaft des in Deutschland lebenden Mädchens eine besondere Fürsorgepflicht der russischen Behörden ableitete.

Tatsächlich ging es ihm darum, eine spannungsgeladene Atmosphäre in Deutschland von außen weiter aufzuheizen. Im Schulterschluss mit den Hasspredigern der NPD, der AfD, von Pegida und aufgeputschten aus Russland Ausgewanderten stelle er den Fall Lisa in einen Zusammenhang mit der ohnehin schwierigen Asylproblematik. »Ich hoffe, dass diese Migrationsprobleme nicht zum Versuch führen, die Wirklichkeit aus irgendwelchen innenpolitischen Gründen politisch korrekt zu übermalen.«[336]

Lawrow hoffte offenkundig, an diesem Punkt die größtmögliche propagandistische Wirkung erzielen zu können. Letztlich zielte er auf die Bundeskanzlerin, die in ihrer Asylpolitik zu Hause unter großem Druck stand. Sie sollte geschwächt werden, denn Angela Merkel war Moskau mit ihrem konsequenten Festhalten an den Sanktionen gegen Russland ein Dorn im Auge. Unter der Hand fantasieren Moskauer Möchtegern-Strategen davon, die Wiederwahl der Bundeskanzlerin zu verhindern.

Lawrows Äußerungen brachten sogar Außenminister Frank-Walter Steinmeier, der üblicherweise ein weichgespültes Verhältnis zu seinem russischen Amtskollegen pflegt, in Rage. Er warnte Moskau davor, mit Berichten über die angebliche Vergewaltigung einer Russlanddeutschen in Berlin Unfrieden zu stiften. Es gebe keinen Grund und keine Rechtfertigung, den Fall dieses 13-jährigen Mädchens für politische Propaganda zu nutzen, um damit die ohnehin schwierige Migrationsdebatte in Deutschland anzuheizen. Er könne den Behörden in Moskau nur raten, sich auf den Stand der Ermittlungen in diesem Fall zu beziehen und nicht auf spekulative Medienberichte.[337]

Der russische Außenminister verzichtete wenig später abrupt auf weitere Auslassungen zu dem Thema. In russischen Medien dagegen wurden die Desinformationen über Lisa noch wochenlang weiter kolportiert.

Als Reaktion auf die offensichtlich konzertierte Desinformationskampagne im Fall Lisa hat sich der Bundesnachrichtendienst (BND) der verstärkten Überwachung der russischen Propaganda zugewandt. Im März 2016, nur wenige Wochen nachdem Lisa verschwand und unversehrt wieder auftauchte, bildete der deutsche Auslandsgeheimdienst eine spezielle Arbeitsgruppe. Sie soll die Bundesregierung »mit Informationen über russische Troll-Armeen und deren Propagandaaktionen versorgen«.[338]

Zu wenig, zu spät, befand die Grünen-Politikerin Marieluise Beck. Sie kritisiert die eklatante Schwäche der deutschen Spionageabwehr. »Die Naivität der Deutschen in Bezug auf die russische Einflussnahme hierzulande grenzt schon fast an Fahrlässigkeit«, sagte Beck. »Wir schwächen fortlaufend unsere Sicherheit.« Auch Stefan Meister, Russlandexperte der Deutschen Gesellschaft für Auswärtige Politik (DGAP), warnt eindringlich vor russischen Destabilisierungsaktionen. »Russland unterstützt in Deutschland alle Gruppen, die das demokratische System schwächen wollen«, erklärte Meister. Hinter diesen Aktivitäten stünden auch die russischen Geheimdienste.[339]

Der Lette Jänis Särts sieht die Zusammenhänge noch etwas bedrohlicher. Vielleicht macht das die Nähe zum russischen Nachbarn, den man im Baltikum mit besonderem Misstrauen beobachtet. Särts, Direktor des Kompetenzzentrums für strategische Kommunikation der Nato in Riga, glaubt, Russland versuche, Merkel als Kanzlerin zu stürzen. Deutschland sei für Russland ein Test, ob es möglich sei, eine vorhandene Situation so zu schüren, dass sie die Regierung destabilisiere. Daher solle die Propaganda die Stimmung gegen Flüchtlinge aufstacheln. »Russland testet, ob es in der Lage ist, in so einem großen und stabilen Land, das normalerweise nicht so viele Schwachpunkte bietet, Umstände zu erzeugen, die zu einem Wechsel an der politischen Spitze führen«, meint Särts.[340]

Das Europaparlament hat im November 2016 in einer Entschließung die russischen Umtriebe scharf verurteilt. Moskau setze Pseudo-Nachrichtenagenturen und Pseudo-Multimediadienste wie Sputnik, soziale Medien und Trolle mit dem Ziel ein, demokratische Werte infrage zu stellen. Das Ziel der Propaganda sei es, Mitgliedsstaaten zu entzweien und eine Spaltung zwischen der EU und ihren nordamerikanischen Partnern herbeizuführen, heißt es in dem Papier. Zudem habe die Kampagne zum Ziel, den Entscheidungsprozess lahmzulegen, die EU-Organe und Einrichtungen zu diskreditieren sowie Angst und Unsicherheit bei den EU-Bürgern zu schüren.[341]

Russische Medien in Deutschland spielen dabei eine besondere Rolle. Während Moskau inzwischen ausländische Medien weitgehend vom russischen Markt verdrängt hat, nutzt es ungerührt die Möglichkeiten, die sich aus der Mediengesetzgebung einer offenen Gesellschaft ergeben. Unbehindert verbreitet die staatlich finanzierte Video-Agentur *Ruptly*, die in Berlin am Potsdamer Platz sitzt, ihr Videomaterial preiswert an über 200 Abnehmer. *Ruptly* gebietet weltweit eigenen Angaben zufolge über 25 Büros. In Deutschlang werden »private und öffentlich-rechtliche« TV-Sender bedient.[342]

Chefredakteur Igor Rodionow lief mir in Moskau als Producer beim ZDF über den Weg. Acht Jahre lang tat er als stiller, feiner Mitarbeiter, was man ihm auftrug und lernte das TV-Handwerk von der Pike auf. Heute verbreitet er in Diskussionsrunden im deutschen Fernsehen die übliche Kremlpropaganda von der »faschistischen« Ukraine, von angeblichen amerikanischen Waffenlieferungen und einem »gesteuerten Ölpreis«, mit dem ein »Regime-Change« in Russland herbeigeführt werden soll.[343]

Einen ähnlichen Auftrag führt auch *RT Deutsch* aus, dem Rodionow ebenfalls vorsteht. Mit der Sendung »Der fehlende Part« suggeriert der TV-Sender, er würde die von der deutschen »Lügenpresse« (Originalton Pegida) verschwiegenen Informationen und Zusammenhänge liefern. Tatsächlich kommen dort »Querfrontler« zu Wort wie Jürgen Elsässer, ehemals Kommunistischer Bund und heute Chefredakteur des rechtsextremen *Compact*-Magazins, Ken Jebsen (Verschwörungstheoretiker und Inhaber von KenFM) oder Ex-Stasi-Spione wie Rainer Rupp, der als »Topas« in Brüssel die Nato ausforschte. Mangelnde Resonanz oder fehlende Finanzen haben inzwischen dazu geführt, dass statt der ursprünglich fünf Ausgaben des »fehlenden Parts« seit Anfang 2016 pro Woche nur noch eine produziert wird.[344]

Einfluss auf die öffentliche Meinung in Deutschland nimmt auch *Rossija Sewodnja*, das Resultat einer Fusion der russischen staatlichen Nachrichtenagentur *RIA Nowosti* und des Staats-Auslandssenders *Stimme Russlands*. Beide Medien waren schon zu sowjetischer Zeit in beiden deutschen Staaten aktiv. Heute findet man sie auf der gemeinsamen deutschsprachigen Webseite *Sputnik News*, wo auch das Radioprogramm abgerufen werden kann. Dort findet russische Propagandaberichterstattung statt, die in der Regel mit starken antieuropäischen und antiamerikanischen Tendenzen verbunden ist.

Der Berliner Chef von *Rossija Sewodnja*, Dmitri Tultschinski, war bereits in den 1990er Jahren für *RIA Nowosti* in Deutschland tätig. Damals begann sich die Agentur zu einer offeneren, liberalen Agentur und zu einer interessanteren Informationsquelle zu entwickeln. Das Experiment wurde mit der Gründung von *Rossija Sewodnja* endgültig beendet.

Tultschinski, der wie Rodionow ausgezeichnet Deutsch spricht, ist ebenfalls häufig Gast in deutschen Talkshows. Seine Auftritte dort unterscheiden sich von denen eines russischen Regierungssprechers oft nur dadurch, dass er seine Argumentationsschwäche gerne durch Impertinenz ersetzt. So sagte er im »Studio Friedman«: »Krim ist jetzt Russland. Das ist ein Faktum. Und wenn Sie das immer noch ›interessant‹ finden, dann sind Sie ein bisschen zurückgeblieben.«[345]

Unklar, da wenig erforscht, ist die Wirkung russischer Medien auf die deutsche Öffentlichkeit. Sie haben allerdings einen gewissen Zulauf erfahren, seit Moskau in seiner hybriden Kriegsführung die Pegida-Bewegung und die AfD als mögliche Einflussagenten entdeckt hat.

Die schärfsten Waffen im russischen Desinformationskrieg gegen Deutschland sind allerdings die Deutschen, die wegen ihrer vermeintlich untadeligen Reputation als Dauergäste in den öffentlich-rechtlichen Anstalten unterwegs sind. Der ehemalige Generalinspekteur der Bundeswehr Harald Kujat beispielsweise lobt den militärischen Einsatz Putins in Syrien, sieht keine Beweise für das Eingreifen russischer Truppen in der Ostukraine und schiebt den USA und der Nato die Schuld am schlechten Verhältnis zu Russland zu. Kujat sitzt im Aufsichtsrat der kremlnahen Denkfabrik Dialogue of Civilizations Research Institute (DOC), die sich in Berlin niedergelassen hat. Das DOC wird geleitet vom Putin-Intimus und Ex-KGB-General Wladimir Jakunin. Als »orthodoxer Tschekist«, wie die zum russisch-orthodoxen Glauben übergelaufenen einstigen KGB-Leute genannt werden, hat sich der ehemalige Chef der russischen Eisenbahnen dem Kampf gegen die intellektuelle Vorherrschaft des Westens gewidmet.

Matthias Platzeck (SPD) ist Vorsitzender des Deutsch-Russischen Forums. Der Verein will den gesellschaftlichen Dialog zwischen beiden Ländern stärken. Platzeck wirbt eigenen Aussagen zufolge »um Verständnis für die russische Seite«. Tatsächlich übernimmt er unkritisch Propagandalügen Moskaus und setzt sich dafür ein, die Okkupation der Krim nachträglich völkerrechtlich zu sanktionieren. Sarah Wagenknecht und Gregor Gysi von den Linken leben ihren Antiamerikanismus in einer weitgehenden Übernahme vieler Kreml-Positionen aus.

Die Allzweckwaffe der Putin-Mannschaft ist die ehemalige Fernsehjournalistin Gabriele Krone-Schmalz, die in Talkshows und in Büchern mit hohen Auflagen die deutsche Affinität zur »russischen Seele« bedient und dabei Desinformationen aus Moskau hitzig verteidigt. Sie leugnete die Anwesenheit zusätzlicher russischer Militärkontingente auf der Krim selbst dann noch, als Putin sich von dieser Lüge bereits verabschiedet hatte.

Einfluss auf die öffentliche Meinung nimmt Russland auch über den Osteuropa-Historiker Alexander Rahr, Projektleiter des Deutsch-Russischen Forums. Als »Berater einer Gasfirma, die in Russland mit Gazprom kooperiert«, gehört er ebenso wie Exkanzler Schröder zu den bezahlten Lobbyisten der Moskauer Propagandaoffensive.[346]

Gerhard Schröder, ein Duzfreund Putins, ist Vorsitzender des Aufsichtsrats der Nordeuropäischen Gasleitungs-Gesellschaft (Nord Stream AG), in der der russische Staatskonzern Gazprom die Aktienmehrheit innehat. Im Herbst 2016 wurde er außerdem Vorsitzender des Verwaltungsrates des Pipeline-Betreibers Nord Stream 2. Er ist als unermüdlicher Verfechter russischer Interessen unterwegs, fordert die Lockerung der Sanktionen gegen Russland und wirft der Bundesregierung Fehler in der Ostpolitik vor.[347]

## Rechtsextremisten: Moskaus neue Freunde

Der staatlich verkündete russische »Antifaschismus«, unter dessen Flagge ja auch die Krim okkupiert wurde, hindert die Putin-Mannschaft nicht daran, sich mit den Rechtsextremen Europas zu verbünden. Hier wird ein weiterer Aspekt der hybriden Kriegsführung erkennbar, allerdings auch die Zwangslage, in der sich der Mann im Kreml befindet: Ihm gehen nach den militärischen Abenteuern in Georgien, der Ukraine und in Syrien die Verbündeten aus, von Freunden gar nicht zu reden.

In dieser Situation hat der Kreml keine Skrupel, sich Parteigänger in jenen Kreisen zu suchen, die er angeblich zu bekämpfen vorgibt: ausländische Neonazis und Rechtsextreme sind inzwischen in Russland willkommen. Hauptsache, sie lassen sich in die russische Einheitsfront gegen Europa und die EU, gegen die USA und das transatlantische Bündnis einfügen. In der Ablehnung der Demokratie westlichen Zuschnitts, in der Verteufelung einer liberalen, offenen Gesellschaft und der Beschwörung »traditioneller familiärer Werte« ist man sich ohnehin einig.

In Großbritannien sucht der Kreml Kontakt zu den radikalen Europa-Gegnern von Ukip, in Ungarn ist die rechtsextreme Jobbik-Partei längst ein guter Partner. In Deutschland dementierte die Alternative für Deutschland ein Zusammengehen mit dem Kreml. Äußerungen einzelner Führungskräfte sprechen indes eine andere Sprache. So reiste der brandenburgische AfD-Fraktionsvorsitzende Gauland auf Einladung des orthodoxen russischen Unternehmers Konstantin Malofejew mit einigen Abgeordneten nach St. Petersburg und diskutierte dort mit Vertretern der Macht. »Ich glaube«, sagte Malofejew anschließend, »die Auftritte Doktor Gaulands signalisieren, dass Deutschland wieder zu Deutschland wird, so wie Russland unter Putin wieder Russland wird.« Die Jugendorganisation der AfD hat inzwischen enge Kontakte zur Putin-Jugend Junge Garde hergestellt. All diese Kräfte möchte Moskau europaweit stärken, um Putin-kritische Regierungen vom rechten Rand her unter Druck zu setzen. In einem ersten Versuch, eine internationale Plattform der extremen Rechten zu schaffen, hatte die nationalistische russische Rodina-Partei im Frühjahr 2015 nach St. Petersburg geladen. Rodina (Heimat) ist eine Splitterpartei, wird aber aufgewertet durch ihr Bündnis mit der Kremlpartei Geeintes Russland. Ihr Anführer ist der Hardliner Dmitri Rogosin, zeitweilig Russlands ständiger Vertreter bei der Nato in Brüssel, der es inzwischen zum Vizeregierungschef gebracht hat.

Damit erübrigt sich die Frage, ob das »Internationale russische konservative Forum«, zu dem er die Rechten Europas geladen hatte, möglicherweise eine private Veranstaltung war. »Nichts im heutigen Russland geschieht ohne Wissen des Kremls«, weiß der russische Politologe Emil Pain. Niemand würde im heutigen Russland »irgendeine Initiative von sich aus entwickeln«. Themen des Treffens waren nach Angaben der Veranstalter unter anderem die Ukraine-Krise und die »arrogante« Politik der USA. Das Forum sei der erste Schritt, eine gemeinsame Plattform gegen die »Bedrohung der Souveränität und der nationalen Identität« zu schaffen, sagte Rodina-Vertreter Fjodor Birjukow.[348]

Rund 200 Mitglieder extrem rechter Organisationen folgten der Einladung nach St. Petersburg, das unter dem Namen Leningrad im Zweiten Weltkrieg einer 900-tägigen opferreichen Blockade der Hitlertruppen widerstand. Die geladenen Gäste vertraten elf nationalistische Parteien in Europa. Alle sind rechtsextrem, gegen fast alle wurden Gerichts- bzw. Verbotsverfahren geführt oder erwogen.[349]

Mit dabei war auch Udo Voigt, der frühere Vorsitzende der deutschen NPD, der Hitler für »einen großen Staatsmann« hält. Alexej Schurawljow, Fraktionsmitglied der Kremlpartei Geeintes Russland, machte den Europaabgeordneten der NPD auf Twitter doch tatsächlich zum »Antifaschisten«.[350]

Voigt dankte den Gastgebern, indem er die angebliche »Kriegstreiberei« des Westens in der Ukraine geißelte. Im Übrigen sei »Deutschland nach wie vor fremdbesetztes Gebiet und von jedweder Souveränität weit entfernt«, Europa »hoffnungslos überfremdet und vom Gender-Wahnsinn heimgesucht«.[351] Moskaus Propagandisten hätten das nicht besser ausdrücken können.

Aufmerksame Zuhörer waren unter anderem der italienische Neofaschist Roberto Fiore, Wolen Sidorow von der fremdenfeindlichen bulgarischen Partei Ataka und Vertreter der neonazistischen Morgenröte-Partei aus Griechenland. Der britische Holocaust-Leugner Nick Griffin lobte die üblicherweise manipulierten Wahlen in Russland als »fair«. Der Schotte Jim Dawson bezeichnete die Europäische Union als »Nazis«, von denen in Brüssel Hunderte zu finden seien. »Die Rettung seid ihr, ihr mutigen Russen, euer Glaube und euer Führer. Weil Wladimir Putin versteht, dass die Rechte der Mehrheit wichtiger sind als die Launen und Perversionen von Minderheiten.«[352] Man glaubte, Putins Stichwortgeber, den russischen faschistischen Philosophen Alexander Dugin, zu hören.

Der französische Front National war dieses Mal nicht dabei. Marine Le Pen entschuldigte sich mit Regionalwahlen in Frankreich. Die französischen Rechten unterhalten jedoch beste Beziehungen zu Moskau, ihre Führungsmitglieder tauchten auch schon auf der Krim auf, um für die »Rechtmäßigkeit« des Anschlusses an Russland zu werben. Im Gegenzug unterstützt Russland die Partei finanziell. Insgesamt 40 Millionen Euro soll der Front National aus russischen Quellen erhalten, fand die Internetzeitung *Mediapart* heraus.[353]

Eine wichtige Rolle in diesem Geflecht russischer Staatsinteressen und europäischer Rechts-Organisationen spielt der russische Unternehmer Konstantin Malofejew. Der 41-Jährige, der Erkenntnissen des ukrainischen Geheimdienstes SBU und der Europäischen Union zufolge Mitarbeiter des russischen Militärgeheimdienstes GRU (Hauptverwaltung für Aufklärung des russischen Generalstabes) ist, setzte seine Finanzen gern für russische verdeckte Operationen ein. So hat er eigenen Angaben zufolge seinen finanziellen Beitrag zur Annexion der Krim und zur Unterstützung des russischen Guerillakämpfers Igor Girkin (»Strelok«) in der Ostukraine geleistet.

Der Milliardär (geschätzte zwei Milliarden Dollar) bezeichnet sich selbst als »orthodoxen Monarchisten«. Er und seine Auftraggeber haben ein besonderes Interesse für alles entwickelt, was in Europa ultrarechts ist. 2014 fiel er erstmals in der Öffentlichkeit auf. Er hatte im Palais Liechtenstein in Österreich ein geheimes Treffen organisiert, bei dem er rechte Politiker und Aktivisten aus Europa und Russland zusammenführte, um sie zu vernetzen. Dabei waren auch Vertreter des französischen Front National und der FPÖ. Gerade zur österreichischen Rechtspartei unterhält Malofejew eigenen Aussagen zufolge »die allerbesten Beziehungen«. Er »unterstütze das Programm der FPÖ, …, weil sie das richtige Programm gegenüber den Migranten hat und eine EU-skeptische Ausrichtung. Das ist wirklicher Patriotismus und entspricht den Interessen der Österreicher«, glaubt der Russe zu wissen. Finanzielle Unterstützung erhielten Österreichs Rechte allerdings nicht von ihm, behauptete er.[354] Dafür hat die Kreml-Partei Geeintes Russland, deren Mitglied auch Malofejew ist, im Spätherbst 2016 mit der rechtspopulistischen FPÖ einen Kooperationsvertrag abgeschlossen. Die FPÖ stelle sich darin hinter das Ziel der Putin-Partei, die junge Generation »im Geiste von Patriotismus und Arbeitsfreude« zu erziehen. Offenbar fühlen sich Österreichs Rechtsaußen-Politiker vom militaristischen Geist angezogen, der in den jährlich stattfindenden Kinder- und Jugendsommer-lagern in Russland herrscht. FPÖ-Chef Strache habe in Moskau auch dafür plädiert, die »für die Wirtschaft schädlichen und letztlich nutzlosen« internationalen Sanktionen gegen Russland zu streichen, berichtete der Deutschlandfunk am 20.12.2016 unter Berufung auf die FPÖ-Zentrale in Wien.

Neben der FPÖ fühlt sich Malofejew im Besonderen auch der Alternative für Deutschland nahe. Das verbindende Element sei, wie bei der FPÖ, »das Christentum«. In seinem Interview mit dem österreichischen Nachrichtenmagazin *Profil* ließ er keinen Zweifel daran, dass er durchaus die Meinung des inzwischen verstorbenen FPÖ-Politikers John Gudenus teile, der die EU als »Homosexuellenlobby« verunglimpft hatte. »Ich verstehe nicht, was daran ein Skandal sein soll. Wer findet, dass Sodomie gut ist, sollte dazu stehen und sagen: Ja, wir sind die EU, und wir sind Sodomiten, die irgendwelche Perversen zum Songcontest schicken!«[355]

Destabilisierungspotenzial haben aus Sicht der Kremltürme auch Separatisten in aller Welt, seien ihre Organisationen auch noch so marginal. Im September 2016 durfte die Antiglobalisti-sche Bewegung Russlands tatsächliche oder vermeintliche Gesinnungsgenossen nach Moskau einladen. Die Konferenzteil-nehmer reisten aus Nordirland, Schottland, dem Baskenland an. Es kamen Separatisten aus Katalonien und Norditalien, Anhänger der Unabhängigkeit aus Texas, Kalifornien, Puerto Rico und Hawaii. Das Ziel der Veranstaltung bestehe darin, so Alexander Ionow, Vorsitzender der Antiglobalistischen Bewegung, die auf dem Völkerrecht basierenden Bemühungen der Separatisten weltweit zu vereinigen, um jene echte Demokratie zu erringen, von der die USA und die Europäische Union nur sprächen.[356]

Die Antiglobalistische Bewegung gibt sich als NGO aus und steht seit 2012 auf der Kreml-Liste förderungswürdiger nichtstaatlicher Organisationen. Ehrenmitglieder dieses offenkundig kremlgesteuerten Vereins sind Syriens Präsident Baschar al-Assad und sein ehemaliger iranischer Amtskollege Mahmud Ahmadinedschad. Ionow selbst ist Mitglied des Präsidiums der Offiziersversammlung, mischt im Komitee für Solidarität mit den Völkern Syriens und Libyens mit und soll eng mit dem nationalistischen Flügel der Kommunistischen Partei Russlands verbunden sein.[357]

Putins Hinwendung zu rechtsextremen Kräften resultiert aus der Überlegung des Kreml, man habe es hier möglicherweise mit kommenden Führungskräften in Europa zu tun, mit denen man viele Gemeinsamkeiten teilt. Putin betrachte solche politischen Kräfte als »nützliche Instrumente«, um in den europäischen politischen Strukturen Risse zu erzeugen, die er dann hofft ausnutzen zu können. Der russische Oppositionspolitiker Gennadi Gudkow erkennt darin aber auch ein Zeichen der internationalen Isolation. »Jetzt umarmen wir jene Leute, mit denen wir früher nicht einmal ein Stück Brot geteilt hätten.«[358]

Willkommen in Russland sind allerdings nur Extremisten und Separatisten aus dem Ausland. Im Inland werden schon die geringsten Regungen, die des Separatismus verdächtig sind, unnachgiebig verfolgt. Schon die »Propaganda« ist strafbar. Wer beispielsweise öffentlich erklärt, die Krim gehöre zur Ukraine, muss mit einer hohen Geldstrafe oder gar Gefängnis rechnen. Als die Bürgerrechtsaktivistin Darja Poljudowa aus Krasnodar einen »Marsch für die Föderalisierung des Kuban-Gebietes« organisierte, wurde sie zu zwei Jahren Gefängnis verurteilt.

Dmitri Demuschkin, ein Veteran der russischen Skinhead-

Bewegung und Chef der nicht registrierten nationalistischen Partei Russkije (Die Russen) fühlt sich ungerecht behandelt. »Im Ausland unterstützen sie Leute wie mich, hier sperrt man sie ein.«[359]

## Russlands wichtigstes Exportgut: Angst

Das Wort vom Weltkrieg hat Hochkonjunktur in der russischen Propaganda. Dabei sind sich die Kremlapologeten oft nicht einig, ob der Zweite noch nicht zu Ende ist, der Dritte bevorsteht oder ob der vielleicht schon begonnen hat. Das verfehlt seine Wirkung auch im Westen nicht, wo eine zunehmende Kriegsgefahr ausgemacht wird, die von Russland ausgeht.

Seit Russlands unerwartetem Eintritt in den Syrien-Konflikt, seit der Annexion der Krim und dem Krieg in der Ostukraine scheint die Erkenntnis unumstößlich, dass Moskau wieder zurück sei auf der Weltbühne der Großmächte, dass Russland wieder auf Augenhöhe mit den Amerikanern spreche. Dabei hat sich an der inneren Verfasstheit des Landes nichts geändert, ebenso wenig an der Wirtschaftskraft, die nur einen Bruchteil dessen ausmacht, was die USA, aber auch andere westliche Industrieländer auf die Waage bringen. Russland rangiert mit einem Bruttoinlandsprodukt von 1324 Milliarden Dollar nach Südkorea an zwölfter Stelle der Weltrangliste. Die vermeintlich so gelungene militärische Performance steht – wieder einmal – auf tönernen Füßen. Ein nützlicher, qualitativer Vergleich: Die USA haben im Jahr 2015 für das Militär 596 Milliarden USD ausgegeben (2010 waren es übrigens noch 720 Milliarden). Dafür mussten sie 3,3 Prozent ihres BIP (17 968 Milliarden USD) aufwenden. Russlands Militärausgaben lagen 2015 bei 5,4 Prozent des BIP. In absoluten Zahlen standen Moskau allerdings wegen seines schwachbrüstigen Bruttoinlandsproduktes nur rund 92 Milliarden USD fürs Militärische zur Verfügung.[360]

Gleichzeitig mussten und müssen weiterhin die Ausgaben für Gesundheit, Bildung und Soziales gekürzt werden. Ohne heftige Streichungen in diesen Bereichen kann Putin seine Pläne, bis 2020 Waffen und Technik der Streitkräfte zu 70 Prozent auf den neuesten Stand zu bringen, nicht realisieren. Ungewiss erscheint es angesichts der trüben Wirtschaftsperspektiven, ob dieses Ziel überhaupt erreicht werden kann. Einen Krieg, der über einen regionalen Konflikt hinausgeht, kann sich Russland unter diesen Umständen nicht leisten.

Dagegen spricht auch, dass Moskau durch seine ungeschickte, großmäulige Politik jetzt ohne Bundesgenossen dasteht. Sollte Russland tatsächlich Kriegspläne haben, was unwahrscheinlich ist, wäre es allein auf weiter Flur. »In den vergangenen Jahren hat Russland es fertiggebracht, nicht nur die Beziehungen zu den westlichen Ländern zu verderben, sondern auch die zu den meisten Nachbarn des postsowjetischen Raumes«, konstatiert Wadim Schtepa, ein russischer Publizist im estnischen Exil. [361]

Auch China, von Putin gerne als strategischer Bundesgenosse gefeiert, zieht pragmatische Beziehungen zu den USA und Europa einer Allianz mit Russland vor. Selbst die gegenwärtig engsten Bundesgenossen, Weißrussland und Kasachstan, würden sich im Ernstfall vorsichtig in die neutrale Ecke zurückziehen, vermutet Schtepa. Damit kämen als Verbündete Russlands nur noch die nicht anerkannten Pseudo-Staaten in der Ostukraine, Transnistrien sowie Südossetien und Abchasien infrage. Diese Gebilde sind indes ohne massive russische Unterstützung kaum lebensfähig und schon jetzt ein zusätzlicher Klotz am Bein Moskaus.

US-Präsident Barack Obama ist in den deutschen Medien heftig dafür kritisiert worden, dass er Russland als »Regionalmacht« bezeichnet hat. [362] Aber der Mann hatte recht. Für eine Weltmacht reicht es nicht aus, Atomwaffen zu besitzen und damit zu drohen. Das »Gesamtpaket« aus militärischen, wirtschaftlichen und politischen Aspekten, ergänzt von einem für andere Staaten anziehenden Angebot zur Kooperation muss stimmen. Ansonsten bleibt Russland, was die Sowjetunion nach Meinung des verstorbenen deutschen Bundeskanzlers Helmut Schmidt war: Ein »Obervolta mit Atomwaffen«.

Diese Zusammenhänge hat die russische Führungsclique um Präsident Putin erkannt. Die Schlussfolgerungen freilich, die daraus gezogen wurden, sind eines kriminellen, geheimdienstlich organisierten Systems würdig. Die eigene Schwäche wird durch Drohgebärden, durch eine militante Propaganda zu verbergen versucht. Der Kreml wirft einen Schatten auf die Leinwand der Weltpolitik, der bei weitem größer als sein Verursacher ist. Er verfolgt in seinem hybriden Krieg die langfristige Strategie, »das Bild eines unvorhersehbaren und gefährlichen Akteurs zu erwecken, der die globalen Regeln bricht und den alle zu fürchten haben«, meint Professor Sergej Medwedjew, Professor an der Moskauer Higher School of Economics.[363]

Mit den daraus resultierenden Ängsten im Westen weiß Putin trefflich zu jonglieren. Er schafft Krisenherde unterhalb der Schwelle eines großen Konflikts, verunsichert die Welt durch hybride Aktionen und bietet sich dann als Helfer an, die Brandherde zu löschen. Was in der Regel, siehe Georgien, Ukraine, Syrien, lediglich dazu führt, sie zu verewigen.

Angst, nicht etwa Öl oder Gas, sei der Hauptexportschlager Russlands im 21. Jahrhundert, konstatiert Sergej Medwedjew. Aus der Angst verstehe Moskau politisches und wirtschaftliches Kapital zu schlagen. »Schutzgelderpressung mit Raketen« nennt er den Vorgang. »Auf diesem Feld ist Russland ein Big Player und ein wichtiger Rohstofflieferant: Seine Angst-Vorräte liegen gespeichert in den Schichten der russischen Geschichte, in den Beziehungen zwischen Russland und dem Westen, in den alltäglichen Beziehungen zwischen Bürger und Staat.«[364]

Der Westen reagiert darauf mit einem überzogenen Alarmismus. Ja, Russland ist aggressiv. Ja, es verletzt das Völkerrecht ebenso wie bilaterale Verträge, als hätten sie nie existiert. Es provoziert, indem es Militärmanöver mit Zehntausenden Soldaten an der ukrainischen Grenze inszeniert. Die russische Luftwaffe fliegt Scheinangriffe auf amerikanische Kriegsschiffe und provoziert mit den Flügen ihrer Langstreckenbomber in unmittelbarer Nähe der Nato-Grenzen. Doch Vorboten eines neuen Krieges sind das nicht.

Vielmehr hat der Kreml mit seinem Säbelrasseln »erfolgreich große Teile der westlichen Eliten unter seine ›reflexive Kontrolle‹ gebracht«, stellt Andreas Umland, Mitarbeiter des Instituts für Euro-Atlantische Kooperation in Kiew fest. Mit seiner noch aus sowjetischer Zeit stammenden Propagandastrategie sei es Moskau gelungen, Politiker, Journalisten, Militärs, Intellektuelle und Diplomaten rund um die Welt in dem Glauben zu bestärken, »Russland stelle eine ernsthafte militärische Bedrohung dar und sei, falls nötig, für eine militärische Auseinandersetzung mit der Nato, ja möglicherweise zum Dritten Weltkrieg bereit. Als Folge sind die Führungsspitzen von Politik und Militär in Europa und Nordamerika nun damit beschäftigt, dieser vermeintlichen neuen Existenzbedrohung für die Nato-Mitgliedsstaaten zu begegnen.«[365]

Umland ist sich indes mit Mark Galeotti vom Prager Institut für Internationale Beziehungen darin einig, dass Teile der westlichen Eliten »mit Panik auf Russlands hybride Kriegsführung« überreagieren. Dabei sei es eben dieser Alarmismus und weniger ein realer Konflikt, den die Kremlprovokationen zu bewirken versuchen.[366]

## Der Trump-Effekt

Es war eine skurrile Szene, die das russische Fernsehen anlässlich der amerikanischen Präsidentschaftswahl darbot. In einer noblen Bar in Moskau begannen beleibte russische Geschäftsleute zu tanzen, als der Sieg von Donald Trump bekanntgegeben wurde. Sie jubelten, grölten »We are the Champions!« und konnten sich vor Freude nicht lassen. Es schien, als hätten sie selbst diesen Erfolg herbeigeführt.

Womöglich glaubten sie, die Einmischungen Russlands in den US-Wahlkampf zugunsten von Trump hätten ihrem Wunschkandidaten zum Sieg verholfen. Ein Ideal war Trump für sie allemal: sexistisch, politisch unkorrekt, illiberal und undemokratisch, antiglobal und internationale Organisationen ablehnend. Damit steht er dem heutigen russischen Establishment gedanklich erschreckend nahe.

In Moskau empfanden viele die Berichte über von Russland gehackte E-Mails der Präsidentschaftskandidatin Clinton oder Angriffe auf Computer der US-Demokraten als gute Nachrichten.

Im Selbstverständnis des russischen Establishments war dies nur ein weiterer Beweis für die Fähigkeiten des Landes, weltweit zu agieren und nun sogar dem Erzfeind ins Handwerk zu pfuschen. Noch-Präsident Barack Obama fühlte sich getroffen. Nachdem die CIA einen Bericht über die russischen Cyberattacken vorgelegt hatte, in dem die direkte Verantwortung des russischen Präsidenten für den Angriff benannt wurde, ließ er zur Strafe 35 russische Diplomaten ausweisen. Der Russland-affine neue US-Präsident Trump wollte davon zunächst nichts wissen, vollzog dann eine heftige Wende und stimmte den Erkenntnissen der US-Geheimdienste zu. Auch der deutsche Bundesnachrichtendienst geht davon aus, dass Hacker-Angriffe mit dem »Cozy Bear«-Programm auf das Computersystem des Bundestages und auf den Computer der Grünen-Abgeordneten Marie-Luise Beck eindeutig als russische Internet-Angriffe zu werten sind.

Für mindestens ebenso gefährlich hält der amerikanische Journalist James S. Henry indes aus US-amerikanischer Sicht noch einen ganz anderen Aspekt aus dem Leben des Donald Trump. In seiner Analyse mit dem Titel »The Curious World of Donald Trump's Private Russian Connections« (erschienen am 19. 12. 2016 in der Zeitschrift *American Interest*) stellte er fest, es gebe hinreichendes Material darüber, dass es dem gerade gewählten amerikanischen Präsident gelungen sei, »direkte und indirekte Kontakte zum weitreichenden privaten russischen Netzwerk von Gangstern, Oligarchen, Betrügern und Kleptokraten zu schaffen«. Henry malte ein bizarres, faktenreiches Bild zahlreicher Verbindungen verschiedener Trump-Firmen mit windigen Oligarchen der ehemaligen Sowjetunion.

In seiner ausführlichen Analyse tauchten auch die Namen von in Russland sehr bekannten Mafiagrößen auf, von denen einige – beispielsweise Wjatscheslaw Iwankow, genannt »Japontschik«, mit der Telefonnummer Trumps im Notizbuch – zeitweilig im Trump-Tower ihr Domizil hatten. Henry kam zu dem Schluss, dass Trump gut vernetzt sei in einer »widerwärtigen, globalen Unterwelt«. Er habe Jahrzehnte damit verbracht, Beziehungen zu hochrangigen Russen aller Art zu kultivieren, die im Gegenzug ihn, Trump, »kultivierten, nicht nur als Geschäftspartner, sondern als ›nützlichen Idioten‹«, schlussfolgerte Henry.

Den Moskauer Strategen gefiel das Resultat der US-Wahl ungemein. Wladimir Putin erkannte die Chance sehr schnell und sprang auf den anfahrenden Zug auf. Als einer der ersten Staatschefs gratulierte er Donald Trump zu seinem Wahlsieg. Er verband seine Glückwünsche mit der Hoffnung auf eine deutliche Verbesserung der russisch-amerikanischen Beziehungen. Die befänden sich in einem »Verfallszustand«, an dem Russland freilich keine Schuld trage. Moskau sei aber bereit, seinen Teil dazu beizutragen, sie wieder »auf eine stabile Bahn zu lenken«. Das sei »im Interesse der russischen und der amerikanischen Bürger und wird das allgemeine Klima der internationalen Beziehungen positiv beeinflussen, in Anbetracht der besonderen Verantwortung Russlands und der USA für die Sicherung der weltweiten Stabilität und Sicherheit«. Damit meldete Putin nachdrücklich seine Forderung nach einem Verhältnis zwischen Moskau und Washington auf »Augenhöhe« an. Augenhöhe sieht aus Moskauer Sicht aus wie eine Neuauflage der Beziehungen UdSSR–USA, möglichst ohne deren konfrontative Elemente: Zwei Mächte entscheiden über das Schicksal der Welt. Good bye, multipolare Welt, die bisher das vergeblich angestrebte Ziel der russischen Außenpolitik war.[367]

Trump, so glaubt man in Moskau, könnte den Weg in die neue bilaterale Wirklichkeit ebnen. Obama war auch in dieser Frage eine einzige Enttäuschung für Putin. Der Kremlchef hatte dem damaligen Bewohner des Weißen Hauses in Washington kurz nach dessen Amtsantritt eine Neuauflage der Vereinbarungen von Jalta zur Aufteilung der Einflusssphären in Europa vorgeschlagen, war damit gescheitert. In unguter Erinnerung ist in Moskau auch die als Beschimpfung empfundene Bemerkung Obamas, Russland sei eine »Regionalmacht«.

Mit Trump, so hofft man in Moskau, werde das nicht passieren. Während seines Wahlkampfes hatte sich der spätere Wahlsieger verschiedentlich positiv über Putin geäußert. Wie weit sich daraus allerdings ein tragfähiges Verhältnis entwickeln lassen wird, ist bei zwei Egomanen wie Putin und Trump noch sehr ungewiss.

Immerhin kam es gut an in Moskau, dass sich der künftige amerikanische Präsident mehrfach herablassend über internationale Organisationen, über die Nato und Amerikas Rolle in Europa geäußert hatte. Süffisant merkte der Vorsitzende des Komitees für internationale Angelegenheiten des Föderationsrates, der Senator und Ex-KGB-General Konstantin Kossatschow, nach der Wahl dazu an: »In Europa bewegt sich die Stimmung irgendwo zwischen Panik und Enttäuschung.«

Mit der Wahl von Trump – »eine Sensation« – sei ein Pragmatiker an die Macht gekommen, mit dem die Chance auf Erneuerung der Beziehungen gegeben sei. Wahrscheinlich werde es keinen »Neustart« geben, meinte Kossatschow unter Anspielung auf den fehlgeschlagenen Versuch der frühen 2000er Jahre. Aber dafür habe sich etwas viel Bedeutsameres ereignet, »es gab einen ›Neustart‹ in Amerika selbst«, schrieb er euphorisch in einem Zeitungsbeitrag.[368]

Allerdings hat Russland ein Problem, die tatsächlichen oder vermeintlichen Chancen, die sich aus dieser Situation ergeben könnten, auch zu nutzen. Das ist der tief verankerte Antiamerikanismus, der in Russland seit langem allgegenwärtig und fast schon in den Rang einer Staatsideologie aufgestiegen ist. Die russische Führung brauchte ihn, um für Fehlschläge, Fehlentwicklungen und die dringend benötigte »äußere Bedrohung« eine Adresse zu haben. Kossatschow erkannte sehr richtig, dass nun »aus Russland entsprechende Signale kommen sollten, damit der neue Anführer in Amerika versteht: Hier gibt es keinen genetischen oder künstlich kultivierten Antiamerikanismus.«

Ein »genetischer Antiamerikanismus« existiert in Russland tatsächlich nicht, ein »künstlich kultivierter« schon. Die zentral gelenkten russischen Medien stehen nun vor der Herausforderung, das Steuer herumzureißen, Amerika in der öffentlichen Wahrnehmung vom Gegner zum Partner zu machen und dafür neue Feinde zu finden. Für diese Rolle bietet sich aus Moskauer Sicht Angela Merkel an.

# Wie weiter mit Russland?

Sie im Westen sollen wissen, dass wir klüger,
stärker und entschlossener sind.
*Putin-Berater Sergej Karaganow*

Während man in Moskau nach dem Wahlsieg von Donald
Trump nur noch Augen für Washington hat, bleibt für die Europäer und damit auch für die Deutschen die Frage: Wie gehen
wir künftig um mit einem Russland, das europäische Regeln
und Verträge nach Belieben bricht und kühl mitteilt, das sei
nicht wahr? Mit einem Land, das sich wechselweise mal als
eurasisch, dann wieder als europäisch definiert, mit dem uns
intensive Wirtschaftsbeziehungen verbinden und mit dem wir
auf einem Kontinent leben? Und das für Deutschland kein unmittelbarer Nachbar ist. Zur Erinnerung: Unser östlicher Nachbar ist Polen, dann folgen die Ukraine bzw. Weißrussland und
die baltischen Staaten, dann erst Russland. Diese Aufzählung
ist mehr als ein geografischer Fakt. Es ist auch eine Erinnerung
daran, dass Deutschland als einstiger Hort des Nationalsozialismus nicht nur eine historische Verantwortung gegenüber der
einstigen Sowjetunion hat, sondern auch gegenüber anderen
europäischen Staaten, die der Hitlerstaat mit Krieg überzog.

## Osteuropäer haben Anspruch auf Solidarität

Einige dieser Staaten sind heute Mitglieder im nordatlantischen
Bündnis, in der Europäischen Union und haben Anspruch auf
Solidarität und Schutz ihrer Souveränität, die von Moskau zumindest teilweise infrage gestellt wird. Dort billigt man, sich als
Großmacht gerierend, den osteuropäischen Staaten lediglich
eine verminderte Souveränität zu, woraus der Kreml sein Recht
auf Eingriffe in die inneren Angelegenheiten anderer Länder
ableitet. Was also tun mit einem Atomwaffen besitzenden Staat

auf dem europäischen Kontinent, dessen zunehmende Aggressivität bedrohlich ist und dessen Werte mit den europäischen in Teilen nicht kompatibel sind?

Während das Moskauer Establishment die Existenz dieses Problems schlicht negiert und sich stattdessen als Opfer äußerer aggressiver Mächte darstellt, gibt es in Russland doch eine Reihe scharfsinniger Köpfe und Kritiker der undemokratischen Verhältnisse im Lande. Man findet sie in Internetausgaben, die zum Teil von der russischen Generalstaatsanwaltschaft gesperrt wurden und in Russland nur über Umwege zugänglich sind. Man findet sie in noch zugelassenen Zeitungen mit geringer Auflage, in kleinen, noch nicht verbotenen Parteien wie Jabloko und in Nichtregierungsorganisationen, die noch nicht den Aufkleber »ausländischer Agent« tragen müssen und die sich dann gezwungenermaßen meist selbst auflösen.

Deutsche »Russlandversteher« könnten, wenn sie denn wollten, in diesen Bereichen kompetente Gesprächspartner finden, um sich über die tatsächlichen Verhältnisse in Putins Reich zu informieren. Sie würden dabei auch auf einen Mann wie Ajder Mushdabajew stoßen, der einen ausgezeichneten Ruf in der russischen Bloggerszene genießt. Der stellvertretende Generaldirektor des krimtatarischen TV-Kanals ATR und ehemalige stellvertretende Chefredakteur der Moskauer Tageszeitung *Moskowski Komsomolez* geht mit der russischen Großmachtpolitik scharf ins Gericht und macht zugleich deutlich, dass nur radikale Einschnitte im Denken und im Verhalten der russischen Eliten das verloren gegangene Vertrauen wieder aufbauen kann. In einem seiner Blogs stellte er harte Forderungen an sein Land: »Entweder zeigt Russland Reue, gesteht den verbrecherischen Charakter seiner derzeitigen internationalen Politik ein, entschuldigt sich und gibt das Geraubte samt Kontributionen zurück, oder man kann eine vollständige Integration – und nur die hat Sinn, wenn es um einen realen Fortschritt gehen soll – vergessen. Der Westen wird eine Integration von ›Besonderheiten‹ in den gemeinsamen politischen, militärischen und wirtschaftlichen Raum nicht zulassen, zu groß wäre das Risiko, dass die Prinzipien verwässert werden, auf deren Grundlage er [der Westen] heute so effektiv vereinigt ist. Um ein Teil des Westens zu werden, muss Russland zunächst einmal selbst Westen werden. Und genau darin liegt das Problem und nicht unbedingt in der Person Putin.«[369]

Die deutsche Außenpolitik, jahrelang geprägt vom Sozialdemokraten Frank-Walter Steinmeier, hütet sich vor derart scharf formulierten Forderungen an die Adresse Moskaus. Stattdessen wird, in der Hoffnung auf Läuterung des Aggressors, die Beschwörungsformel wiederholt, man dürfte den Gesprächsfaden nicht abreißen lassen.

Dieses »Mantra der Einbindung und die Weigerung, etwas gegen die Verbrechen von Diktaturen zu unternehmen«, erzürnen den politisch engagierten Ex-Schachweltmeister Garri Kasparow, der aus Sicherheitsgründen im Exil lebt. Er wirft den westlichen Regierungen vor, dass sie sich weigerten zu begreifen, dass »Russland verurteilt und isoliert werden muss, dass Putin sein Land in einen gefährlichen Schurkenstaat verwandelt hat. Diese Generation westlicher Politiker will nicht wahrhaben, dass es das Böse in dieser Welt gibt und dass man es entschlossen bekämpfen muss, anstatt mit ihm zu verhandeln.«[370]

In dieser Situation zeigt der Westen Unentschlossenheit und zweifelt an sich selbst. Die von der EU verhängten Wirtschaftssanktionen, die Putin umgehend mit Importverboten europäischer Landwirtschaftserzeugnisse zu beantworten versuchte, werden infrage gestellt. Schließlich hätten sie ja Putin nicht dazu bewogen, die Krim wieder herzugeben oder den Krieg in der Ostukraine zu beenden, heißt es.

Das Argument stimmt zwar, greift aber im Gesamtkontext zu kurz. Ich bin überzeugt, gäbe es die Sanktionen nicht, hätte der Mann im Kreml seinen Tagtraum von »Noworossija«, einem aus großen Teilen der Ost- und Südukraine bestehenden »Neurussland«, inzwischen verwirklicht. Er hätte einen Landzugang über ukrainisches Gebiet zu der von der Ukraine geraubten Krim geschaffen, und er säße längst in Odessa. Er hat darauf zunächst verzichtet, weil er Gegenwind verspürte. Genau das ist die Lehre, die Europa endlich begreifen muss. Das kleptokratische, mit dem organisierten Verbrechen verbundene Regime der Geheimdienstler in Moskau reagiert nur auf Druck, und es hält sich nicht an Verträge. Kompromissbereitschaft versteht es als Schwäche, die umgehend für eigene Interessen ausgenutzt werden.

Es wäre folglich nicht nur ein Verrat an europäischen, an demokratischen Prinzipien, einen Handel mit der Krim und der Ostukraine anzubieten, wie es unter anderem der SPD-Politiker Platzeck vorschlägt und wohl auch in der Trump-Administration erwogen wird. Es wäre auch unklug, weil Putin das als Signal der Schwäche deuten und ihn zu weiteren Abenteuern ermuntern würde.

In dieser Situation war es richtig, dem Wunsch der Osteuropäer zu folgen und mit der Verlegung von 4000 US-Soldaten und 250 Panzern (für eine Grenzlinie von mehreren tausend Kilometern) zum Jahreswechsel 2016/2017 ein Signal der Solidarität mit den Grenzländern auszusenden. Auf Dauer nachhaltiger und wirksamer bleiben aus meiner Sicht wirtschaftliche Sanktionen, verbunden mit Gesprächsangeboten. Es ist freilich längst an der Zeit, in Moskau nachzufragen, was denn Russland zu tun gedenkt, um verloren gegangenes Vertrauen wieder aufzubauen.

Nützlich ist in jedem Falle, auf die Stimmen von Putins Landsleuten zu hören, die sich den Blick für die Realität bewahrt haben. So hält Kasparow die Sanktionen für »nicht schmerzhaft genug«.[371] Wladislaw Inosemzew, Wirtschaftswissenschaftler, Gründer und Direktor des Zentrums für Studien zur postindustriellen Gesellschaft, stimmt ihm zu. Die Sanktionen seien »zu weich, um eine sofortige Änderung der Moskauer Außenpolitik zu bewirken. Da heute klar ist, dass Russland nicht beabsichtigt, mit den Europäern bei einer Lösung des Konflikts in der Ukraine zusammenzuarbeiten, sollte man nicht über Aufhebung, sondern über Beibehaltung oder Verschärfung der Sanktionen nachdenken. Die Logik der Beschwichtigung kann keine stabile politische Situation in Europa herbeiführen. Nicht so sehr wegen der europäischen Werte, sondern wegen der europäischen Sicherheit sollte alles Mögliche unternommen werden, um Präsident Putin daran zu hindern, den Einflussbereich der ›Russischen Welt‹ auszudehnen.«

Den Gedanken an Aufhebung der Sanktionen betrachtet Inosemzew denn auch als »irrational«. Es wäre »eine Missachtung der europäischen Sicherheitsbedürfnisse im Angesicht Russlands ... Ich glaube, es ist besser, sich an Grundsätze zu halten, als jenen entgegenzukommen, die keinen Respekt für das Völkerrecht haben«, schrieb er in einem Zeitungsbeitrag.[372]

Die Debatte darüber dürfte in Deutschland im Jahr der Bundestagswahlen 2017 weiter an Schärfe gewinnen. In dieser Situation habe ich mich an ausgewiesene Kenner der russischen Realität in Deutschland gewandt, um ihre Meinung darüber zu erfahren, wie man mit dem heutigen Russland umgehen sollte. Dies sind ihre Antworten.

## Marieluise Beck, Bundestagsabgeordnete von Bündnis 90/Die Grünen und Russlandexpertin:

Mit der Annexion der Krim, dem fortwährenden Krieg in der Ostukraine, den Bombardements an der Seite des syrischen Despoten Assad, aber auch mit regelmäßigen Cyberattacken und scharfer antiwestlicher Rhetorik ist Russland auf die weltpolitische Bühne zurückgekehrt. Droht gar ein neuer Kalter Krieg?

Wer das aggressive Agieren der russischen Führung verstehen will, kommt um einen näheren Blick auf den Charakter des Putin-Regimes nicht umhin. Es zeigt sich immer mehr, dass unter Putins Führung eine kleptokratische Clique aus Geheimdienstlern und Kriminellen die Herrschaft im Kreml übernommen hat. Um ihre auf Korruption und Loyalität basierende Macht und ihren Reichtum zu sichern, wurden die Rechte und Freiheiten der eigenen Bürger sukzessive eingeschränkt, der Protest gegen das putinsche Herrschaftsmodell unterdrückt. Ein Szenario wie 2003 in Georgien oder 2013/14 in der Ukraine, als nach Freiheit strebende Bewegungen ihre korrupten Präsidenten verjagten, gilt es aus russischer Sicht unter allen Umständen zu verhindern.

So wie die innenpolitische Entwicklung auch eine Reaktion auf äußere Dynamiken darstellt, lässt sich das gegenwärtige außenpolitische Vorgehen des Kremls mit innenpolitischen Motiven erklären: Nachdem 2012 Tausende gegen die Machtrochade zwischen Präsident Medwedjew und Regierungschef

Putin demonstrierten und die Umfragewerte Putins 2013 immer tiefer sanken, entfachte Putin außenpolitische Konflikte, um die Bevölkerung hinter sich zu scharen. Seither bedient die russische Propaganda geschickt sowjetische und imperiale Nostalgie, aktiviert stereotype Feindbilder, suggeriert eine omnipräsente (Kriegs-)Gefahr von außen und lenkt damit von der selbstverschuldeten wirtschaftlichen Talfahrt ab.

Das System Putin braucht für seinen Fortbestand die Bedrohung von innen und von außen. Für den Umgang mit Russland bedeutet dies nicht, dass wir den Dialog abbrechen müssen. Er muss im Gegenteil auf allen Ebenen, vor allem mit der Gesellschaft, aufrechterhalten werden. Allerdings sollten wir den Brandstifter nicht als Feuerwehrmann verkennen und uns darüber im Klaren sein, mit wem und mit welchen Motiven wir es im Kreml derzeit zu tun haben.

## Jan C. Behrends, Historiker mit den Forschungsschwerpunkten Zeitgeschichte Osteuropas, europäische Diktaturen sowie Gewaltforschung:

Russlands militärische Interventionen im Donbass und in Syrien sind längst Teil einer größeren Krise zwischen Russland und dem Westen. Beide Minsker Vereinbarungen entstanden unter dem Druck militärischer Offensiven Russlands. Dennoch erhielten sie die Fiktion aufrecht, dass Russland nicht unmittelbar am Konflikt beteiligt sei. Das ist ein Geburtsfehler der europäischen Krisendiplomatie im Ukraine-Krieg. Es wurde und wird versäumt, Russland mit seinem völkerrechtswidrigen Handeln offen zu konfrontieren. Berlin und Paris wollten Moskau weiterhin als Partner sehen, der ein ähnliches Interesse an einer Konfliktlösung hat. Die vergangenen zwei Jahre haben diese Illusion entlarvt: Die russische Führung fesselt die Ukraine weiterhin durch militärische Operationen im Donbass und ihre Besetzung der Krim. Das Entgegenkommen der Europäer in Minsk hat den Krieg nicht beendet.

Diese europäischen Fehleinschätzungen hängen mit mangelndem Verständnis der russischen Innenpolitik zusammen.

Lange hoffte der Westen, dass Moskau zur Politik der frühen Putin-Jahre zurückkehren werde. Dies entspricht nicht der Realität. Der Kreml selbst betreibt in Russland nämlich Regime Change: Die Brücken zur Politik der autoritären Modernisierung und des Konsumversprechens wurden 2014 abgebrochen. An ihre Stelle sind autokratische Herrschaft, gesellschaftliche Mobilisierung und Repression getreten.

Diese veränderten Grundlagen russischer Staatlichkeit bedingen eine aggressive Außenpolitik: Der Kreml benötigt die Fiktion äußerer Bedrohung und die ständige Präsenz von Krieg und Gewalt in den Medien, weil er der Gesellschaft kein ziviles Projekt zu bieten hat. Wir müssen uns darauf einstellen, dass Moskaus Eigeninteresse an Deeskalation begrenzt ist. Nur die Erhöhung der Kosten für den Krieg wird den Kreml beeindrucken.

Aufgrund dieser Erkenntnis gilt es, klaren Kopf zu bewahren, sich nicht einschüchtern und die Sanktionen wirken zu lassen. Denn wirtschaftliche Strafmaßnahmen, die Russland treffen, sind in Zeiten wirtschaftlicher Verflechtung mittelfristig der Weg, um seine aggressive Politik einzudämmen. Deshalb ist es notwendig, Sanktionen flexibel einzusetzen und sie stets mit Verhandlungsangeboten zu kombinieren. Grundfalsch ist es jedoch, einseitig Erleichterungen zu versprechen, ohne dass die russische Politik sich ändert.

## Falk Bomsdorf, langjähriger Leiter der Moskauer Vertretung der Friedrich-Naumann-Stiftung:

Wie weiter mit Russland? Was tun? Die klassische russische Frage stellt sich auch dem Westen. Zunächst einmal muss man sich konzeptionelle Klarheit verschaffen. Die Vorstellung einer Partnerschaft des Westens mit Russland trägt nicht mehr. Endgültige Gewissheit in dieser Hinsicht haben die Annexion der Krim sowie der Krieg geschaffen, den der Kreml seit 2014 in der Ukraine gegen die Ukraine führt und der keineswegs nur ein Bürgerkrieg ist: Mit dem Russland Präsident Putins ist gegenwärtig keine Partnerschaft möglich.

Was aber dann? Die Alternative heißt nicht, wie von vielen mit klarer politischer Zielrichtung dargestellt, »Dialog« oder »Kalter Krieg«. Die Konzeption, die allein Erfolg verspricht und den Bedürfnissen des Westens Rechnung trägt, lautet: Zusammenarbeit, wo immer möglich; Widerstand, wo immer nötig. Dies ist der klassische westliche Ansatz, wie er seit Ende der 1960er Jahre verfolgt wird: Der anderen Seite soll deutlich gemacht werden, dass der Westen stets zu »beiderseitig vorteilhafter« Zusammenarbeit und zum Dialog bereit ist, dabei aber seine vitalen Interessen ebenso stetig verteidigen wird.

Die Zusammenarbeit mit Russland funktioniert auf zahlreichen Gebieten, insbesondere natürlich auf dem Feld der Wirtschaft. Wie aber kann der Westen Widerstand leisten gegenüber dem hybriden Krieg, den der Kreml gegen Europa führt, gegen die Strategie der Einschüchterung und gegen den Export von Angst? Zunächst einmal dadurch, dass er auf demselben, dem militärisch-politischen Feld antwortet. Das bedeutet nicht den Aufruf zum aktuellen Einsatz von Truppen und Waffen. Aber es bedeutet, erstens, in Konflikten nicht von vornherein und bedingungslos jede militärische Komponente auszuschließen. Das wäre eine Selbstbindung, die nur dem Kreml nützt. Zweitens bedeutet dieser Ansatz, dass der Westen insgesamt und insbesondere Deutschland im Rahmen der Nato überhaupt verteidigungsfähig sein müssen, und zwar auch in der Cybersphäre. Die Wiederherstellung der Verteidigungsfähigkeit ist daher Voraussetzung jeder sinnvollen Russlandpolitik: Die Friedensdividende ist aufgebraucht.

Doch der Westen sollte nicht dem Kreml in die Karten spielen, dem erkennbar daran liegt, den Konflikt auf dem Gebiet der Sicherheitspolitik auszutragen, wo er sich, auch mit Blick auf Osteuropa, im Vorteil sieht. Er sollte daher vor allem auf dem Feld reagieren, auf dem er stark ist: dem Feld der Wirtschaft. Hier sind Antworten auf aggressives Vorgehen des Kreml möglich, die schnelle und umfassende Wirkung versprechen, wie sie gegenwärtig notwendig ist. Eine solche Antwort läge etwa in der Demonstration von Optionen ernsthaften wirtschaftlichen Drucks, also von Optionen, die, sollten sie angewandt werden, das Regime in Moskau und seine Eliten, die ja als Personen und mit ihrem Vermögen umfassend in den Westen integriert sind, nachhaltig beeindrucken dürften. Generell muss dem Kreml und seinen Protagonisten deutlich gemacht werden, dass sie nicht beides haben können: Nutzung der Vorteile, die das westliche System bietet, und gleichzeitig Versuche, die politischen und gesellschaftlichen Grundlagen dieses Systems zu untergraben.

## Ruprecht Polenz, Präsident der Deutschen Gesellschaft für Osteuropakunde, von 2005 bis 2013 Vorsitzender des Auswärtigen Ausschusses des Deutschen Bundestages:

Zu den weniger offenkundigen Vorteilen einer Demokratie gehört, dass das Schlimmste, was einer Regierung passieren kann, die Abwahl ist. In Diktaturen oder autoritären Regimen ist das anders, wie die Schicksale von Ceaușescu, Ghaddafi oder Mubarak zeigen. Autoritäre Herrscher sind dazu verdammt, an der Macht zu bleiben. Sonst riskieren sie Gefängnis oder Schlimmeres.

Deshalb ist der eigene Machterhalt auch Putins wichtigstes Ziel, dem alles andere untergeordnet wird. Hohe Exporterlöse aus dem Öl- und Gasgeschäft steigerten in seinen ersten Amtszeiten die Staatseinnahmen. Mehr Geld für Beamte, Militär und Rentner und mehr Wohlstand sicherten Putin damals die Zustimmung der russischen Bevölkerung.

Aber die Energiepreise fallen und sind jetzt schon lange unter dem Niveau von 100 USD / Barrel, wodurch Putin Geld zum Ausgleich des Staatshaushalts fehlt. Da die vergangenen Jahre nicht zu einer Modernisierung der russischen Wirtschaft genutzt wurden, bleibt das Land auf den Export von Öl und Gas angewiesen. Zusätzliches Geld steht nicht zur Verfügung, um sich damit weiter die Zustimmung der Russen zu sichern.

Weil keine materiellen Güter mehr zu verteilen sind, muss Putin seine Herrschaft zunehmend durch immaterielle Güter sichern: Er verspricht, Russland zu alter Größe zurückzuführen. Er führt die alte Sowjethymne wieder ein und bastelt mit der russisch-orthodoxen Kirche an einem neu / alten imperialen Russlandbild. Was nicht hineinpasst, wird geschichtsrevisionistisch ignoriert – bis hin zu einer Rechtfertigung des Hitler-Stalin-Pakts.

Mit seinem Denken in Einfluss-Sphären und entsprechend verminderter Souveränität der Nachbarstaaten rechtfertigt Putin die Annexion der Krim. Der Westen mutiert wieder zum »Feind Russlands«, gegen den alle zusammenstehen müssten. Hinter ihrem Anführer Wladimir Putin natürlich.

Zu den strategischen Zielen Putins gehört eine Schwächung, wenn möglich eine Zerschlagung der EU. Deshalb seine Unterstützung des europafeindlichen Front National oder der völkisch-nationalistischen AfD.

Der »äußere Feind« als Instrument der Machtsicherung nach innen – dieses uralte Rezept bestimmt heute Putins Innen- und Außenpolitik. Zunehmende Repression nach innen und eine immer aggressivere Außenpolitik (Krieg gegen die Ukraine, Drohungen gegen Nato und baltische Staaten, Syrien) sind die Folge. Das Gefährliche daran: Die Dosis muss ständig erhöht werden.

In einer Zeit, in der dieser Politik, auch durch eine glaubhafte Abschreckung, Grenzen gezogen werden müssten, kommt mit Donald Trump ein amerikanischer Präsident an die Macht, der im Wahlkampf jede Menge Zweifel daran geweckt hat, ob er zu den amerikanischen Bündnisverpflichtungen stehen werde. Erfolgt hier nicht bald eine Korrektur, könnte Putin versucht sein, die Glaubwürdigkeit von Nato-Garantien zu testen, vielleicht im Baltikum. Keine guten Aussichten.

Was also tun? Deutschland sollte gegenüber Russland zweigleisig vorgehen: das Gespräch suchen, vor allem auch mit der russischen Zivilgesellschaft. Auch die wirtschaftliche Zusammenarbeit, wo sie noch möglich ist. Andererseits sollte Deutschland an den Sanktionen festhalten, bis Russland seine aggressive Politik gegenüber der Ukraine geändert hat, auch wenn das mit Trump schwieriger werden sollte. Gleichzeitig gilt es, den Zusammenhalt der EU zu fördern und die gemeinsamen europäischen Verteidigungsfähigkeiten zu stärken.

# Statt eines Nachworts

## Laudatio auf Andrej Makarewitsch

Im Dezember 2014 wurde der russischen Pop-Legende Andrej Makarewitsch der Internationale Menschenrechtspreis »Dr.-Rainer-Hildebrandt-Medaille« verliehen. Andrej Makarewitsch hatte 1969 die Pop-Gruppe Maschina Wremeni (Die Zeitmaschine) gegründet. Sie trat zunächst in der Sowjetunion nur im Untergrund und in halblegalen Veranstaltungen auf, in den 1980er Jahren dann auch offiziell. Sie erwarb sich den Beinamen, »die russischen Beatles«. Während des Putschversuchs im August 1991 sang Andrej Makarewitsch auf den Barrikaden vor dem Weißen Haus in Moskau und wurde dafür als »Verteidiger der Freiheit Russlands« geehrt. Der Höhepunkt ihrer Karriere war 1994, als ihnen ein siebenstündiges Konzert auf dem Roten Platz zum 25. Band-Jubiläum vergönnt war. Nachdem Makarewitsch 2014 in der Ostukraine vor Flüchtlingskindern aufgetreten war – in Swjatogorsk, einem Ort, der zuvor von der ukrainischen Armee von den Separatisten zurückerobert worden war –, wurde aus Liebe staatlich verordneter Hass. Er sei ein »Helfershelfer der Faschisten, Freund der Kiewer Junta, Spion des State Departements, Verräter«, Gott möge ihm flüssiges Blei in die Kehle gießen, forderten russische »Kulturschaffende«.

Ich hatte die Ehre, die Laudatio zu halten, die ich auch als Dankesrede an alle Russen verstanden haben wollte, die sich Güte und Menschlichkeit bewahrt haben:

Lieber Andrej,
es ist gut, dass es Sie gibt. Sie sind wichtig für Ihre Landsleute – auch wenn viele von ihnen das gegenwärtig nicht sehen können oder wollen. Sie geben ihnen ein Beispiel für moralische Integrität und Zivilcourage. Sie sind dem verordneten Ukraine-Hass und der Kriegseuphorie nicht erlegen. Sie sind immun geblieben gegenüber einer Propaganda, die an die niedrigsten Instinkte der Menschen in Russland appelliert. Doch Sie haben sich Ihre Menschlichkeit bewahrt.

Den Mund lassen Sie sich schon gar nicht verbieten. Trotz der Anfeindungen und Auftrittsverbote erheben Sie Ihre Stimme:

»Mein Land ist in den Krieg gezogen, ich konnte es nicht stoppen, mein Land ist verrückt geworden, und ich konnte nicht helfen!«

In einem ihrer jüngsten Lieder (Pesenka bes naswanija – Liedchen ohne Namen) schlagen Sie den Bogen zwischen Putins Russland und der entschwundenen Sowjetdiktatur. »Die Vergangenheit und die Gegenwart haben jetzt den gleichen Stempel«, singen Sie. Wenn die kirchliche und weltliche Obrigkeit Ihnen heute vorwirft, Sie würden ihr Volk und Ihr Land nicht lieben, widersprechen Sie mit deutlichen Worten: »Ich liebe mein Volk, ich liebe mein Land, aber ich ertrage die Ratten nicht!«

Ihr Nicht-schweigen-Können macht Sie für Ihre schweigenden Landsleute zu einem unbequemen Zeitgenossen. Wie lange das System Sie noch erträgt, ist ungewiss. Doch es wird eine Zeit kommen, davon bin ich überzeugt, da auch in Russland diese menschlichen Eigenschaften, die Sie repräsentieren, wieder den ihnen zustehenden Platz in einer dann hoffentlich gesundeten Gesellschaft einnehmen werden.

Sie und Ihre Haltung sind aber auch wichtig für uns Deutsche, denen Russland und seine Menschen trotz allem am Herzen liegen. Ihr Beispiel und das anderer aufrechter Menschen, von denen es in Russland glücklicherweise auch heute nicht gar so wenige gibt, spielt eine wichtige Rolle.

Ihr Beispiel verhindert, dass wir hier in Deutschland in diesen Zeiten künstlich aufgeheizter Aggressivität und eines irrationalen Nationalismus in Russland den Glauben an die historische Bedeutung der Kulturnation Russland verlieren.

Auch dafür danken wir Ihnen.

# Anhang

## Anmerkungen

Zitate aus persönlichen Gesprächen sind im Text als solche kenntlich gemacht worden und haben keine zusätzlichen Fußnoten erhalten.

1   Aufruf: »Wieder Krieg in Europa? Nicht in unserem Namen!«. Die Zeit, 5.12.2014; http://www.zeit.de/politik/2014-12/aufruf-russland-dialog (Aufruf 10.11.2016).

2   Charta von Paris für ein neues Europa. Paris 1990; https://www.bundestag.de/blob/189558/21543d1184c1f627412a3426e86a97cd/charta-data.pdf (Aufruf 15.11.2016).

3   Michail Schischkin: Warum wir am Ende doch verloren haben. Neue Zürcher Zeitung, 9.5.2015; http://www.nzz.ch/feuilleton/warum-wir-am-ende-doch-verloren-haben-1.18538424 (Aufruf 12.6.2016).

4   Vgl. Alexander Nikonow: Sa fassadom Imperii. Kratki kurs otetschestwennoi mifologii. Moskau 2012, S. 12/14.

5   Ebenda.

6   Davos-2011: Depressija w Proschlom, ostoroschny optimism – w nastojaschtschim. RIA Nowosti, 30.1.2011; http://ria.ru/economy/20110130/328232190.html (Aufruf 4.7.2016).

7   Wladislaw Inosemzew, Ökonom und Direktor des Center for Post-Industrial Studies in Moskau: Alle Macht dem Mittelmaß. Russlands politische Elite sitzt fester im Sattel als der Westen denkt. Internationale Politik 2, April 2011, S. 101–111; https://zeitschrift-ip.dgap.org/de/ip-die-zeitschrift/archiv/jahrgang-2011/maerz-april/alle-macht-dem-mittelma%C3%9F (Aufruf 25.5.2016).

8   Jewgeni Gontmacher: Rossiskowo Gossudarstwa ne suschtschestwujet. »Moskowskij Komsomolez«, 19.8.2013; http://www.mk.ru/specprojects/free-theme/article/2013/08/18/901103-rossiyskogo-gosudarstva-ne-suschestvuet.html (Aufruf 30.6.2016).

9   Ebenda.

10   Ebenda.

11   Wladimir Putin durfte sich 2008 nach zwei Amtszeiten laut Verfassung nicht wieder zum Präsidenten wählen lassen. Er vereinbarte mit

Premierminister Dmitri Medwedjew eine Rochade. Der Regierungschef wurde für vier Jahre Präsident, ließ in der Zeit die Amtsfrist des
kommenden Staatsoberhaupts auf sechs Jahre verlängern. 2012 konnte
Putin wieder ins Amt zurück und kann dort, unter der Voraussetzung
seiner Wiederwahl 2018, bis 2024 herrschen.

12  Vgl. Davos-2011: Depressija w Proschlom (Fn. 6).

13  Boris Nemzow, der russische Oppositionsführer und ehemalige
Vizepremier unter Präsident Boris Jelzin, war am 27. Februar 2015
auf offener Straße ermordet worden, als er mit seiner Freundin über
eine Brücke in Sichtweite des Kreml ging. Nemzow war mit seiner
Oppositionsbewegung Parnas einer der prominentesten Widersacher
von Wladimir Putin. Die tschetschenischen Täter wurden gefasst, die
Auftraggeber werden noch gesucht.

14  Gesine Dornblüth: »Betrunkener Poroschenko«. Russische Propaganda missbraucht den WDR. Deutschlandfunk, 2.10.2015;
http://www.deutschlandfunk.de/betrunkener-poroschenko-russische-
propaganda-missbraucht.1773.de.html?dram:article_id=332728
(Aufruf 18.11.2016).

15  Andreas Umland: Russische Missverständnisse der deutschen Putin-
versteher. Warum westliche Kritik an der heutigen Kremlführung
meist nichts mit Russlandfeindschaft zu tun hat. Tagesspiegel Causa,
23.11.2015; https://causa.tagesspiegel.de/politik/die-deutsche-russland-
politik/russische-missverstandnisse-der-deutschen-putinversteher.
html (Aufruf 16.8.2016).

16  Committee to Protect Journalists, Special Report: The Road to Justice.
Breaking the Cycle of Impunity in the Killing of Journalists, October
2014; https://cpj.org/reports/2014/10/the-road-to-justice-killing-
journalists-impunity.php (Aufruf 16.8.2016).

17  Vgl. Rosbalt.ru, 28.6.2016: SMI: Saderschannyje w Ispanii mafiosi
mogut bytj swjasanny s »Jedinnoi Rossiej«; http://www.rosbalt.ru/
world/2016/06/28/1527123.html (Aufruf 28.6.2016).

18  RIA Nowosti, 27.6.2016: Putin rechnet darauf, dass ER ein Beispiel für
ehrliche Konkurrenz bei den Wahlen gibt; http://ria.ru/politics/
20160627/1453080294.html#ixzz4CtKgH2AR (Aufruf 28.6.2016).

19  Vgl. Rosbalt.ru. (Fn. 17).

20  Das Ermittlungskomitee der Russischen Föderation ist eine mächtige,
selbständige Behörde zur Ermittlung und Verfolgung von Straftaten
neben der Generalstaatsanwaltschaft. Ursprünglich war es ein Komitee
bei der Staatsanwaltschaft.

21  Nikolai Klimeniouk: Russland. Das verbrecherische Regime. Frankfur-
ter Allgemeine Sonntagszeitung, 3.1.2016; http://www.faz.net/aktuell/
feuilleton/debatten/russland-das-verbrecherische-regime-3994403.
html (Aufruf 18.11.2016).

22  Newsru.com, 28. 6. 2016: Saderschannyje w Ispanii rossijane, podos-
    rewajemyje w otmywanii deneg dlja russkoi mafii, mogli bytj swjasany
    s »Jedinoi Rossijej«; http://www.newsru.com/world/28jun2016/mafia.
    html (Aufruf 29. 6. 2016).

23  Cornelia Derichsweiler: Spaniens Justiz nimmt Putins Umfeld ins
    Visier. Neue Zürcher Zeitung, 4. 5. 2016; http://www.nzz.ch/
    international/europa/internationale-haftbefehle-spaniens-justiz-
    nimmt-putins-umfeld-ins-visier-ld.82537 (Aufruf 29. 6. 2016).

24  Der Fall »Russische Mafia« in Spanien. Vollständiger Text der
    Anklageschrift (Delo »russkoi mafii« w Ispanii. Polnyj tekst
    obwinitjelnowo salutschenija); https://openrussia.org/post/view/10965
    (Aufruf 29. 6. 2016).

25  Vgl. Rospres.com, 16. 11. 2009: Leonid Rejman – ptenez gnesda
    Gennadija Petrowa; http://www.rospres.com/hearsay/5492/
    (Aufruf 18. 11. 2016).

26  Die Antidrogenbehörde wurde im April 2016 per Präsidenten-Ukas
    aufgelöst, ihre Funktion dem Innenministerium übertragen. Siehe
    Tass vom 5. 4. 2016, http://tass.ru/politika/3179300 (Aufruf 18. 11. 2016).

27  Litwinenko-Bericht aus dem Jahr 2006 für RISC Management, eine
    Sicherheitsfirma, die im Auftrage westlicher Unternehmen russische
    Firmen und Prominente checkt.

28  Luke Harding: A very expensive poison. The Definitive Story of the
    Murder of Litvinenko und Russia's War with the West. London 2016,
    S. 9 / 13.

29  Siehe Openrussia.org, 3. 12. 2015: Ispanskoje delo. Isbrannyje mesta is
    peregoworow utschastnikow. https://openrussia.org/post/view/10981/
    (Aufruf 29. 6. 2016). *Abhörprotokolle Garbic Civil*

30  Ebenda.

31  Ebenda.

32  Rospres.com, 3. 6. 2009: Alexander Bastrykin »amputierte« sich
    die rechte Hand; http://www.rospres.com/specserv/4448/
    (Aufruf 18. 7. 2016).

33  Vgl. https://openrussia.org/post/view/10981.

34  http://www.berliner-zeitung.de/in-spanien-tauchen-verdachtsmo-
    mente-fuer-eine-manipulation-des-uefa-cup-halbfinales-zwischen-
    zenit-st-petersburg-und-bayern-muenchen-auf-der-pate-aus-der-
    luxusvilla-15854900 (Aufruf 29. 6. 2016).

35  http://www.newsru.com/world/28jun2016/mafia.html
    (Aufruf 29. 6. 2016).

36  Radio Swoboda, 31. 3. 2016: Ispanija objawila w rosysk samdirektora
    FSKN Nikolaja Aulowa; http://www.svoboda.org/content/
    article/27646273.html (Aufruf 30. 6. 2016).

37  Schreiben von John Haslam, Executive Publisher: Political Science and

Sociology, Cambridge University Press, 20. 3. 2014; http://www.econo-mist.com/blogs/easternapproaches/2014/04/russia (Aufruf 3. 7. 2016).

38 Ebenda.

39 Karl Schlögel: Die gefährliche neue Liebe der Deutschen zu Russ-land. Die Welt, 3. 7. 2016; http://www.welt.de/debatte/kommentare/article156758789/Die-gefaehrliche-neue-Liebe-der-Deutschen-zu-Russland.html (Aufruf 3. 7. 2016).

40 Karen Dawisha: Putin's Kleptocracy. Who Owns Russia?, New York 2014, S. 105 / 106.

41 Ebenda, S. 106.

42 Ebenda. S. 109 / 110.

43 Anastasija Kirilenko, Juri Timofejew: Potschemu Marina Salje moltschala o Putinje 10 let?, Radio Svoboda, 2. 3. 2010; http://www.svoboda.org/a/1972366.html (Aufruf 12. 12. 2016).

44 Ebenda.

45 Karen Dawisha: Putins Kleptocracy, S. 143.

46 Das russische Wort »Datscha«, eingedeutscht »Datsche«, bezeich-net einen Wochenendsitz, den sich die Bevölkerung der großen russischen Städte gerne zulegt. Dessen Größe variiert – je nach den finanziellen Möglichkeiten – zwischen einfachen Holzhäusern und fürstlichen Anwesen aus Beton und Glas. Sie existierten schon zur Zarenzeit, loyale Adlige bekamen Sommerresidenzen vom Herr-scher geschenkt, was den Begriff erklärt (datj – geben, im Sinne von schenken). Zu sowjetischer Zeit wurden verdiente Parteiarbei-ter, Staatsbedienstete, Schriftsteller, Wissenschaftler und Sportler damit ausgezeichnet. Im postkommunistischen Russland explo-dierte das Datschen-Wesen förmlich. In der Umgebung der großen Städte entstanden Hunderte Siedlungen, in der Moskauer Region inzwischen teilweise 100 Kilometer und mehr von der Metropole entfernt. Allerdings gibt es sie in der Regel nicht mehr geschenkt, sie kosten.

47 Vgl. Freies Petersburg. Der Fall Putin; audio.rferl.org/RU/2015/06/19/20150619-150500-RU081-program.mp3?download=1 und Karen Dawisha, S. 94 ff.

48 Vollständige Liste der Gründer der Kooperative »Osero« (Polny spisok utschrediteljei kooperativa »Osero«); http://www.anticompromat.org/putin/ozero.html (Aufruf 19. 7. 2016).

49 Livejournal, 11. 11. 2011: Kak bogateli tschleny »putinskowo« koope-ratiwa »Osero«; http://ru-compromat.livejournal.com/440123.html (Aufruf 18. 11. 2016).

50 Karen Dawisha, S. 48.

51 Forbes.ru, 25. 8. 2016: Semja »sjatja Putina« popala w reiting Forbes bogatejschich semej Rossii; http://www.forbes.ru/news/327013-semya-

zyatya-putina-vpervye-popala-v-reiting-forbes-bogateishikh-semei-rossii (Aufruf 26. 8. 2016).

52 Vgl. ebenda und http://www.rbc.ru/business/27/04/2016/5720a7589a79 47378745370d (Aufruf 26. 7. 2016).

53 Ebenda.

54 Ebenda.

55 Ebenda.

56 Dawisha, Kleptocracy, S. 68.

57 Forbes: The Worlds Billionaires. #85 Gennady Timchenko; http://www.forbes.com/profile/gennady-timchenko (Aufruf 18. 11. 2016).

58 Vgl. Bastian Obermeyer/Frederik Obermaier: Panama Papers. Die Geschichte einer weltweiten Enthüllung, Köln 2016.

59 Benannt nach dem am 9. Februar 1984 in Moskau verstorbenen Ex-KGB-Chef Juri Andropow, der es bis zum KPdSU-Generalsekretär gebracht hatte.

60 Rospres.com, 30. 3. 2016: Drug Roldugin; http://www.rospres.com/politics/17885 (Aufruf 27. 7. 2016).

61 Vgl. Petra Blum, Frederik Obermaier und Bastian Obermayer: Putins beste Freunde. Süddeutsche Zeitung 4. 4. 2016; http://panama-papers.sueddeutsche.de/articles/56eff9f22f17ab0f205e636a/ (Aufruf 30. 9. 2016).

62 Ebenda.

63 Ebenda.

64 Julian Hans: »Putin gehört in Russland alles«. Zürcher Tagesanzeiger, 18. 4. 2016; http://mobile2.tagesanzeiger.ch/articles/ 5713c450ab5c374b6a000001 (Aufruf 30. 7. 2016).

65 WTB – Wneschtorg Bank (Außenhandelsbank).

66 Julian Hans: »Die Indizien sind eindeutig«. Süddeutsche Zeitung, 14. 4. 2016; http://www.sueddeutsche.de/politik/russischer-oppositions-politiker-die-indizien-sind-eindeutig-1.2949514 (Aufruf 20. 4. 2016).

67 RBK, 7. 4. 2016: Putin komprommentirowali publikazii o bisnese swo-jewo druga Sergej Roldugina; http://www.rbc.ru/politics/07/04/2016/ 57064f939a79473880ca3443 (Aufruf 27. 7. 2016).

68 Maria Seliwanowa, Wladislaw Grinkewitsch: Ataka na ofschory: wlastj trebujet ot bisnesa bolschej prosratschnosti. Praim, 23. 11. 2011; http://www.1prime.ru/Politics/20111223/753211535.html (Aufruf 1.8.2016).

69 Moskowskij Komsomolez, 4. 7. 2016; http://www.mk.ru/politics/ 2016/07/04/putin-nagradil-roldugina-ordenom-aleksandra-nevskogo.html (Aufruf 27. 7. 2016).

70 Maria Bondarenko: Putin prokommentirowal publikazii o bisnese swojewo druga Sergeja Roldugina. RBK, 7. 4. 2016.; http://www.rbc.ru/ politics/07/04/2016/57064f939a79473880ca3443 (Aufruf 5. 5. 2016)

71    Nikolai Jerschow: Skandal, kotory ne polutschilsja. Moscow-Post.com,
4. 4. 2016; http://www.moscow-post.com/redactor/skandal_
kotoryj_ne_poluchilsja20687 (Aufruf 27. 7. 2016).

72    N-tv.de; 6. 8. 2016: Aufarbeitung des Offshore-Skandals. Nobelpreisträger attackiert Panama; http://www.n-tv.de/wirtschaft/Nobelpreis-
traeger-attackiert-Panama-article18357636.html
(Aufruf 6. 8. 2016).

73    Private Finance: Offschory – lutschije predloschenija po registrazii
Kompanii; https://prifinance.com (Aufruf 1. 8. 2016).

74    Andrej Gromow: Poglotiteli. Kak Tschekisty gotowjatsja kupitj
sapadny mir; http://www.rusimperia.info/catalog/2635.html
(Aufruf 16. 7. 2016).

75    Sergej Kanew: Offschorny raj Podmoskowja. The New Times,
16. 4. 2016; http://newtimes.ru/assets/pdf/406.pdf (Aufruf 18. 11. 2016).

76    Offshore-Paradies in Podmoskowje. New Times, 16. 5. 2016.

77    Ebenda.

78    Ebenda.

79    Lina Pantschenko: Wsja prawda o tschekistach na »Gelendwa-
genach« ot Generala FSB Michailowa. Moskowski Komsomolez,
3. 7. 2016; http://www.mk.ru/social/2016/07/03/vsya-pravda-o-
chekistakh-na-gelendvagenakh-ot-generala-fsb-mikhaylova.html
(Aufruf 9. 7. 2016).

80    Vgl. Süddeutsche Zeitung, 4. 4. 2016 (Fn. 61): Putins beste Freunde.
Es kursieren auch Schätzungen von 70 oder gar 200 Milliarden. Diese
höchste Zahl stammt von Bill Browder. Der Amerikaner war Manager von Hermitage Capital Management, einem Fonds, der einst als
größter ausländischer Investor in Russland galt. Nachdem sein Anwalt
Sergej Magnitski 2009 in einem Moskauer Gefängnis starb, wurde der
einstige Putin-Fan Browder dessen scharfer Kritiker. 2014 behauptete er in seinem Buch »Red Notice«, der russische Präsident sei der
reichste Mann der Welt. Dem US-Sender CNN sagte Browder: »Er ist
der größte Oligarch von allen.«

81    Andrej Malgin: Putin 20. 12. 1999; https://www.youtube.com/
watch?v=Qb63vKtCvRo (Aufruf 6. 7. 2016); und Andrej Kolesnikow:
Rabota bes prikrytija: O tschom rasskasal president na Dne tschekista. Forbes, 21. 12. 2015; http://www.forbes.ru/mneniya-column/
vertikal/308833-rabota-bez-prikrytiya-o-chem-rasskazal-prezident-
na-dne-chekista (Aufruf 6.7.2016).

82    Robert Krasnow: Nowoje dworjanstwo Rossii – FSB. Maxpark,
25. 11. 2016; http://maxpark.com/user/3053246948/content/811407
(Aufruf 9. 7. 2016).

83    Ebenda.

84    Anastasija Kirilenko: »Putin war nur ein einfacher Major«. Radio

Swoboda, 28. 3. 2015; http://www.svoboda.org/a/26920026.html
(Aufruf 21. 8. 2016).

85 Ebenda.

86 Catherin Belton: Khodorkovsky's High Stakes Gamble. Moscow
Times, 16. 5. 2005; http://www.themoscowtimes.com/business/article/
khodorkovskys-high-stakes-gamble/223271.html (Aufruf 10. 7. 2016).

87 Ebenda.

88 Ebenda.

89 Stolitsa.org, 15. 12. 2015: Spezsadanije wypolneno. Newidimki wned-
reny; http://www.stolitsa.org/1709-speczadanie-vypolneno-nevidimki-
vnedreny.html (Aufruf 18. 11. 2016).

90 Jana Israeljan: Soldatow-Interview. Digital.Report, 24. 5. 2016;
https://digital.report/soldatov-borogan-1/ (Aufruf 9. 7. 2016).

91 Ich traf Alexander Bowin als politischen Beobachter in der sowjetischen Regierungszeitung Iswestija, wo er analytische Artikel vor allem
zu den sowjetisch-amerikanischen Beziehungen schrieb. Nach dem
Ende der Sowjetunion wurde er Botschafter Russlands in Israel.

92 Interview mit Digital.Report (Fn. 90).

93 Wikipedia.org: Präsidentschaftswahl in Russland 1996;
https://de.wikipedia.org/wiki/Pr%C3%A4sidentschaftswahl in_
Russland_1996 (Aufruf 10. 7. 2016).

94 Alexej Timofejtschew: Jelzins Wahlsieg 1996: Der gestohlene Triumph?
Russia behind the Headlines, 20. 6. 2016; http://de.rbth.com/politik/
2016/06/20/jelzins-wahlsieg-1996-der-gestohlene-triumph_604653
(Aufruf 10. 7. 2016).

95 Andrej Kolesnikow: Rabota bes prikrytija – o tschom raskasal
president na dne Tschekista, Forbes, 21. 12. 2015; http://www.forbes.
ru/mneniya-column/vertikal/308833-rabota-bez-prikrytiya-o-chem-
rasskazal-prezident-na-dne-chekista (Aufruf 16. 7. 2016).

96 Smersch – smertj schpionam, dt. Tod den Spionen. Eine Terrororganisation der sowjetischen Spionageabwehr.

97 Ebenda.

98 Andrej Gromow: Poglotiteli. Kak Tschekisty gotowjatsja kupitj
sapadny mir; http://www.rusimperia.info/catalog/2635.html
(Aufruf 16. 7. 2016).

99 Vgl. Wladimir Putins Ansprache im russischen Fernsehen am
4. 9. 2004; http://www.kremlin.ru/events/president/transcripts/22589;
https://www.youtube.com/watch?v=NPcp5qtlczg.
(Aufruf 17. 7. 2016).

100 11. 9. 2001. Bei vier koordinierten Flugzeugentführungen mit anschließenden Selbstmordattentaten auf wichtige zivile und militärische Ge-
bäude der USA, darunter die beiden Türme des World Trade Centers
in New York, starben fast 3000 Menschen.

101 Michail Sygar: Endspiel. Die Metamorphosen des Wladimir Putin. Köln 2015, S. 98.

102 Andrej Gromow: Poglotiteli (Fn. 98).

103 Doschd: Glawa FTS, w dome kotorowo proschli obyski, podal sajawlenije ob otstawke. Newsru.com, 26.7.2016; http://www.newsru.com/russia/26jul2016/fts.html (Aufruf 10.11.2016).

104 Eva Merkatschewa: Sa obyskami u Beljaninowa stoit »bolschoi peredel« w FSB. Moskowski Komsomolez, 27.7.2016; http://www.mk.ru/social/2016/07/26/za-obyskami-u-belyaninova-stoit-bolshoy-peredel-v-fsb.html (Aufruf 10.11.2016).

105 Wor w sakone: Wörtlich »Dieb im Gesetz«. Ehrentitel der russischen Mafia für kriminelle Autoritäten, die sich an die ungeschriebenen »Diebesgesetze« halten.

106 Newsru.com, 13.7.2016: Arestowannomu woru w sakone Schakro Molodomu »prisluschiwal« polkownik is rasformirowannowo GUBOPa; www.newsru.com/crime/13jul2016/vrvzshakrolureubop.html (Aufruf 3.1.2016).

107 Vgl. Nowaja Gaseta, 6.7.2016: Igry professionalow; https://www.novayagazeta.ru/articles/2016/07/06/69172-igry-professionalov (Aufruf 6.11. 2016).

108 Ebenda.

109 Vgl. Kreml-Website: http://www.kremlin.ru/catalog/persons/81/events/52688 (Aufruf 18.11.2016).

110 Nina Kalinina: Milliardy polkownika Dmitrija Sachartschenko okasalis »obschtschakom« polizii. Ura.ru, 26.10.2016; http://pda.ura.ru/news/1052265645 (Aufruf 10.11.2016).

111 RIA Nowosti, 21.11.2016: Putin naswal »petschalnym faktom« arest Uljukajewa; https://ria.ru/incidents/20161121/1481756876.html (Aufruf 22.11.2016).

112 Barometr mirowoi korrupzii – 2016: rossijane bojatsja soobschtschatj o korrupzii: http://transparency.org.ru/barometr-mirovoi-korruptcii/barometr-mirovoi-korruptcii-2016-rossiiane-boiatsia-soobshchat-o-korruptcii (Aufruf 23.11.2016).

113 Nowaja Gaseta, Abteilung Recherchen, 20.11.2016: Woina dwuch wyschek; https://www.novayagazeta.ru/articles/2016/11/20/70603-voyna-dvuh-vyshek (Aufruf 23.11.2016).

114 Peter Jahn: 27 Millionen. Die Zeit, 14.6.2007; http://www.zeit.de/2007/25/27-Millionen-Tote (Aufruf 15.8.2016).

115 Wigbert Benz: Die Präventivkriegsthese. Zu Ursachen und Charakter des »Unternehmens Barbarossa« 1941. Forum Barbarossa: Beitrag 2 – 2004; http://www.historisches-centrum.de/forum/benz04-1.html (Aufruf 20.11.2016).

116 Ebenda. Vgl. auch Rolf-Dieter Müller: Der Feind steht im Osten.

Hitlers geheime Pläne für einen Krieg gegen die Sowjetunion im Jahr 1939. Berlin 2011, S. 149 ff.

117  Helmut Gollwitzer: Der Überfall. Zeitmagazin, 23. 3. 1984, S. 30 ff.

118  Jürgen Brühn: Flucht und Vertreibung. NDR.de, 21. 7. 2008; http://www.ndr.de/kultur/geschichte/chronologie/Flucht-und-Vertreibung,vertreibung102.html (Aufruf 20. 11. 2016).

119  Vgl. Ilko-Sascha Kowalczuk, Stefan Wolle: Roter Stern über Deutschland. Sowjetische Truppen in der DDR. Berlin 2001, S. 70 ff.

120  N. S. Chruschtschow: Wospominanija. Wremja. Ljudi. Wlastj. Moskau 1999, Bd. 2, S. 492. Siehe auch Manfred Wilke: Der Weg zur Mauer. Stationen der Teilungsgeschichte. Berlin 2011.

121  Deutsch-Russisches Museum Berlin-Karlshorst (Hg.): Der Abzug. Die letzten Jahre der russischen Truppen in Deutschland. Berlin 2016, S. 92 / 93.

122  Dmitri Babitsch: 20 Jahre ohne Sowjettruppen. RIA Nowosti, 5. 10. 2015; https://de.sputniknews.com/meinungen/20100226125262484/ (Aufruf 12. 10. 2016).

123  Horst Teltschik: 329 Tage. Innenansichten der Einigung. 4. Aufl., Berlin 1991, S. 220 ff.

124  Ebenda, S. 230.

125  Alexander von Plato: Die Vereinigung Deutschlands – ein weltpolitisches Machtspiel. Bush, Kohl, Gorbatschow und die internen Gesprächsprotokolle. 3. Aufl., Berlin 2009, S. 339 / 340.

126  Horst Möller, Ilse Dorothee Pautsch, Gregor Schöllgen, Hermann Wentker, Andreas Wirsching: Die Einheit: Das Auswärtige Amt, das DDR-Außenministerium und der Zwei-plus-Vier-Prozess. Göttingen 2015, S. 511 (Fn. 16).

127  Auswärtiges Amt: Der Zwei-plus-Vier-Vertrag über die abschließende Regelung in Bezug auf Deutschland wurde von den Außenministern der Zwei-Plus-Vier-Staaten am 12. September 1990 in Moskau unterzeichnet. Am 1. Oktober 1990 verzichteten die vier Mächte in einer gemeinsamen Erklärung in New York auf ihre Rechte und Verantwortlichkeiten in Bezug auf Deutschland, wodurch dieses seine volle Souveränität erhielt. Zwei Tage darauf wurde der Beitritt der DDR zur Bundesrepublik vollzogen. Das vereinte Deutschland und die drei Westmächte ratifizierten zügig den Zwei-Plus-Vier-Vertrag. In Moskau ließ man sich dagegen Zeit. Schließlich ratifizierte der Oberste Sowjet nach kontroverser Debatte am 4. März 1991 das Abkommen. Siehe: http://www.auswaertiges-amt.de/DE/AAmt/Geschichte/ZweiPlusVier/Zwei PlusVier_node.html (Aufruf 23. 11. 2016).

128  Teltschik: 329 Tage (Fn. 123), S. 360 / 362.

129  Wolfgang Leonhard: Die Revolution entlässt ihre Kinder. 19. Aufl., Köln 2000, S. 597 / 598.

130  Ebenda, S. 560 / 561.

131  Anne Applebaum: Der Eiserne Vorhang. Die Unterdrückung Ost-
     europas 1944 – 1956. München 2012, S. 142.

132  Ebenda, S. 527.

133  Wolf Poulet war 30 Jahre lang Berufssoldat. Von 1988 bis 1990 war er
     Sprecher des damaligen Generalinspekteurs der Bundeswehr, Admiral
     Dieter Wellershoff.

134  Wolf Poulet: Russlands Trauma. Der Wunsch nach alter Größe und
     Macht. FAZ, 2.7.2015; http://www.faz.net/aktuell/politik/inland/
     gastbeitrag-von-wolf-poulet-ueber-russlands-befinden-13662180.html?
     printPagedArticle=true#pageIndex_2 (Aufruf 23.11.2016).

135  Manfred Görtemaker: Vom Kalten Krieg zur Ära der Entspannung.
     Bundeszentrale für politische Bildung, 9.7.2004; https://www.bpb.de/
     izpb/10339/vom-kalten-krieg-zur-aera-der-entspannung?p=all
     (Aufruf 12.12.2016).

136  Bill Keller: Gorbachev, in Finland, Disavows Any Right of Regional
     Intervention. New York Times, 26.10.1989; http://www.nytimes.
     com/1989/10/26/world/gorbachev-in-finland-disavows-any-right-of-
     regional-intervention.html (Aufruf 25.8.2016).

137  Leonid Breschnew: Das kleine Land. Erinnerungen. Berlin (DDR),
     1978.

138  »Das kleine Land«, »Wiedergeburt« und »Neuland«.

139  Michail Sokolow: Sakon Jarowoi: Konez istorii? Radio Svoboda,
     7.5.2014; http://www.svoboda.org/content/transcript/25376086.html
     (Aufruf 7.6.2016).

140  Rossijskaja Gaseta, 17.3.2015.

141  Irina Scherbakowa, Karl Schlögel: Der Russlandreflex. Einsichten in
     eine Beziehungskrise. Hamburg 2015, S. 43.

142  Ebenda.

143  Vgl. Oleksii Polegkyi: WWII: A New ›Religion‹ for Russia. EurAktiv,
     31.5.2016, http://www.euractiv.com/section/europe-s-east/opinion/
     wwii-a-new-religion-for-russia (Aufruf 7.6.2016).

144  Erklärung des GULAG-Museums in Perm: http://itk36.ru/
     novosti/624/.

145  Rosbalt.ru, 16.12.2010: Putin: Rossija pobedila by w WOW i bes
     Ukrainy; http://www.rosbalt.ru/main/2010/12/16/801573.html
     (Aufruf 21.10.2016).

146  Lisa Dubrowskaja: Putin napugal Sapad swoimi sajawlenijami o pakte
     Molotowa-Ribbentropa. Moskowski Komsomolez, 7.11.2014;
     http://www.mk.ru/politics/2014/11/07/putin-napugal-zapad-swoimi-
     zayavleniyami-o-pakte-molotovaribbentropa.html
     (Aufruf 23.11.2016).

147  Vgl. Michail Selenski: Putin naswal rasdel Polschi w 1939 godu »otwet-

noi schaiboi«. Slon, 5.11.2014; http://slon.ru/fast/russia/putin-nazval-razdel-polshi-v-1939-godu-otvetnoy-shayboy-1180571.xhtml (Aufruf 23.11.2016).

148 Vgl. Oleksii Polegkyi: WWII: A New ›Religion‹ for Russia. EurAktiv, 31.5.2016 (Fn. 143).

149 Rossijskaja Gaseta, 4.4.2016; http://rg.ru/2016/04/04/rosarhiv-pereshel-v-podchinenie-prezidenta.html (Aufruf 23.11.2016).

150 Lenta.ru, 23.4.2014: Gosduma wwela ugolownuju otwetstwennostj sa reabilitaziu nazisma; https://lenta.ru/news/2014/04/23/nazism/ (Aufruf 6.6.2016).

151 Fotobeispiele siehe http://tyler78.livejournal.com/451032.html (Aufruf 7.6.2016).

152 Scherbakowa, Schlögel: Der Russlandreflex, S. 33 (Fn. 141).

153 Uwe Klußmann, Matthias Schepp, Klaus Wiegrefe: »Absurde Vorstellung«. Der Spiegel, 23.11.2009; http://www.spiegel.de/spiegel/print/d-67871653.html (Aufruf 23.11.2016).

154 Kerstin Holm: Krim-Krise. Putins gefährliche Wette. FAZ, 2.3.2014; http://www.faz.net/aktuell/feuilleton/krim-krise-putins-gefaehrliche-wette-12828350.html (Aufruf 23.11.2016)

155 Mark Kramer: The Myth of a No-NATO-Enlargement. Pledge to Russia; The Washington Quarterly, April 2009/House Committee on International Relations, U.S. Policy Toward NATO Enlargement: Hearing, 104th Cong., 2nd sess., June 20, 1996, p. 31. Hearing, 104th Cong., 2nd sess., June 20, 1996, p. 31.

156 John J. Mearsheimer: Putin reagiert. Warum der Westen an der Ukraine-Krise schuld ist. IPG-Journal, 1.9.2014.

157 Mark Kramer, The Myth (Fn. 155).

158 Die Zeit, 9.11.2014.

159 Michail Gorbatschow: Erinnerungen. Berlin 1995, S. 716. Vgl. auch Alexander von Plato: Die Vereinigung Deutschlands – ein weltpolitisches Machtspiel. Bush, Kohl, Gorbatschow und die internen Gesprächsprotokolle. 3. Aufl., Berlin 2009, S. 225 ff.

160 2+4 Chronik, 7.2.1990: Baker besucht die UdSSR. Gespräche über Baltikum und Abrüstung. Außerdem will Baker Gorbatschow und Schewardnadse für die Formel Zwei-plus-Vier gewinnen; http://www.2plus4.de/chronik.php3?date_value=07.02.90+-+10.&sort=000-001 (Aufruf 25.8.2016).

161 Alexander Galkin, Anatoli Tschernajew: Michail Gorbatschow i germanski wopros. Sbornik dokumentow. 1986–1991. Moskau 2006, S. 472.

162 Michail Gorbatschow: Erinnerungen. Berlin 1995, S. 723.

163 Bundeszentrale für politische Bildung: Vertrag über die abschließende Regelung in Bezug auf Deutschland vom 12.9.1990 (BGBl. 1990 II,

S. 1317); http://www.bpb.de/wissen/TOGO9Z,0,0,Vertrag_%C3%83%C
6%92%C3%82%C2%BCber_die_abschlie%C3%83%C6%92%C3%82%
C5%B8ende_Regelung_in_Bezug_auf_Deutschland.html.

164 Uwe Klußmann, Matthias Schepp und Klaus Wiegrefe: Absurde
Vorstellung. Der Spiegel, 23. 11. 2009; www.spiegel.de/spiegel/
print/d-67871653.html (Aufruf 12. 12. 2016).

165 2+4 Chronik (Fn. 157); http://www.2plus4.de/chronik.php3?date_
value=07.02.90+-+10.&sort=000-001 (Aufruf 25. 8. 2016).

166 Maxim Korshunov: Mikhail Gorbachev. I am against all walls. Russia
behind the Headlines, 16. 10. 2014; http://rbth.co.uk/international/
2014/10/16/mikhail_gorbachev_i_am_against_all_walls_40673.html
(Aufruf 25. 8. 2016).

167 Ebenda.

168 Heinrich August Winkler: Die Rückkehr des völkischen Nationalismus. Die deutschen Putin-Versteher wollen nicht wissen, in wessen
Fußstapfen sie treten. IP-Online, 17. 4. 2014; https://zeitschrift-ip.dgap.
org/de/ip-die-zeitschrift/themen/die-rueckkehr-des-voelkischen-
nationalismus (Aufruf 11. 4. 2016).

169 Robert Bongen, Stefan Buchen, Nino Seidel: Säbelrasseln: NATO rückt
an russische Grenze vor. Panorama/ARD, 23. 6. 16; http://daserste.ndr.
de/panorama/archiv/2016/Saebelrasseln-NATO-rueckt-an-russische-
Grenze-vor-nato222.html (Aufruf 19. 8. 2016).

170 Ebenda.

171 Michail Gorbatschow: Wie es war. Die deutsche Wiedervereinigung.
Berlin 1999, S. 101 – 105..

172 Der Nordatlantikvertrag. Washington DC, 4. 4. 1949;
http://www.nato.int/cps/en/natohq/official_texts_17120.htm?
selectedLocale=de (Aufruf 15. 8. 2016).

173 Wladimir Putin im Interview mit der Bild-Zeitung, 11. 1. 2016.

174 Heinrich August Winkler: Die Rückkehr des völkischen Nationalismus. Die deutschen Putin-Versteher wollen nicht wissen, in wessen
Fußstapfen sie treten. IP Online; https://zeitschrift-ip.dgap.org/de/
user/605 (Aufruf 13. 10. 2016).

175 Lilija Schewzowa: Ryzari »Realisma«, The New Times, 2/2016;
http://www.newtimes.ru/articles/detail/106979/#hcq=bfRsvBp
(Aufruf 20. 10. 2016).

176 Deutsch-Russisches Museum Berlin-Karlshorst (Hg.): Der Abzug.
Die letzten Jahre der russischen Truppen in Deutschland. Berlin 2016,
S. 93.

177 Interview mit dem estnischen Außenminister Sven Mikser.
Süddeutsche Zeitung, 14. 11. 2015.

178 Russland treibt die Ukraine in die Nato. Die Welt, 23. 12. 2014.

179 Mykola Riabchuk: Ukraine's Nuclear Nostalgia. World Policy Journal,

Vol. 26, No. 4 (Winter 2009 / 2010), S. 95 – 105; http://shron.chtyvo.org.
ua/Riabchuk/Ukraines_Nuclear_Nostalgia_anhl.pdf
(Aufruf 23.11.2016).

180 Wortlaut Budapester Memorandum siehe: https://en.wikisource.org/
wiki/Ukraine._Memorandum_on_Security_Assurances
(Aufruf 23.11.2016).

181 Sergej Karaganow, Alexej Peskow: Kak by my ne staralis, lutsche
wsewo polutschajutsja tanki. Wojenno-promyschlenny kurjer,
6.4.2016; http://vpk-news.ru/articles/30074 (Aufruf 23.11.2016).

182 Tina Hildebrandt, Michael Thumann: Sie nennen ihn den Deutschen.
Die Zeit, 22.5.2014; http://www.zeit.de/2014/22/wladimir-putin-
portraet (Aufruf 6.7.2016).

183 Ebenda.

184 Masha Gessen: Der Mann ohne Gesicht. Wladimir Putin.
Eine Enthüllung. München 2012, S. 167.

185 Ebenda, S. 168.

186 Ebenda.

187 Wir erkennen schon hier den Demagogen, der historische Fakten
verfälscht. Die Krim, Heimat der Krimtataren und vieler anderer
Völkerschaften, wurde von Russland erobert und 1783 dem russischen
Imperium zugeschlagen. Königsberg, das heutige Kaliningrad, war
ab 1255 deutsch, aber von einer kurzen Zeitspanne zwischen 1758 und
1762 abgesehen nie russisches Gebiet. Nach dem Zweiten Weltkrieg
wurde Königsberg zu Kaliningrad auf sowjetischem Territorium. Zu
Russland gehört es erst seit 1991.

188 Bergedorfer Gesprächskreis 101. Protokoll; http://www.koerber-
stiftung.de/fileadmin/bg/PDFs/bnd_101_de.pdf (Aufruf 6.7.2016).

189 Ebenda.

190 http://www.koerber-stiftung.de/fileadmin/bg/PDFs/bnd_101_de.pdf.
Zur Monroe-Doktrin: Auf den US-Präsidenten Monroe zurück-
gehende, von seinem Nachfolger Roosevelt auf den Kopf gestellte
Doktrin, der zufolge die Vereinigten Staaten Lateinamerika als ihren
»Hinterhof« betrachteten und die Europäer von dort fernzuhalten
bestrebt waren.

191 Ebenda.

192 Masha Gessen: Der Mann ohne Gesicht, S. 169 / 170 (Fn. 184).

193 Ebenda.

194 Wortprotokoll der Rede Wladimir Putins im Deutschen Bundestag am
25.9.2001; https://www.bundestag.de/kulturundgeschichte/geschichte/
gastredner/putin/putin_wort/244966 (Aufruf 6.7.2016).

195 Gerd König: Fiasko eines Bruderbundes. 3. Aufl.,Berlin 2012, S. 386.

196 Ebenda.

197 Matthias Meisner. Claudia von Salzen: Grünen-Europapolitiker

Werner Schulz. »Wir haben Putin unterschätzt, diesen Gewalttäter«. Tagesspiegel, 18. 5. 2014; http://www.tagesspiegel.de/politik/gruenen-europapolitiker-werner-schulz-haben-sie-als-ehemaliger-buerger-rechtler-einen-anderen-blick-auf-den-frueheren-kgb-mann-und-heutigen-praesidenten-wladimir-putin/9907550-2.html (Aufruf 6. 8. 2010).

198 Der Exgeneralmajor Oleg Kalugin blickt auf eine steile und erfolgreiche Karriere im KGB zurück, für den er seit 1959 tätig war. In den sechziger Jahren leitete Kalugin das Büro des KGB in der sowjetischen Botschaft in Washington DC. 1974 – im Alter von nur 40 Jahren – wurde Kalugin in den Rang eines Generals erhoben und mit der Leitung der Abteilung für Gegenspionage des KGB betraut. Mit dem Zusammenbruch der Sowjetunion wurde er zu einem scharfen Kritiker des Sowjetsystems. Er ging 1995 in die USA. In Russland wurden ihm wegen Geheimnisverrats seine militärischen Ränge aberkannt. 2002 wurde der Exgeneral in Abwesenheit zu 15 Jahren Haft verurteilt: Kalugin soll bereits während des Kalten Krieges Informationen an die USA verraten haben. Seit 2003 ist er US-amerikanischer Staatsbürger.

199 Hannes Adomeit: Militärische Macht und ihre Kosten. Die Presse, Print-Ausgabe, 14. 8. 2014; http://diepresse.com/home/meinung/gastkommentar/3854508/Militaerische-Macht-und-ihre-Kosten (Aufruf 20. 8. 2016).

200 Ian Traynor: KGB veteran says Putin's rule is return to Soviet era. The Guardian, 14. 3. 2000; https://www.theguardian.com/world/2000/mar/24/russia.iantraynor (Aufruf 19. 8. 2016).

201 Ebenda.

202 Wladimir Usolzew: Mein Kollege Putin. Als KGB-Agent in Dresden 1985 – 1990. Berlin 2014; Moskau 2004.

203 Ebenda.

204 MfS – Ministerium für Staatssicherheit.

205 Manfred Quiring: Ein Workaholic, der Radeberger Bier liebt, Die Welt, 21. 12. 2004; http://www.welt.de/print-welt/article359774/Ein-Workaholic-der-Radeberger-Bier-liebt.html (Aufruf 24. 8. 2016).

206 Manfred Quiring: Russen wollen Putin auf Lebenszeit. Berliner Morgenpost, 19. 4. 2007; http://www.morgenpost.de/printarchiv/politik/article103132327/Russen-wollen-Putin-auf-Lebenszeit.htm (Aufruf 24. 8. 2016).

207 Boris Schumatsky: Lupenrein verlogen. Die Zeit, 1. 10. 2014.

208 Wolf Poulet: Russlands Trauma. Der Wunsch nach alter Größe und Macht. FAZ, 2. 7. 2015.

209 Ebenda.

210 Vgl. Stefan Kornelius: Nato und Russland. Szenen einer Ehe. Süddeutsche Zeitung, 6. 11. 2014; http://www.sueddeutsche.de/politik/nato-und-russland-szenen-einer-ehe-1.2116164 (Aufruf 21. 10. 2016).

211 Ebenda.

212 Vgl. Martin Malek: Die Nato und Russland zwischen Kooperation und Konfrontation. In: Studien und Berichte zur Sicherheitspolitik 3 / 2003, Schriftenreihe der (österreichischen) Landesverteidigungsakademie, S. 6.

213 Premier Jewgeni Primakow befand sich gerade auf dem Weg zum IWF in New York, als er vom Beginn der Militäroperation in Jugoslawien erfuhr. Er ließ sein Flugzeug über dem Atlantik wenden und flog nach Moskau zurück. Diese Entscheidung Primakows wird in Russland bis heute als die entschlossene Reaktion eines russischen Patrioten »verkauft«. Dass er wegen eines Kredits unterwegs war, den er in einer Phase, da Moskau den Westen mit schrillen Tönen attackierte, dann wenig später auch noch erhielt, wird nicht erwähnt. Ende der 1990er Jahre stand Russland wirtschaftlich am Abgrund. Sein Premier Primakow konnte zwar die Flugroute des Regierungsflugzeuges ändern, mit patriotischer Geste auf den IWF-Kredit verzichten konnte er nicht.

214 Johannes Vosswinkel: Bodyguards der alten Ordnung. Russlands Eliten misstrauen dem Westkurs Präsident Putins. Die Zeit, 16. 5. 2002; http://www.zeit.de/2002/21/Bodyguards_der_alten_Ordnung/ komplettansicht (Aufruf 2. 1. 2016).

215 Manfred Quiring: Jetzt werden wir Kollegen. Berliner Morgenpost, 28. 5. 2002; http://www.morgenpost.de/printarchiv/politik/ article102716410/Jetzt-werden-wir-Kollegen.html#modal (Aufruf 1. 11. 2016).

216 Vosswinkel, Bodyguard (Fn. 214).

217 Rede Putins auf der Sicherheitskonferenz in München 2007, Wortlaut: http://www.ag-friedensforschung.de/themen/ Sicherheitskonferenz/2007-putin-dt.html (Aufruf 2. 11. 2016).

218 Vgl. ebenda.

219 Malek: Die Nato und Russland, S. 8 (Fn. 212).

220 Hannes Adomeit: Putins Paukenschläge. Internationale Politik 2, Februar 2008, S. 53 – 62.

221 Manfred Quiring: Russlands Erdgas-Boom und seine Folgen. Zürcher Sonntagszeitung, 15. 10. 2006.

222 Ebenda.

223 Ebenda.

224 Statista.com: Russland: Inflationsrate von 2006 bis 2016 (gegenüber dem Vorjahr); https://de.statista.com/statistik/daten/studie/171867/ umfrage/inflationsrate-in-russland (Aufruf 2. 11. 2016).

225 Adam Withnall: All the World's Most Unequal Countries Revealed in One Chart. The Independent, 23. 11. 2016; http://www.independent. co.uk/news/world/politics/credit-suisse-global-wealth-world-most-unequal-countries-revealed-a7434431.html (Aufruf 27. 11. 2016).

226  Fjodor Lukjanow ist heute Vorsitzender des russischen Rates für Außen- und Sicherheitspolitik, einer Nichtregierungsorganisation, die den Kreml berät.

227  Michail Sokolow: Andrej Illarionow: putinism i sankzii. Radio Swoboda, 27. 5. 2016; http://www.svoboda.org/content/transcript/27760793.html (Aufruf 28. 11. 2016).

228  Ebenda.

229  Lev Gudkov, Victor Zaslavsky: Russland. Kein Weg aus dem postkommunistischen Übergang? Berlin 2010, S. 147.

230  Grigori Jawlinski: Politika bensinowowo gossudarstwa. Nesawissimaja Gaseta, 19. 1. 2016; http://www.yavlinsky.ru/news/ekonomika/oil (Aufruf 5. 8. 2016).

231  Ebenda.

232  Ebenda.

233  Die Stiftung wurde durch einen Erlass von Präsident Wladimir Putin am 21. Juni 2007 gegründet. Sie ist ein Gemeinschaftsprojekt des russischen Außenministeriums und des Ministeriums für Bildung und Wissenschaft. Finanziert wird »Russki Mir« durch Mittel des Staatshaushaltes und Spenden.

234  Ulrich Schmid: Russki Mir. Dekoder.org; http://www.dekoder.org/de/gnose/russki-mir (Aufruf 3. 8. 2016).

235  Ebenda.

236  Vgl. Obraschtschenije presidenta Russkoi Federazii, 18. 3. 2014; http://www.kremlin.ru/events/president/news/20603 (Aufruf 3. 8. 2016).

237  Karl Schlögel: Entscheidung in Kiew. Ukrainische Lektionen. München 2015, S. 39 / 40.

238  Russki mir dolschen statj globalnym faktorom – W. Matwijenko. RIA Pobeda, 4. 6. 2016; http://www.ria-pobeda.ru/print.php?type=txt&ID=9720 (Aufruf 4. 8. 2016).

239  Matwijenko: Rossija bolsche ne budet spokoino wsiratj na pritesnenija russkich. EurAsiaDaily, 4. 6. 2016; http://eadaily.com/ru/news/2016/06/04/matvienko-rossiya-bolshe-ne-budet-spokoyno-vzirat-na-pritesneniya-russkih (Aufruf 3. 8. 2016).

240  Vgl. Carmen Eller: Der furchtsame Despot. Der Spiegel, 31. 1. 2012; http://www.spiegel.de/spiegel/spiegelgeschichte/d-83657760.html (Aufruf 5. 8. 2016).

241  Vgl. Die Welt, 26. 2. 2015; http://www.welt.de/wirtschaft/article137837101/Putins-neues-Imperium-ein-kollektiver-Krisenherd.html (Aufruf 5. 8. 2016).

242  Anton Barbaschin: Spasti »Ewrasiiskuju metschtu«. Intersection, 3. 8. 2016; (http://intersectionproject.eu/ru/article/russia-world/spasti-evraziyskuyu-mechtu (Aufruf 5. 8. 2016).

243  Nasarbajew raskritikowal politisaziju Ewrasiiskowo ekonomitsches-

kowo sojusa. NUR.kz, 24.12.2013; https://www.nur.kz/295894-nazarbaev-raskritikoval-politizacziyu-evraziskogo-ekonomicheskogo-soyuza.html (Aufruf 5.8.2016).

244 Christoph Giesen: Chinas neue Seidenstraße. Süddeutsche Zeitung, 16.8.2016; http://www.sueddeutsche.de/politik/konkurrenten-chinas-neue-seidenstrasse-1.3123257 (Aufruf 23.11.2016).

245 NUR.kz, 24.12.2013 (Fn. 243).

246 Vgl. Kerstin Holm: Dem Westen das Hinterteil zeigen. FAZ, 2.4.2016; http://www.faz.net/aktuell/feuilleton/buecher/rezensionen/sachbuch/michel-eltchaninoffs-sachbuch-in-putins-kopf-14155708.html (Aufruf 7.8.2016).

247 Vgl. Andreas Umland: Faschismus à la Dugin. Blätter für deutsche und internationale Politik, 12/2007, S. 1432–1435.

248 Krugly stol 12. Dekabrja, http://rt12dec.ru/tag/14-05-2014 (Aufruf 8.8.2016).

249 Ebenda. Zu den Mitunterzeichnern gehören: Ljudmila Alexejewa, die große alte Dame der russischen Menschenrechtsbewegung und Vorsitzende der Moskauer Helsinki-Gruppe, die Schriftsteller Wladimir Woinowitsch und Ljudmila Ulitzkaja, die Menschen- und Bürgerrechtler Lew Ponomarjow, Andrej Simonow, Oleg Schejnis, Igor Jakowenko (ehemaliger Vorsitzender des Journalistenverbandes), die Politologin Lilija Schewzowa.

250 TV-Sendung »Dugins Direktive«, 29.5.2016: Russe zu sein ist eine Berufung; http://katehon.com/ru/directives/byt-russkim-prednaznachenie (Aufruf 5.8.2016).

251 Vgl. Niels Werber: Geopolitik zur Einführung. Hamburg 2014, S. 63.

252 Alexander Dugin: Heartland w XXI weke. Kathenon, 8.1.2016; http://katehon.com/ru/article/heartland-v-xxi-veke (Aufruf 23.11.2016).

253 Ebenda.

254 Rede im Kreml: Putin wirft Westen Abkehr von konservativen Werten vor. Wirtschaftswoche, 12.12.2013; http://www.wiwo.de/politik/ausland/rede-im-kreml-putin-wirft-westen-abkehr-von-konservativen-werten-vor-/9208924.html (Aufruf 8.8.2016).

255 Putins Eurasien. Die Ideologie hinter Russlands Expansionskurs. 3sat.de, 9.5.2014; http://www.3sat.de/page/?source=/kulturzeit/themen/176563/index.html (Aufruf 16.8.2016).

256 Direktübertragung der mehrstündigen Frage-Antwort-Show am 17.4.2014.

257 Boris Muschejew: Russki mir prichodit w Ewropu. Iswestija, 17.4.2014; http://izvestia.ru/news/569452#ixzz3QhndxDgU (Aufruf 16.8.2016).

258 Alexander Dugin, 12. 4. 2013: »Europa erobern, eingliedern und anschließen!« im TV-Kanal Russia.ru. Siehe: https://www.youtube.com/
watch?v=1O8-_b4zKR8 (Aufruf 8. 8. 2016).

259 Christian Neef: Interview mit Sergej Karaganow: Putin-Berater droht
mit Vernichtung von Nato-Waffen. Der Spiegel, 11. 7. 2016.

260 http://dugin.ru/5-evraziyskie-seti-nakanune-2015-goda.html
(Aufruf 8. 8. 2016).

261 »No Putin, No Russia«, Says Kremlin Deputy Chief of Staff. The
Moscow Times, 23. 10. 2014; http://www.themoscowtimes.com/news/
article/no-putin-no-russia-says-kremlin-deputy-chief-of-staff/509981.
html (Aufruf 8. 8. 2016).

262 Historical Speaches; http://sn2.superokayama.com/sn2/mirror/public-
domain-archive.com/speech/speech.php%3Flang=eng&target=36.
html (Aufruf 16. 8. 2016).

263 Vladimir Putin: We are strong because we are right. TASS, 23. 11. 2014;
http://tass.ru/en/russia/761152 (Aufruf 8. 8. 2016).

264 Umfrage: Putin schreibt Geschichte. Sputniknews.com, 20. 6. 2014;
http://de.sputniknews.com/zeitungen/20140620268809485-Umfrage-
Putin-schreibt-Geschichte/ (Aufruf 8. 8. 2016).

265 Istorija Obschtscherossijskowo narodnowo fronta. ONF.ru;
http://onf.ru/structure/istoriya-onf/(Aufruf 23. 11. 2016).

266 TV-Sendung »Direkte Linie«, 17. 4. 2015; http://www.kremlin.ru/
news/20796 (Aufruf 8. 8. 2016).

267 Mitteilungen, Dokumentationsarchiv des Österreichischen Widerstandes, Folge 129, Dezember 1996, S. 4.

268 Julia Smirnova: »Wir sind ein Sieger-Volk, das haben wir in den
Genen«. Die Welt, 23. 2. 2012; http://www.welt.de/politik/ausland/
article13883305/Wir-sind-ein-Sieger-Volk-das-haben-wir-in-den-
Genen.html (Aufruf 9. 8. 2016).

269 15 Jahre an der Macht: Die markantesten Sprüche von Wladimir
Putin. Sputniknews, 7. 5. 2015; http://de.sputniknews.com/
politik/20150507/302229665.html#ixzz3auaMbut9 (Aufruf 9. 8. 2016).

270 TV-Sendung »Direkte Linie«, 17.4.2015; http://www.kremlin.ru/
news/20796 (Aufruf 8. 8. 2016).

271 TV-Sendung »Dugins Direktiven«, 29. 5. 2016: Russe zu sein ist eine
Berufung; http://katehon.com/ru/directives/byt-russkim-
prednaznachenie (Aufruf 5. 8. 2016).

272 Ebenda.

273 Papst nennt Patriarchen seinen »Bruder«. Die Welt, 12. 2. 2016;
http://www.welt.de/politik/ausland/article152193382/Papst-nennt-
Patriarchen-seinen-Bruder.html (Aufruf 4. 8. 2016).

274 Russischer Patriarch hält Wiedervereinigung mit Katholiken für möglich. Sputniknews, 21. 2. 2016; http://de.sputniknews.com/

religion/20160221/308016691/wiedervereinigung-katholische-
orthodoxe-kirche-patriarch.htm (Aufruf 23. 11. 2016).

275  Es gibt in verschiedenen Ländern orthodoxer Tradition Kirchen, die
mit Rom vereint, »uniert« sind. Sie gehören nicht zum lateinischen
Ritus, benutzen also nicht das Messbuch der römischen Kirche, sondern hatten schon immer ihre eigene Liturgie in ihrer Sprache. Die
unierten Kirchen sind nicht in der Weise national ausgerichtet
wie ihre autokephalen Schwesterkirchen. Das führt in der Ukraine
allerdings zu einer besonderen Konstellation, die den eigentlichen
Konfliktpunkt des Moskauer Patriarchates mit Rom ausmacht. Das
bisherige Moskauer Patriarchat hat in der Ukraine besonders aktive
Gemeinden. So gibt es weiterhin eine orthodoxe Kirche der Ukraine,
die den Moskauer Patriarchen als Oberhaupt anerkennt. Eine weitere
Kirche hat sich nach dem Selbständigwerden des Landes als auto-
kephal, also von Moskau unabhängig, gebildet. Die unierte Kirche
spielt im Gefüge der Ukraine eine besondere Rolle. Sie hat ihren
Schwerpunkt im Westen des Landes, der mehr zur EU orientiert
ist, während sich der Osten des Landes mehr an Moskau ausrichtet.
Insofern ist die unierte Kirche ein Motor für die Eigenständigkeit
der Ukraine. Quelle: http://www.kath.de/lexika/typisch_katholisch/
unierte_kirchen.html (Aufruf 3. 8. 2016).

276  Wladimir Iljaschewitsch: X (jubilejnyj) Wsemirny Russki Narodny
Sobor. Baltika, Nr. 5 (1/2006); http://www.baltwillinfo.com/
baltika/106/sobesednik/s02.htm (Aufruf 23. 11. 2016).

277  Kirill:W mirje torschestwujet »jerestj tschelowekopoklonnit-
schestwa«. Grani.ru, 20. 3. 2016; http://mirror581.graniru.info/Society/
Religion/m.249735.html und https://gr1.global.ssl.fastly.net/Society/
Religion/m.249735.html (Aufruf 4. 8. 2016).

278  Ebenda.

279  Reuters Staff: Russia's Orthodox Patriarch Kirill says feminism
is very dangerous. Reuters, 12. 4. 2013; http://blogs.reuters.com/
faithworld/2013/04/12/russias-orthodox-patriarch-kirill-says-
feminism-is-very-dangerous/ (Aufruf 3. 8. 2016).

280  Same-Sex Marriage Apocalyptic, Patriarch Says. The Moscow Times,
22. 7. 2013; https://themoscowtimes.com/news/same-sex-marriage-
apocalyptic-patriarch-says-26022 (Aufruf 3. 8. 2016).

281  Memorandum expertnowo zentra Wsemirnowo russkowo narodnowo sobora o russofobii. Interfax-religion.ru, 28. 4. 2015; http://www.
interfax-religion.ru/?act=documents&div=1259 (Aufruf 4. 8. 2016).

282  Ebenda.

283  Kalte Kriegsgrüße aus Moskau. Süddeutsche Zeitung, 12. 10. 2016;
http://www.sueddeutsche.de/politik/karibik-kalte-kriegsgruesse-aus-
moskau-1.3200214 (Aufruf 1. 11. 2016).

284 Vgl. Anne Applebaum: The Myth of Russian Humiliation. Washington Post, 17.10.2014; http://www.washingtonpost.com/opinions/anne-applebaum-nato-pays-a-heavy-price-for-giving-russia-too-much-credita-true-achievement-under-threat/2014/10/17/5b3a6f2a-5617-11e4-809b-8cc0a295c773_story.html (Aufruf 17.4.2016).

285 EU-Bericht: Georgien begann Kaukasuskrieg. EurActive.de, 30.11.2009; http://www.euractiv.de/europa-2020-und-reformen/artikel/eu-bericht-georgien-begann-kaukasuskrieg-002166 (Aufruf 1.11.2016).

286 Vgl. Manfred Quiring: Pulverfass Kaukasus. Nationale Konflikte und islamistische Gefahren am Rande Europas. Berlin 2016, S. 46/47.

287 ARD-Interview mit Wladimir Putin; https://www.youtube.com/watch?v=uoMUkDDILcs (Aufruf 13.6.2016).

288 Michail Sygar: Endspiel. Die Metamorphosen des Wladimir Putin. Köln 2015, S. 107 ff.

289 Ebenda, S. 107 ff.

290 Ebenda.

291 President Vladimir Putin met with Spanish Prime Minister Jose Luis Rodriguez Zapatero. Kremlin.ru 10.12.2004; http://en.kremlin.ru/events/president/news/32363 (Aufruf 27.4.2016).

292 Russia takes a negative view of NATO expansion but has always seen the European Union's enlargement as a positive process. Kremlin.ru, 10.12.2004; http://en.kremlin.ru/events/president/news/32366 (Aufruf 27.4.2016).

293 Moritz Kirchner: Der Ukraine-Konflikt und die Paradoxien der Linken. Blätter für deutsche und internationale Politik 5/2014, S. 78–82.

294 Gemeint ist Janukowitschs Amtszeit 2010 bis 2014.

295 Olexander Irwanez: Chaotische Notizen einer Revolution. In: Maidan! Ukraine, Europa. Bonn 2014, S. 59/60.

296 Juri Andruchowytsch; Wo der Horror sofort überspringt. Die Welt, 6.12.2013; https://www.welt.de/print/die_welt/kultur/article122669583/Wo-der-Horror-sofort-uebersprint.html (Aufruf 23.11.2016).

297 Vgl. Prjamaja linija s Wladimirom Putinym; http://www.kremlin.ru/news/20796 (Aufruf 13.6.2016).

298 Postpred RF pri ES rasskasal o perebroske 9 tysjatsch wojennosluschaschtschich pered prisojedinenijem Kryma. Newsru.com, 19.5.2016; http://www.newsru.com/russia/19may2016/chizhov.html (Aufruf 13.6.2016).

299 Vgl. Alissa de Carbonnel: How the Separatists Delivered Crimea to Moscow. Reuters, 13.3.2014; http://in.reuters.com/article/ukraine-crisis-russia-aksyonov-idINL6N0M93AH20140313 (Aufruf 13.6.2016)

300 Krim-Referendum. Putins Menschenrechtsrat bestätigt Wahlfälschung

auf der Krim. Die Zeit, 5.5.2014; http://www.zeit.de/politik/
ausland/2014-05/ukraine-putin-wahlfaelschung (Aufruf 12.12.2016).

301 Anne Peters: The Crimean Vote of March 2014 as an Abuse of the
Institution of the Territorial Referendum. Max-Planck-Institute for
Comparative Public Law and International Law; University of Basel –
Faculty of Law, 2014, S. 255 (Aufruf 14.6.2016).

302 Putins Rede an die Welt. Neue Zürcher Zeitung, 23.3.2014; http://
www.nzz.ch/putins-rede-an-die-welt-1.18268565 (Aufruf 14.6.2016).

303 Putin in TV-Fragestunde. »Es gibt keine russischen Truppen in der
Ukraine«. Der Spiegel, 16.4.2015; http://www.spiegel.de/politik/
ausland/russland-putin-verneint-praesenz-russischer-truppen-in-
ukraine-a-1028942.html (Aufruf 23.11.2016).

304 Christian Rothenberg: Putin redet sich die Welt, wie sie ihm gefällt.
N-TV, 17.12.2015; http://www.n-tv.de/der_tag/Putin-gibt-zu-
Russische-Spezialisten-sind-in-Ostukraine-article16591061.html
(Aufruf 23.11.2016).

305 Vgl. Slawa w Ukraine. Wslomannaja perepiska Surkowa – Tschast I.
The Insider, 26.10.2016; http://theins.ru/politika/34411
(Aufruf 11.11.2016).

306 Vgl. Markus Wehner: Putins kalter Krieg. Wie Russland den Westen
vor sich hertreibt. München 2016, S. 61.

307 Konrad Schuller: Krieg in der Ostukraine. Wer bricht den Waffenstillstand? FAZ, 14.8.2016; http://www.faz.net/aktuell/politik/ausland/
europa/krieg-in-der-ostukraine-wer-bricht-den-waffenstillstand-
14375280.html?printPagedArticle=true#pageIndex_2.
(Aufruf 23.11.2016).

308 »Wieder Krieg in Europa? Nicht in unserem Namen!«. Die Zeit,
5.12.2014; http://www.zeit.de/politik/2014-12/aufruf-russland-dialog
(Aufruf 17.5.2016).

309 Aufruf: Friedenssicherung statt Expansionsbelohnung.
Die Zeit, 11.12.2014; http://www.zeit.de/politik/2014-12/aufruf-
friedenssicherung-statt-expansionsbelohnung (Aufruf 17.5.2016).

310 Petro Poroschenko: Das Ende der Maskerade. FAZ, 13.10.2016; http://
www.faz.net/aktuell/politik/ausland/europa/petro-poroschenko-
praesident-der-ukraine-fordert-wir-muessen-russlands-wahre-absich-
ten-erkennen-14479858.html?printPagedArticle=true#pageIndex_2
(Aufruf 23.11.2016).

311 Russisches Konzert in Palmyra. Moskaus Botschaft an den Westen.
EuroNews, 6.5.2016; http://de.euronews.com/2016/05/06/russisches-
konzert-in-palmyra-moskaus-botschaft-an-den-westen
(Aufruf 12.12.2016).

312 Syrien-Krieg. Russland soll für bis zu 10 000 Tote in Syrien verantwortlich sein. Die Zeit, 30.9.2016; http://www.zeit.de/politik/

ausland/2016-09/syrien-krieg-russland-10000-tote
(Aufruf 12. 12. 2016).

313 Ebenda.

314 UN über Lage in Aleppo: »Stellen Sie sich ein Schlachthaus vor. Das
hier ist schlimmer«. T-Online, 29. 9. 2016; http://www.t-online.de/
nachrichten/ausland/krisen/id_79129204/buergerkrieg-in-syrien-ban-
ki-moon-nennt-aleppo-ein-schlachthaus-.html (Aufruf 23. 11. 2016).

315 Georg Schwarte: UNO-Sicherheitsrat: Pervers und grotesk.
Deutschlandfunk, 10. 10. 2016; http://www.deutschlandfunk.de/
uno-sicherheitsrat-pervers-und-grotesk.1773.
de.html?dram%3Aarticle_id=368032 (Aufruf 23. 11. 2016).

316 Annett Meiritz, Roland Nelles: Grünen-Chef Özdemir: »Assad und
Putin bomben Syrien zurück in die Steinzeit«. Der Spiegel, 15. 10. 2016;
http://www.spiegel.de/politik/deutschland/cem-oezdemir-assad-und-
putin-bomben-syrien-zurueck-in-die-steinzeit-a-1116611.html
(Aufruf 19. 10. 2016).

317 USA brechen Syrien-Gespräche mit Russland ab. Die Zeit, 3. 10. 2016;
http://www.zeit.de/politik/ausland/2016-10/john-kerry-usa-russland-
syrien-stopp-gespraeche-verhandlungen (Aufruf 19. 10. 2016).

318 Julia Smirnova: Russland sieht sich im Kalten Krieg mit den USA. Die
Welt, 4. 10. 2016; https://www.welt.de/politik/ausland/article158547371/
Russland-sieht-sich-im-Kalten-Krieg-mit-den-USA.html
(Aufruf 20. 10. 2016).

319 Russia, Turkey, Iran eye dicing Syria into zones of influence. Reuters,
28. 12. 2016; http://www.cnbc.com/2016/12/28/russia-turkey-iran-eye-
dicing-syria-into-zones-of-influence-report.html (Aufruf 2. 1. 2017).

320 Waleri Gerassimow: Zennostj nauki w predwidenii. Nowyje wysowy
trebujut pereosmyslitj formy i sposoby wedenija bojewych dejstwij.
VPK-news, 27. 2. 2013; http://vpk-news.ru/articles/14632
(Aufruf 12. 8. 2016).

321 Ebenda.

322 Mark Galeotti: Die »Gerassimow-Doktrin« und Russlands nicht-line-
arer Krieg; https://informnapalm.org/de/mark-galeotti-die-gerassi-
mow-doktrin-und-russlands-nicht-linearer-krieg/ (Aufruf 21. 10. 2016).

323 Wolfgang Schreiber: Der neue unsichtbare Krieg? Zum Begriff der
»hybriden« Kriegsführung. Aus Politik und Zeitgeschichte, 29. 8. 2016,
S. 11 ff.

324 Ich war von Anfang 1998 bis Ende 2010 Korrespondent der Tageszeitung Die Welt in Moskau.

325 Alois Berger: Russlands Desinformationspolitik. Die Arbeit eines russischen Trolls. Deutschlandradio Kultur, 24. 5. 2016; http://www.deutsch-
landradiokultur.de/russlands-desinformationspolitik-die-arbeit-
eines.976.de.html?dram%3Aarticle_id=353183 (Aufruf 24. 5. 2016).

326 Andrej Soschnikow: Fejkowyj rasstrel: kto stoit sa rolikom ob unitsch-toschenii Korana. Russkaja sluschba BBC, 23. 3. 2016; http://www.bbc.com/russian/society/2016/03/160315_smj_trolls_make_haram_video (Aufruf 22. 10. 2016).

327 Markus Wehner: Russische Trolle gegen Angela Merkel. FAZ, 7.6.2015.

328 Explosionen, Ebola: Russische Trolle wollen Panik in USA auslösen. DerStandard.at, 7. 6. 2015; derstandard.at/2000017077943/Explosionen-Ebola-Russische-Trolle-wollen-Panik-in-USA-ausloesen (Aufruf 20. 11. 2016).

329 Vgl. Prigoschinskije Milliony: kak schef-powar Putina sosdal armiju trollej. The Insider, 27. 5. 2014; http://theins.ru/politika/857 (Aufruf 22. 10. 2016).

330 Peter Pomerantsev: Nichts ist wahr und alles ist möglich. Abenteuer in Putins Russland. München 2015.

331 Nick Miller: Finnish Journalist Jessikka Aro's Inquiry into Russian Trolls Stirs up a Hornet's Nest. The Sydney Morning Herald, 13. 3. 2016; http://www.smh.com.au/world/finnish-journalists-jessikka-aros-inquiry-into-russian-trolls-stirs-up-a-hornets-nest-20160310-gng8rk.html#ixzz43oJgidJj (Aufruf 20. 10. 2016).

332 Vgl. Alia Begisheva: Russlands Präsident – und wie eine Russin ihn sieht. Von Wladimir Putin lernen. Tagesspiegel, 13. 9. 2014.

333 Offizielle EU-Webseite gegen Desinformation: https://euvsdisinfo.eu/ (Aufruf 26. 10. 2016).

334 Der Begriff der »politischen Korrektheit« (Politkorektnostj) gilt in Russland als abwertende Bezeichnung für europäische Doppelmoral.

335 Rempel ließ sich anlässlich seines Besuchs auf der Krim als deutscher Politiker feiern, der die Annexion als rechtmäßig betrachtet, der von einer halben Million Russlanddeutscher spricht, die angeblich nach Russland zurückwollen. Rempel schlug als Ansiedlungsort die Krim vor, wo er auch »Olympische Spiele« der Russlanddeutschen abhalten will.

336 Steinmeier weist Lawrow in die Schranken. Die Zeit, 27. 1. 2016; http://www.zeit.de/politik/2016-01/berlin-angebliche-vergewaltigung-kritik-aussenminister-sergej-lawrow (Aufruf 20. 11. 2016).

337 Vgl. ebenda.

338 BND: Deutschland setzt Geheimdienst gegen russische Propaganda ein. Die Zeit, 7. 3. 2016; http://www.zeit.de/politik/deutschland/2016-03/bnd-russland-propaganda-hybrider-krieg (Aufruf 24. 3. 2016).

339 Dirk Banse, Florian Flade, Uwe Müller: Berlin rüstet sich für Propagandakrieg der Russen. Die Welt, 6. 4. 2016; https://www.welt.de/politik/deutschland/article153930594/Berlin-ruestet-sich-fuer-Propagandakrieg-der-Russen.html (Aufruf 12. 12. 2016).

340 Vgl. Russia »Stoking Refugee Unrest in Germany to Topple Angela Merkel«. The Guardian, 5.3.2016; https://www.theguardian.com/world/2016/mar/05/russia-refugee-germany-angela-merkel-migration-vladimir-putin (Aufruf 23.10.2016). Zitiert nach Die Zeit vom 7.3.2016.

341 EU-Parlament warnt vor russischer Propaganda. Die Zeit, 23.11.2016; http://www.zeit.de/politik/ausland/2016-11/europaeische-union-anti-eu-propaganda-russland-europaparlament-populismus (Aufruf 24.11.2016).

342 Susanne Spahn: Das Ukraine-Bild in Deutschland: Die Rolle der russischen Medien. Wie Russland die deutsche Öffentlichkeit beeinflusst. Hamburg 2016, S. 19.

343 Ebenda, S. 201/21.

344 Ebenda, S. 105.

345 Ebenda, S. 22.

346 Vgl. Report Mainz, Südwestrundfunk, 25.3.2014.

347 Wir haben ein Interesse an starkem Russland. NDR, 31.8.2016; http://www.ndr.de/nachrichten/niedersachsen/hannover_weser-leinegebiet/Schroeder-Interesse-an-starkem-Russland,russland972.html (Aufruf 25.10.2016).

348 Russland heißt Europas Rechtsextreme willkommen. Die Zeit, 22.3.2016; http://www.zeit.de/politik/ausland/2015-03/russland-rechtsparteien-npd-udo-voigt (Aufruf 22.10.2016).

349 Sabine Adler: http://www.deutschlandradiokultur.de/russland-europas-ultra-rechte-treffen-sich-in-sankt.2165.de.html?dram:article_id=317633 (Aufruf 20.10.2016).

350 Benjamin Bidder: Moskaus rechtsradikale Internationale. Der Spiegel, 23.3.2015.

351 Ebenda.

352 Sabine Adler, Deutschlandradio Kultur.

353 Michaela Wiegel: Front National erhält 40-Millionen-Kredit aus Moskau. FAZ, 27.11.2014; http://www.faz.net/aktuell/frankreich-front-national-erhaelt-40-millionen-kredit-aus-moskau-13289425.html (Aufruf 20.10.2016).

354 Simone Brunner: Oligarch Malofejew. »Sagt doch: Wir sind die EU, wir sind Sodomiten«. Profil, 2.6.2016; http://www.profil.at/ausland/oligarch-malofejew-sagt-wir-eu-sodomiten-6394808 (Aufruf 12.12.2016).

355 Ebenda.

356 Mansur Mirovalev: What's Behind Russian Support for World's Separatist Movements? NBC News, 23.7.2016; www.nbcnews.com/news/world/what-s-behind-russian-support-world-s-separatist-movements-n614196 (Aufruf 20.11.2016).

357 Irina Wolkowa: Separatisten in Moskau. Neues Deutschland, 21. 9. 2016; http://www.pressreader.com/germany/neues-deutschland/20160921/281706909153576 (Aufruf 23. 10. 2016).

358 www.nbcnews.com (Fn. 355).

359 Ebenda.

360 Größte Volkswirtschaften. Länder mit dem größten BIP im Jahr 2015 (in Milliarden US-Dollar). Statista.com; https://de.statista.com/statistik/daten/studie/157841/umfrage/ranking-der-20-laender-mit-dem-groessten-bruttoinlandsprodukt (Aufruf 12. 12. 2016).

361 Wadim Schtepa: Odinotschestwo Rossii; http://spektr.press/odinochestvo-rossii-pochemu-ne-vyhodit-sygrat-v-tretyu-mirovuyu/ (Aufruf 30. 10. 2016).

362 Spiegel Online, 23. 3. 2016: Obama verhöhnt Russland als Regional-macht; http://www.spiegel.de/politik/ausland/ukraine-krise-obama-verspottet-russland-als-regionalmacht-a-960715.html (Aufruf 29. 10. 2016).

363 Sergej Medwedjew: Exportgut Angst. Dekoder.org, 5. 10. 2016; Original: https://slon.ru/posts/74359 (Aufruf 28. 10. 2016).

364 Ebenda.

365 Andreas Umland: Russland blufft und der Westen fällt drauf rein; https://causa.tagesspiegel.de/russland-blufft-und-der-westen-faellt-drauf-rein.html (Aufruf 20. 10. 2016).

366 Ebenda.

367 Wahlsieger Trump. Putin gratuliert – russische Börse feiert. Der Spiegel, 9. 11. 2016; http://www.spiegel.de/politik/ausland/wladimir-putin-gratuliert-donald-trump-und-die-russische-boerse-feiert-a-1120492.html (Aufruf 10. 11. 2016).

368 Konstantin Kossatschow: TRAMPlin w nowoje buduschtscheje? Iswestija, 9. 11. 2016; http://izvestia.ru/news/643844#ixzz4PaipFUQz (Aufruf 11. 11. 2016).

369 Ajder Mushdabajew auf Facebook, 16. 7. 2015; https://www.facebook.com/ayder.muzhdabaev/posts/986928544674354 (Aufruf 13. 11. 2016).

370 Garri Kasparow (mit Meg Greengard): Warum wir Putin stoppen müssen. Die Zerstörung der Demokratie in Russland und die Folgen für den Westen. 2. Aufl., München 2015, S. 24 / 25.

371 Ebenda.

372 Wladislaw Inosemzew: Putin jetzt nachzugeben wäre irrational. Die Presse, 1. 6. 2016; http://diepresse.com/home/meinung/gastkommentar/5000076/Putin-jetzt-nachzugeben-waere-irrational?from=suche.intern.portal (Aufruf 30. 10. 2016).

# Literaturverzeichnis

Anne Applebaum: Der Eiserne Vorhang. Die Unterdrückung Osteuropas 1944 – 1956, München 2013.

Leonid Breshnew: Das kleine Land. Erinnerungen, Berlin (DDR) 1978.

Bill Browder: Red Notice. Wie ich Putins Staatsfeind Nr. 1 wurde, München 2015.

Janusz Bugajski and Margarita Assenova: Eurasian Disunion. Russia's Vulnerable Flanks, Washington DC 2016.

Karen Dawisha: Putin's Kleptocracy. Who Owns Russia?, New York 2014.

Alexander Galkin, Anatoli Tschernjajew: Michail Gorbatschow i germanski wopros. Sbornik dokumentow. 1986 – 1991, Moskwa 2006.

Masha Gessen: Der Mann ohne Gesicht – Wladimir Putin. Eine Enthüllung. München, Zürich 2012.

Nataliya Gevorkyan, Natalya Timakova, Andrei Kolesnikov: First Person. An Astonishingly Frank Self-Portrait by Russia's President Vladimir Putin, New York 2000.

Michail Gorbatschow: Erinnerungen, Berlin 1995.

Michail Gorbatschow: Wie es war. Die deutsche Wiedervereinigung, Berlin 1999.

Luke Harding: A Very Expensive Poison. The Definitive Story of the Murder of Litvinenko and Russia's War with the West, London 2016.

Felix Philipp Ingold: Russische Wege. Geschichte, Kultur, Weltbild. Paderborn, München 2007.

Oleg Kalugin: Proschtschaj, Ljubljanka, Moskwa 1995.

Garri Kasparow (mit Meg Greengard): Warum wir Putin stoppen müssen. Die Zerstörung der Demokratie in Russland und die Folgen für den Westen. 2. Auflage, München 2015.

Gerd König: Fiasko eines Bruderbundes. Erinnerungen des letzten DDR-Botschafters in Moskau. 3. Auflage, Berlin 2012.

Ilko-Sascha Kowalczuk, Stefan Wolle: Roter Stern über Deutschland. Sowjetische Truppen in der DDR, Berlin 2001.

Wolfgang Leonhard: Die Revolution entlässt ihre Kinder. 19. Auflage, Köln 2000.

Rolf-Dieter Müller: Der Feind steht im Osten. Hitlers geheime Pläne für einen Krieg gegen die Sowjetunion im Jahr 1939, Berlin 2011.

Norman M. Naimark: Die Russen in Deutschland. Die sowjetische Besatzungszone 1945 bis 1949, Berlin 1997.

Alexander Nikonow: Sa Fasadom Imperii. Kratkij kurs otetschestwennoj mifologii. Moskwa, Sankt-Peterburg 2012.

Bastian Obermayer, Frederik Obermaier: Panama Papers. Die Geschichte einer weltweiten Enthüllung, Köln 2016.

Alexander von Plato: Die Vereinigung Deutschlands – ein weltpolitisches

Machtspiel. Bush, Kohl, Gorbatschow und die internen Gesprächsprotokolle. 3. Auflage, Berlin 2009.

Peter Pomerantsev: Nichts ist wahr und alles ist möglich. Abenteuer in
Putins Russland, München 2015.

Manfred Quiring: Pulverfass Kaukasus. Nationale Konflikte und islamistische Gefahren am Rande Europas. 2., aktualisierte und erweiterte
Auflage, Berlin 2016.

Boris Reitschuster: Putins verdeckter Krieg. Wie Moskau den Westen
destabilisiert, Berlin 2016.

Irina Scherbakowa, Karl Schlögel: Der Russland-Reflex. Einsichten in eine
Beziehungskrise, Hamburg 2015.

Karl Schlögel: Entscheidung in Kiew. Ukrainische Lektionen,
München 2015.

Ulrich Schmid: Technologien der Seele. Vom Verfertigen der Wahrheit in
der russischen Gegenwartskultur, Berlin 2015.

Boris Schumatsky: Der neue Untertan. Populismus, Postmoderne, Putin.
Salzburg, Wien 2016.

Susanne Spahn: Das Ukraine-Bild in Deutschland: Die Rolle der
russischen Medien. Wie Russland die deutsche Öffentlichkeit
beeinflusst, Hamburg 2016.

Detlev Steinberg: Der Abzug. Die letzten Jahre der russischen Truppen
in Deutschland, Berlin 2016.

Michail Sygar: Endspiel. Die Metamorphosen des Wladimir Putin,
Köln 2015.

Horst Teltschik: 329 Tage. Innenansichten der Einigung. 4. Auflage,
Berlin 1991.

Wladimir Usolzew: Mein Kollege Putin. Als KGB-Agent in Dresden
1985–1990, Berlin 2014.

Markus Wehner: Putins kalter Krieg. Wie Russland den Westen vor sich
hertreibt, München 2016.

Manfred Wilke: Der Weg zur Mauer. Stationen der Teilungsgeschichte.
2., bearbeitete Auflage, Berlin 2011.

# Angaben zum Autor

**Manfred Quiring**

Jahrgang 1948; Journalist, ab 1973 Redakteur der *Berliner Zeitung* und zweimal deren Korrespondent in Moskau (1982 – 1987 und 1991 – 1995); 1989 / 90 ein Jahr Korrespondent der Nachrichtenagentur ADN in Athen, Korrespondent der *Welt* von 1998 bis 2010 in Moskau; Autor zahlreicher Sachbücher, darunter zuletzt »Pulverfass Kaukasus – Nationale Konflikte und islamistische Gefahren am Rande Europas« (2016).